One Child
The Story of China's Most Radical Experiment

中国「絶望」家族

「一人っ子政策」は中国をどう変えたか

メイ・フォン
Mei Fong
小谷まさ代［訳］

草思社

ONE CHILD
The Story of China's Most Radical Experiment
by Mei Fong

Originally published in 2016
by Houghton Mifflin Harcourt, Boston.
Japanese translation rights arranged with
Brockman,Inc.,New York

中国「絶望」家族——目次

第2章　空虚な宴

第3章 カサンドラとロケット科学者

第4章 人口警察

第5章

「小皇帝」、大人になる

第6章 人形の家へようこそ——183

第7章 老いる場所、死ぬ場所 —— 225

第8章 運命の糸

第9章 国境を超える子供たち

プロローグ

冷戦のさなか、中国のロケット科学者たちが、ミサイルとも宇宙開発ともいかなる種類の兵器ともまったく関係ない、一つの野心的な計画を考えついた。それは「赤ん坊についての計画」だった。

一九八〇年九月二五日、中国共産党はこの計画について公開書簡のかたちでメディアなどに広く発表し、党員に子供の数を自主的に一人に制限するよう要請した。ここでいう要請とはその実、命令であった。

かくして、世界でもっとも過激な社会実験「一人っ子政策」が始動し[1]、それから三五年ものあいだ続けられた。そして現在も、世界人口の六分の一を占める中国人がどのように生まれ、生き、そして死ぬかを左右しつづけている。

一人っ子政策は、短期集中ダイエットと同じように「効果がある」という理由を掲げて始められた。この政策は、アメリカの総人口に匹敵する人口を赤貧から救うという超人的課題の達成に不可欠な措置だと、中国指導部は主張した。

しかし一人っ子政策は、短期集中ダイエットと同じく、過激な手段を採用し即効性を目指した結果、多くの副作用をもたらすことになった。強制的な精管切除や妊娠中絶などの一人っ子政策の行き過ぎは、国際社会の非難を招くこととなった。しかし中国の経済成長は目覚ましく、それに一人っ子政策が貢献しているとされているため、成長を称賛せざるをえない世界は行き過ぎた政策への批判をトーンダウンさせている。

だが、誤解してはならないのは、中国の急速な経済成長は人口抑制計画とはほとんど関係がないということだ。それどころか、中国の人口政策は急速な高齢化と男性過剰、さらに今後予測される人口減少を招いたことから、未来の成長を阻害する政策だといえる。

中国の急成長の一因となったのは人口減少ではなく、人口増加なのだ。この国が製造大国として台頭することができたのは、一人っ子政策立案以前の一九六〇年代から七〇年代に生まれた、ベビーブーム世代という安価で豊富な労働力があったからにほかならない。

たしかに、出生数が少ないほど人的資源への投資はより大きな効果を生む。たとえば教育資源をとっても、人口が少ないほうが質の高い教育が可能になる。しかし、多くの経済学者の意見では、中国の急成長を支えたのは出生数を制限したことよりも、政府が積極的に海外投資を呼び込み、民間企業を育成したことだった。

非効率的な巨大国営企業を民営化するなど、民間部門の成長に拍車をかけた結果、二〇〇五年のＧＤＰに占める民間企業の割合はついに約七〇パーセントに達した。中国専門家として多くの著作があり、もっとも評価の高い経済学者の一人であるアーサー・クローバーも、「中国の成長を一〇パーセントとすると、そのうち一人っ子政策が貢献した割合はせいぜい〇・一パーセント未満だろう」[2]と述べている。

中国の巨大な労働人口は高齢化が進んでいる。二〇五〇年までに中国人の四人に一人は六五歳以上になる。[3]その一方で、この高齢者を支えなければならない労働人口は、一人っ子政策によって大幅に縮小している。

中国は近年、これまで一部の国民にしか適用されていなかった年金・医療制度システムを全国民に行きわたらせようと、大胆な政策を多く打ち出したが、この国の社会保障制度は適切というにはほど遠いもので、指導部の課題はあまりに多く、残された時間はあまりに少ない。

私は『ウォール・ストリート・ジャーナル』紙の記者として、二〇〇三年から中国経済の奇跡について報道してきた。工場まわりをして、「世界の工場」を取材した。

中国南部の珠江《しゅこう》デルタにある小さな町はみな、そこが作っているモノの名前で呼ばれていた。私は「ジーンズの都」「ブラジャーの街」「一ドルストア」を定期的にまわり、世界最大のクリスマスツリー工場や、「ワンダーブラ」を生み出したブラジャー工場の記事を書いた。

当時、労働力不足を予測する者はいなかった。だが、工場経営者が賃上げを余儀なくされているという話を耳にするようにはなっていた。経営者の中には、給料に加えて従業員にテレビやバドミントンコート、無料のコンドームなど、これまでなかった恩典を提供する者もいた。

しかし当時、多くの経済学者は、中国の労働力不足は一時的なもので、しばらくすれば自然に解消すると考えていた。この中国で労働力が不足するなど誰も想像できなかったのだ。

ところが労働人口の縮小は予想よりも早く訪れた。一人っ子政策によって子供の数が急カーブで減少したからだ。ヨーロッパの総人口を超える八億人という中国の巨大な労働人口は、[4]二〇一二年に減少に転じた。[5] 減少傾向は今後何年間も続くと見られ、それによる賃金の高騰と、世界的なインフレ圧力の高まりは必至だ。

出生率が人口置換水準〔長期的に人口が均衡する出生水準〕を下回る状況が二〇年続いてようやく、中国は二〇一五年後半、人口問題を緩和するため、二人っ子政策への移行を公式に発表した。しかし、これではあまりに効果が薄く、あまりに遅きに失したといえるだろう。

中国政府が二年前に一人っ子政策を少しだけ緩めて「単独二子政策」〔夫婦のどちらかが一人っ子なら第二子の出産を認める〕を実施したとき、二人目の許可を申請したのは資格ある夫婦のわずか一〇分の一に過ぎず、[6] もっとも悲観的な予測すら下回るという結果になった。

現代の中国で複数の子供を育てるのは経済的、精神的負担がとにかく大きすぎるというのが大方の意見だ。その意味で一人っ子政策は成功したといっていいだろう。一人っ子家庭が理想的という考え方が、多くの中国人の心にしっかり根づいたのだから。

政府がこうした国民の意識を変えることができないかぎり、二〇二〇年から二〇三〇年のあいだのいずれかの時点で、中国の人口はピークを迎え、その後減少に転じることとなる。二一〇〇年には、一九五〇年と同じ水準の約五億人にまで減少しているかもしれないとされ、[7] これは世界最大の人口大国として驚くべき逆行である。

かつて戦争や悪疫などの要因なしで、これほど大規模な人口減少が起こった国はなかった。また、一人っ子政策は、凶悪で非人間的ともいえるやり方で強制された場合もあり、さらに、爆発寸前の男女比アンバランスから、養子縁組のための乳幼児を人身売買する闇市場に至るまで、多くの有害な副作用をもたらした。

中国の一人っ子政策を策定したのは国防部門の科学者たちであったが、彼らは当初、どのような痛ましい副作用が起きても速やかに軽減することが可能で、出生率の調整など簡単にできると考えていた。

この政策の策定に経済学者や社会学者、人口学者たちが関与していれば、もっと知恵とバランス感覚を盛り込むことができたかもしれないが、こうした学者たちのほとんどは文化大革命によって活躍の場も名声も奪われ、意思決定の場から排除されていた。粛清を免れたのは国防部門の科学者だけで、彼らには人間の行動について判断を下す能力が欠けていた。

悲しい現実だが、一人っ子政策による厳格な人口抑制は、経済の繁栄には不必要だった。一人っ子政策が打ち出される一〇年前の一九七〇年代までに、中国ではすでに、「晩・稀・少（遅く、間隔を空けて、少なく生む）」という、非常に効果的で強制力の小さい家族計画政策を導入していた。「晩・稀・少」政策が実施されていたその一〇年間で、中国女性が生む子供の数は平均六人からすでに三人にまで減少していた。

多くの人口学者が、出生率の低下傾向は一人っ子政策の導入なしでも続いていただろうと考えている。アジア近隣諸国においても中国と同様の出生率カーブが見られることを考えれば、これは妥当な考えだ。

結局のところ、近隣諸国はこのような過酷な政策を用いなくても、人口増加を抑制することに成功し、そのうえ経済発展を加速することにも成功した。中国で一人っ子政策が実施されていたのとほぼ同じ時期に、韓国、台湾、シンガポール、タイでも出生率は急落し、女性一人が生む子供の数は六人から二、三人に減少したのである。

中国がこれらの国々と同じように、一般的な人口政策を推進するという道を選んでいたとしても、出生率は現在とほとんど同じ低さになっていた可能性は高い。

もしその道を選んでいたなら、中国人は明らかに今よりは幸せだったはずだ。「たとえ今より人口が五〇〇〇万から一億人ほど増えていたとしても、さほど大きな違いはなかっただろう」[8]と中国の出生率の推移に詳しいワシントン大学教授ウィリアム・レイブリーは述べている。「一人っ子政策をとらず多少人口が増えていたとしても、福祉全体にとって大きなマイナス要因にはならなかっただろう。むしろ、実際にはプラスになった可能性が高い。なぜなら多くの家庭が二人目の子供をもつことによって、親の老後を支える家族が増え、労働人口も増え、税収も増えたはずだからだ。人口を減らして一人当たりのＧＤＰを上げたとしても、もう一人子供をもつことで得られたはずの安心感と精神的なメリットには及ばない」

中国は出産スイッチをオフにすることに成功したが、それと同じように再びオンにすることはできるのだろうか。近年の歴史を見ると、それは難しそうだ。

人口減少に悩むアジアの多くの国で、出産奨励政策による人口増加政策は失敗に終わっている。シンガポールは労働力不足を補うため、ついに移民受け入れ政策をとった。世界最大の経済大国である中国が、来るべき労働力不足の是正のためにとる方策は、世界的な影響を及ぼすことになるだろう。

こうした事実にもかかわらず、一人っ子政策のもたらしたさまざまな犠牲や影響はあまり知られていないため、環境保護主義者からの称賛は施行以来ずっと続いている。

中国共産党は長年にわたり、一人っ子政策によって三億から四億人の出生数が抑制できた、これはアメリカの総人口に匹敵する数字だと主張してきた（現在では、この数字には疑問がもたれている。実際に抑制できたのは、最大でもおよそ一億から二億人と推計する人口学者もいる。[9] それでも大きな数字だが、中国共産党の発表した数字よりはかなり小さい）。

誇張された可能性のあるこの数字にもとづいて、かの権威ある経済誌『エコノミスト』は、一人っ子政策を地球温暖化の抑制に寄与したもっとも重要な政策の一つだと評価している。[10] ブラジルの熱帯雨林の保護よりも、アメリカの二酸化炭素排出量の削減よりも効果があったというのである。

人口減少が二酸化炭素排出量の削減に貢献することは否定できないが、排出量増加の主要な原因は人口ではない。実際、アメリカの人口は世界の五パーセント未満に過ぎないが、その排出量は地球全体の一五パーセントに達している。[11]

中国にしても人口増を劇的に抑制したとはいえ、依然として世界最大の二酸化炭素排出国だ。中国の二酸化炭素排出の真犯人は、中国共産党の経済成長至上主義なのだ。中国が一人っ子政策を強行したのも、環境対策をなおざりにしたのも、経済発展のためだった。地球温暖化に、より大きな悪影響を与えたのは、中国で生まれた子供の数ではなく、中国の経済至上主義だといえるだろう。

今なお、一人っ子政策を支持する声は世界中で聞かれる。ブラジルの環境保護主義者チャールズ・クレメントは、すべての国は「何らかのかたちで一人っ子政策を採用すべきだ……中国のように、この政策を廃止してはいけない。その世界的な重要性を無視してはならない」と記している。[12] カナダの有名な著述家ダイアン・フランシスは「中国の一人っ子政策のような法律を世界規模で定めること」を提唱している。[13]

カリフォルニア大学バークレー校のマルコム・ポッツ教授は、一人っ子政策は痛みをともなう政策ではあるが、重要な経済的利益を生み出し、今でも「過去に例のないもっとも重要な社会政策の一つだ」と私に語った。[14]

彼らの支持するこの政策が、強制的な妊娠中絶や精管切除を正当化するものだったという事実を看過してはならない。ここで問うべきは、私たちは何のために地球を守るのかということだ。一人っ子政策のような残酷な手段をとらなくても、人口を抑制できるはずだ。

私は本書を執筆するにあたって、一人っ子政策が生み出された経緯を探り、この政策が中国の民衆に与えたさまざまな影響を明らかにしようと試みた。中国が全国的な二人っ子政策への移行に踏みきったことは世界的なニュースになったが、一人っ子政策の副作用は今後数十年にわたって消えることはない。つまり、多くの中国人が代償を払い続けるのだ。

私は、一人っ子政策の背後にある中国人一人ひとりの物語をたどろうと、結婚相手の女性がいない「光棍村《こうこんそん》（独身者の村）」と呼ばれる農村を訪ねた。他にもアメリカの郊外の町にひっそりと暮らす、元計画出産担当官という中国人を訪ねあて、本人の記憶によれば一五〇〇件以上の強制的な妊娠中絶を承認したこと、そしてそのうち三分の一は妊娠後期の中絶だったことを聞いた。

また、中国の女性不足の解決策だとして、等身大ラブドールを注文生産する、ある新興企業の取材もした。さらに、中国から養子をもらったアメリカ人や、アメリカ人の代理母に代理出産を依頼した中国人にも話を聞いた。私自身は北京の不妊治療クリニックで体外受精を体験した。そして雲南省昆明市のホスピスでも時を過ごした。

こうしたさまざまな経験は、人間のもっとも基本的な経験である生と死にたいして、一人っ子政策がいかなる影響を及ぼしてきたかに光を当ててくれた。

出産を制限する厳しい一人っ子政策と、子供をもちたいという人間本来の願望、その鮮明な対比が存在する中国で、私はさまざまな体験を通して親になることの利害を考量せざるをえなかった。親になるとはどういうことか、人はなぜ子供をもつのか、という問いにたいする答えをみずから学ぶことになった。その体験を本書で語ろうと思う。

大地が動いた。そこからすべては始まった。

第1章 ―― 大地震と家族

二つの誤った考えが蔓延している。一つ目は、地震は神の意志によって「起こるべくして」起こったというばかげた迷信だ。いったい何の罪が、どんな冒瀆が神の怒りに触れて地殻プレートが動いたのだろうと、人々は真剣に考えている。

――クリストファー・ヒッチェンズ〔作家・ジャーナリスト〕

一三〇〇キロ離れて暮らす親と子

フゥイメイの学校へ向かう道は赤かった。

この三日間、過酷な旅をしてきたために幻を見ているのかと、私は目をしばたたかせた。だが、たしかに道は赤かった。温かみのある赤土の赤ではない。亡くなったばかりの死者を弔うために鳴らされた無数の爆竹の残骸で、道が深紅に染まっていたのだ。

フゥイメイの母親タン・シュシゥは重い足どりで歩みを進めた。四日前、タン・シュシゥが北京の建設現場で仕事をしていたとき、現場の建物が大きく揺れ始めた。そこから約一三〇〇キロ離れた彼女の故郷を、巨大な地震が直撃し、四川盆地の西沿いの主な町を切り裂いていた。その破壊力はすさまじく、長崎に落とされた原爆と変わらぬ規模のエネルギーを放出した。その揺れは、はるか遠くのバンコクやバングラデシュでも観測された。

地震のニュースを知って半狂乱になったタンは故郷の家に電話をかけ、必死に一〇代の娘と連絡をとろうとした。だが電話がつながることはなかった。

翌日、タンは夫のリィゥとともに故郷へ向かった。私はたまたま居合わせたジャーナリストだったが、荷物持ちとして彼らに同行することを許可してもらった。私の存在はほとんど二人の意識になく、ただ荷物をもつもう一本の手としか認識されていなかっただろう。

夫婦は途方もなく遠い故郷への長旅のあいだ、インスタントラーメン、練炭、軍手、生理用品、花柄のキルトといった山のような荷物を辛抱強くもち運んでいた。『毛沢東語録』のように真っ赤に輝く魔法瓶、大量の薄いトイレットペーパー、割り箸、大容量パックの煙草もあった。

タンは夫の反対を押しきって一ガロン容器に入った食用油も詰め込んでいた。案の定その油が漏れ出して、服もバッグも手も何もかも油まみれになった。旅の終盤には、三人とも油を塗ったようになり、映画スターのピンナップよろしく、場違いにつややかな顔をしていた。

ようやく学校に近づいたと思うや否や、タンは不意にその大切な荷物を放り出し、赤く染まった道を駆け出した。校庭の瓦礫の中にブリキのコップやノートが見え、バスケットボールのゴールリングが、ありえないかたちにねじ曲がっていた。ノートの切れ端にメモが書かれ、掲示されている。

政府は当校生徒の救助について全力を尽くした。
政府は遺体の確認について両親の協力を希望する。

タンとリィゥは最後の力を振り絞って、校庭の隅でファイルをもって立つ男のほうへと向かっていった。

その男と夫から何か言われたタンが上げた叫び声は今も忘れられない。傷口が裂けたときの声、腐った肉の臭いを嗅いだ犬が本能的に身を引くときの声だ。その叫び声だけでわかった。

すべてが終わったと。

一人っ子政策の実験区を襲った悲劇

近年中国でも最悪の惨事である四川大地震は、当初はごく単純な悲劇に思われた。大地が揺れ動き、建物が壊れ、約七万人の死者が出た。やがてこの地震は、一人っ子政策がもたらした悲劇が、衝撃的なかたちで表面化した出来事だということがわかってくる。

震央となった什邡《シェンファン》県が一人っ子政策の実験区だったことはほとんど知られていない。一九八〇年に一人っ子政策が全国的に導入される以前に、人口計画立案者たちは、四川省、中でも什邡県で重点的に、強制的な手段を用いて驚異的な低出生率を実現させるという実験を行なっていた。

四川省を選んだ第一の理由は、そこが中国の農村地域の中心であり、中国の全人口の一〇分の一が住む省だったからだ。第二に、鄧小平《とうしょうへい》の出身地だからである。どんな理由だったにせよ、その実験は目覚ましい成果を上げた。

一九七九年までに什邡の人口増加率は激減し、一人っ子政策に忠実に従った夫婦は九五パーセントに上った。[1] 四川のこの実験によって人口計画立案者たちは、中国には「人口政策の奇跡を実現」する「素晴らしい可能性があると確信した」と人口学者スーザン・グリーンハルは記している。

実験が開始されてから約三〇年後、四川を地震が襲ったとき、国営新華社通信によれば約八〇〇〇組の夫婦が一人きりのわが子を失った。地元メディアによれば、什邡では三分の二以上が一人っ子家庭であり、[2] 地震で子供世代が全滅してしまった村もあるという。

このことは地震という悲劇に奇妙な現象をつけ加えた。地震から数週間も経たないうちに、国の人口計画によってはるか昔に強制的な避妊手術を施された人々が、妊娠する能力を回復する手術を受けようと殺到したのだ。失ったわが子に代わる新しい子供を妊娠しようと誰もが必死になった。

まもなくそうした人々は、騒ぎを起こさないという誓約書に無理やりサインさせられた。子供を亡くした親たちの嘆きや、多くの子供が死ぬ原因となった粗悪な学校建築に関する報道は、厳しく制限され、問題を追及しようとした地元住民は身柄を拘束された。

多くの命が失われ、多くの家庭が損なわれたが、オリンピックの開催が数か月後に迫る中、抗議の声は徹底的に潰された。

「中国にいたら、生まれていなかった」

共産主義国である中国は無宗教を建前としているが、多くの中国人は今でも吉凶の兆しといったものを信じている。自然災害は為政者が天から与えられた統治の権限を失った証しとされている。

毛沢東も一九七六年の唐山《とうざん》大地震から六週間後に死去している。その死は新たな時代の幕開けとなり、中国は社会・経済両面で改革を進め、一人っ子政策をはじめとするこれらの改革が現在の中国を形成することとなった。

そして二〇〇八年の四川大地震もまた、一人っ子政策など数々の自然に反する国策への天罰ではないかと考える風潮があった。たとえば地震の起きやすい地域に巨大なダムを建設したことも、天の怒りを買ったのではないかという憶測があった。

こういった風潮はまさに中国政府の意に反するものだった。なにしろ、二〇〇八年を不吉なことなど一切ない、めでたい年にするためだけに、長年すべてを犠牲に邁進してきたのである。何としても二〇〇八年は中国の輝かしい未来を象徴する年としなくてはならなかった。

二〇〇八年北京オリンピックという巨額の費用を投じたこのプロジェクトは、中国がアヘン戦争と文化大革命の灰の中から不死鳥のごとく蘇ったことを見せつけるためのイベントであった。中国指導部が五輪誘致を二〇〇八年にしたのは偶然ではない。開会式の日程も八月八日に設定された。八月といえば首都北京は酷暑の盛りで大気汚染レベルは最悪、選手のパフォーマンスにとっては決してよい条件でないにもかかわらず、あえてその日を選んだのである。

その理由は八という数字の発音が、中国語の「発財（金持ちになる）」の「発」の発音に似ており、「発」は「発財」をイメージさせることから、縁起がいい数字とされており、また、アラビア数字の8は横に倒すと無限大の記号のかたちになるためで、この数字は為政者なら願ってやまないすべてを象徴していた。

この数字は中国人社会では非常に人気があり、電話番号から車のナンバープレート、家の番地まで、八という数字にはプレミアがつく。二〇〇八年、香港のオークションでは、一八というナンバープレートに二〇〇万ドルを超える値がついたほどだ。[3] じつは私は八月八日生まれで、この縁起のいい誕生日を知った中国人の友人からは必ず、「きみはラッキーだね」と言われる。二〇〇八年八月八日、そしてもちろん午後八時八分。オリンピック開会の時刻に向けて中国中の時計はカウントダウンを始めていた。五月に起きた地震や、それによって引き起こされた問題のせいで、せっかくの晴れ舞台が台無しになるなど、断じてあってはならなかった。

皮肉なことに、四川大地震が起きるまで、一人っ子政策はニュースになることも国民的議論の的になることもなかった。

中国南部からマレーシアに移住した中国人の子孫である私は、自分が中国生まれでないことをつねづね感謝している。私は五人姉妹の末っ子だ。親は男の子を望んでいたが、結局五人とも女の子だった。

私の生まれた当時のマレーシアはもう近代化されていて、望まない女児を遺棄するという慣習はすたれていたし、いずれにせよ私の両親は農民ではなく、教育を受けた都市住民だ。それでもなお、会計士だった父は息子という「資産」がないことをいつも悔やんでいて、私たち娘は自分たちが「負債」であることを思い知らされながら育った。

中国本土から海外に出た中国人である華僑は、文化大革命の時期に古い慣例を捨てたり隠したりしなければならなかった本土の中国人よりも、故国の伝統を重んじているといわれる。私の父の家に関しては、たしかにそのとおりだ。「本土にいなくてよかったよ」と私の親戚はいつも言う。「本土にいたら、おまえは生まれていなかった」と。

この言葉をきっかけとして、私は中国の男子偏重主義と一人っ子政策を知った。本好きの子供だった私は、自分の祖先の国で行なわれている興味深い奇妙な決まり事として一人っ子政策を見るようになった。私にとって一人っ子政策は、オルダス・ハクスリー〔ディストピア小説『すばらしい新世界』などで知られる英作家〕の空想小説やユダヤのヘロデ王の物語と同じ、ファンタジーの世界の出来事でしかなかったのだ。

その私が中国に住み、中国で仕事をすることになるとは、まったく予想外のことだった。『ウォール・ストリート・ジャーナル』紙の記者として大中華圏〔中国本土、香港、そして台湾を含む地域〕に赴任した二〇〇三年、一人っ子政策はすでに開始から三〇年以上が経っており、外部の人間が思うほど厳格なものではなくなっていた。徐々に例外が認められるようになっていたのだ。

農民、チベット民族、漁民、炭鉱労働者は二人目をもつことが許されていた。障害者はもちろん、罰金を納めた者も認められた。その罰金の額は、コネの有無や居住地域によって、少額から法外な額までさまざまだ。

こうした例外を考えると、一人っ子政策というより「一・五人っ子政策」と呼ぶべきなのだが、実際そんな長々しい呼び方はされていない。中国では一般に、文字どおり「一人っ子政策」を意味する「一胎化政策（独生子女政策）」ではなく、「計画出産」を意味する「計画生育」という無味乾燥な名称で呼ばれている。

中国では、交渉および法の曲解は世の習いとされ、時には一種の芸術ともいわれることがある。「想辨法《シィアンバンファ》」、つまり「解決法を考え出す」ことは、人があふれ、資源が乏しく、規則は厳しいが不公平に適用される国においては、欠くべからざる資質だ。そのため中国に住むとすぐ、けんか腰の交渉や、割り込み、身勝手すぎて斬新としかいいようのない運転作法など、「想辨法」の真髄を学ぶことになる。

この「想辨法」の精神にのっとり、中国国民は一人っ子政策の網をかいくぐるさまざまな方策を考え出した。不妊治療で双子や三つ子を産む、出産旅行〔米国に観光ビザで入国し、滞在中に出産することで新生児に市民権を確保すること〕に出かける、偽装結婚をする、賄賂を支払う……等々。

私の友人にも二人以上の子をもつ中国人が何人かいる。ただし、たいていは二人だ。ある地方都市で会った女性は、一人っ子政策の下で六人もの子をもっていた（恐ろしい話だが、その女性は最初の子供を熱湯に投げ込んで殺したのだという）。

一人っ子政策が始まって三〇年目に入ったころには、一人っ子の厳しい制限を守っているのは全国民の三分の一ほど[4]という専門家の推計もあり、二人目、三人目をもつための罰金を払う余裕のある人も増えてきた。二〇一三年にはすでに中国の一人っ子政策は「時代にそぐわないものとなっていた」と、私の同僚で尊敬すべき中国専門家であるレスリー・チャンは述べている。[5]

地震、流産、そして数多の出産を訪ねる旅、私はその経験によって、中国の国民を縛り続けてきた一人っ子政策が国境を超えてまで深刻な影響を及ぼしたことを、つくづく思い知ることになった。

急速に老いる人口大国

一人っ子政策は決して「時代にそぐわないものとなった」わけではない。現代中国の社会的風潮に大きな影響を及ぼし、今後数十年続く多くの社会・経済問題を引き起こしたのだ。これから一五年も経たないうちに、北京や上海を除く中国の都市では、統計上、石を投げれば必ず六〇歳以上の人に当たるという状況になる。それが男性である確率はさらに上がる。一人っ子政策がもたらした男女比と年齢構成のアンバランスによって、今後一〇年以内に中国の独身男性の数はサウジアラビアの全人口を上回り、高齢者の数はヨーロッパの全人口を上回ることになる。

中国で問題になるのはその規模とスピードだ。中国はいずれ世界最大の高齢者人口を抱える国になるというだけではなく、年齢構成から見ても世界に類を見ないほど急速なスピードで高齢化が起こる。すなわち、高齢者を支える労働人口が急激かつ極端に少なくなるということだ。となると、いまだ整備されていない年金制度や医療制度を圧迫することになる。

ドイツ銀行による試算では、二〇五〇年までに中国の年金不足額は七兆五〇〇〇億ドルに及ぶとされ、[6]これは二〇一一年の中国のＧＤＰの八三パーセントに相当する。かなり厳しい見通しだ。だが一人っ子政策がもたらした悪影響を今さら食いとめるのは難しい。この一〇年のあいだに、中国都市部の住民のほとんどが、国の求める「小さな家族」というかたちを受け入れるようになった。そして今やみずから小家族を望んでいる。

中国は社会主義から一気に資本主義の最終形態へと飛躍を遂げたが、その結果、教育費や医療費などが相対的に上昇することになった。おまけに、メラミン混入粉ミルクや鉛が含まれたおもちゃ、深刻な大気汚染などの問題を考えると、中国都市部での子育てはかなりたいへんな仕事になっている。

一方、中国政府は、一人っ子政策は国家の経済復興に不可欠な役割を果したというメッセージを、非常に巧みに流し続けてきた。大飢饉や凄まじい政治的混乱の記憶がまだ生々しい国が、豊かな暮らしを手に入れて喜ぶのは当然のことだろう。私の祖先の国とは、つまりそういう歴史をたどってきた国なのだ。

六〇歳以上の中国人なら誰でも、苦しかった時代の話を一つや二つもっているものだが、その中でも強く印象に残っているのは、中国人ジャーナリストの薛欣然《シュエシンラン》の経験談だ。ある貧しい家庭を訪ねたときのこと、四人の子供たちが何と一枚の服を着まわしていた。服を着られない子供たちは裸で毛布にくるまり、「服を着る」順番が回ってくる夢を見ながらすやすやと眠るのだという。

中国は、苦難の歴史にいたぶられ続けた子犬のようなものだ。子犬が傷口を舐め、片足を引きながら、勇気を振り絞って歩いていたら、思わず声援を送らずにはいられまい。

一九九〇年代後半以降の中国は、声援を送りたくなる場面であふれている。一族ではじめて大学に入る農村出身の子供。乳幼児死亡率の低下。ラテの泡よろしく次々と出店するスターバックス。道路を颯爽《さっそう》と走るベントレーやＢＭＷ、ホンダ、ヒュンダイの車。中国最大・唯一の書店チェーンである新華書店の各店に、ずらりと並ぶ中国初の団体ツアー向け観光ガイド……。

ちなみに、私の中国語の先生ははじめてのヨーロッパ旅行のことを嬉しそうに話してくれたが、いちばん好きな国はと尋ねると、「ドイツ」と即答した。なぜフランスやイタリアではないのか、と不思議に思って理由を聞くと、先生は一瞬考えてから「見たこともないくらい整然とした様子に憧れるから」と答えた。

二〇〇五年、工場労働者向けの社員寮を建設している業者の話を聞くことがあった。その人は、最近の労働者は充電が必要な電子機器をたくさんもっているから、コンセントもたくさんつけなくてはならないんだ、とこぼすのだ。

二〇〇七年には、フーターズが中国に初上陸して北京に一号店「美国猫頭鷹餐厅《メイグオマオトウインツァイティン》（アメリカのフクロウレストラン）」をオープンさせた。胸が見えそうなタンクトップ姿のウエイトレスに、客がフクロウよろしく目をキョロキョロさせるというこの店で、バカ高い値段のチキンが運ばれるのをまじまじとながめながら、おかしな言い方だが、私はこの国はまた一つ階段を上ったと思ったものだ。

冗談でよく、中国の一年は犬の一年にたとえられる。犬の一年は人間の七年に相当するが、中国の一年は他の国の七年分で、それほど変化が激しいという意味だ。

私が北京に住んでいた四年間で、地下鉄の路線は五倍に延び、ＩＫＥＡ（イケア）が本国以外で最大の店舗を北京にオープンさせて、中国ではじめて持ち家を購入する世代向けの、特別に巨大な陳列棚を用意した。自動車を保有する人口も四倍になった。公害の悪化や汚職という問題はあるものの、高まる興奮を感じずにはいられなかった。「加油《ジャヨウ》、中国、加油！（頑張れ、中国、頑張れ！）」というかけ声が、そこら中に響きわたっていた。

一人っ子政策は「不必要な政策」だった

一人っ子政策は、過去三〇年間の中国経済の二桁成長に多大な貢献をしたと一般的には信じられているが、実際にはこの政策は経済成長にほとんど影響を与えず、さらに今後三〇年に至っては経済の足枷にしかならない。

私はこの事実に気がつくまでに少し時間がかかった。中国政府は、一人っ子政策のおかげで四億人の人口を抑制できたと主張しているが、これは誤った計算と希望的観測によって過大に算出された数字である。

平たく言うと、一人っ子政策はつまるところ、悲惨なほどに「不必要な政策」だったということだ。なぜなら出生率は、一人っ子政策が始まる前に行なわれていた、もっと人道的な手段によって、すでに急速に低下していたからである。

さらに注目すべきは、一人っ子政策が将来の経済に及ぼす影響だ。一人っ子政策が未来の成長を阻害し、成長を失速させることを証明することは可能だろうか。答えはかぎりなくイエスに近い。ただし、どの程度かについては現時点ではわからない。

長期的な経済成長予測は、非常に確実性の低い仕事だ。実際、中国がこれほど急成長し、その成長がこれほど目覚ましく、かつ持続すると予測できた経済学者はどれほどいただろうか。いたとしてもきわめて稀だった。同様に、未来の不況にたいする予測も、成長したものはある時点で必ず衰退するという前提があるだけだ。いつ、どの程度の不況が起こるのかがわかれば、予測はもっと役に立つものになるだろう。

しかし、高齢者人口の増大が中国の生産力を低下させることは確実だ。グローバル企業にとって現在世界最大の携帯電話市場であり、最大の自動車市場であり、まもなく最大の贅沢品市場となり、ケンタッキーフライドチキンのリピート顧客層でも最大になると見込まれる中国市場が、高齢化によって変わるということでもある。

製造部門での急成長が終わりに近づき、今や国家は内需を拡大しサービス部門を成長させて、消費主導の成長モデルへと舵を切ろうとしている。かつて万里の長城が北方民族の侵入から中国を守ったように、中国の膨大な高齢者人口は膨大な消費者となってこの成長路線を支えることができるのだろうか。

中国の人口は、一人っ子政策がなくても激減したことを示す証拠が、正確な減少数については議論の余地はあるものの、次々と上がってきている。一人っ子政策に先立って行なわれた家族計画政策「晩・稀・少」、つまり「遅く、間隔を空けて、少なく生む」政策によって、強制的な手段を用いなくても一家族当たりの人数はすでに半減していたのだ。

二〇〇九年、王豊《ワンフォン》、蔡泳《ツァイヨン》、顧宝昌《グーバオチャン》の三人の人口統計学者が、一人っ子政策で米国の全人口を超えるほどの出生数が抑制できたという共産党の主張にたいして、異議を申し立てた。それまでの公式発表では、削減数は三億人から四億人とされてきた。

中国政府はこの数字を根拠として、一人っ子政策が国際社会に貢献する優れた政策だと主張してきたわけで、現在もその主張は変わらない。中国政府は、一人っ子政策がなかったら世界の総人口は二〇〇六年には七〇億人に達していただろうとし、この政策のおかげで世界の人口増加を五年も遅らせることができた、と主張している。それにたいして王豊らは、実際に抑制された出生数は、中国共産党の主張する数字の半数に過ぎないと指摘している。

なぜ、こんなに大きな差が出るのか。王豊らによると、中国政府の用いた算出法が、一九五〇年から一九七〇年までの出生率をもとに一九九八年の出生率を推測するという、単純化ははだしいものだったからだという。政府の推計による減少数は三億三八〇〇万人だったが、[7] 切り上げられて四億人とされた。

だが、この計算方法には欠陥があった。まず、国民の出産傾向が一九五〇年代から一九九〇年代まで変わらないという前提にもとづいていた。[8] だが実際には一九九〇年代までに、都市化の進行、フェミニズムの浸透、乳幼児死亡率の低下などにより、中国人の社会的行動は大きく変化した。政府の推計は、蒸気船で旅していた時代の情報をもとに現代の旅行プランを立てるくらいばかげている。

第二に、中国共産党は一九七〇年代を起点にして出生数の減少を算出しているが、実際に一人っ子政策が始まったのは一九八〇年だ。このように偽りの説明をすることを、中国の故事では「指鹿為馬《しろくいば》（鹿を指して馬と為す）」と言う〔出典は『史記・秦始皇本紀』〕。

戸籍を求める少女――一三〇〇万人の無戸籍中国人

一人っ子政策が緩和されても、多くの国民が負の影響を受け続けた。北京にある大学の法学部教官、楊支柱《ヤンヂーヂュ》は二人目の子をもったために職を失った。二〇一〇年、楊は「私を買ってくれた人に一生奴隷として奉仕します」という広告を出し、三万六〇〇〇ドルの罰金を肩代わりしてくれる人を募集した。「無償の寄付はお断りします。子供のために、奴隷にはなっても乞食になるつもりはありません」と皮肉をこめた広告文を出した。

結局、大学への復職は認められたが、ポストは以前より下がった。給料も差し押さえられ、大学から与えられた広い住居もとりあげられて、狭いアパート暮らしになった。「この政策は、何のサービスも提供せずに国民から税金を巻き上げるための巧妙な仕組みに過ぎません。子供をもつというのはごく自然なことで、息をしたり物を食べたりするのに税金をかけられているようなものです」と楊は語った。

リー・シュエ（シュエはsnow＝雪）という名の少女も同じく被害者だ。彼女はどうにかして「戸口《フーコウ》」という中国の戸籍を手に入れようとしているが、今のところ努力は無駄に終わっている。「戸口」は生きるうえできわめて重要なものなのだが、雪は一人っ子政策に違反して生まれた二人目の子であるため、政府から「戸口」をもつ許可が得られないのだ。

　両親は労働者で、二人目を生む罰金を払うことができなかった。「戸口」なしでは学校にも通えず、ちゃんとした医療も受けられず、図書館の利用者カードすら作ることができない。「戸口」がないのは実在しないのと同じで、合法的に働くことも結婚することもできない。彼女が将来生む子もまた、無戸籍という空白地帯に押しやられることになる。彼女と同じように「戸口」をもたない国民は推定一三〇〇万人に上るとされ、[9]「黒孩子《ヘイハイツ》（闇っ子）」と呼ばれている。

　二〇〇八年夏、中国全土がオリンピックに向けて一心不乱に準備を進めていたとき、一五歳の雪は勇敢にも毎朝天安門広場に行き、「学校に行きたい」というプラカードを掲げ続けた。だが五分もしないうちに当局に拘束されるのが常だった。天安門広場は「天国への平和な門」という意味なのだが、その名に反して世界でもっとも警備の厳しい場所である。五輪開催の二〇〇八年にはさらに厳しい厳戒態勢がとられていた。

　それでも雪は夏のあいだ何度も何度も天安門に通いつめた。家から一歩出ただけで公安に逮捕されることもあった。何とか天安門までたどりついてほんの数分の訴えをするために、母親のバイクの後ろにまたがって、北京の狭い路地を縫うように公安と決死のチェイスを繰り広げることもあった。

　その行動力には頭が下がるが、同時に苛立たしくもある。それほどのリスクにたいして、成果が乏しすぎるからだ。たしかに勇敢ではあるが、効果がなければ意味がない。結局、彼女はどうしたいのか。それにたいして雪は、「私はただ、私の存在を知ってもらうだけでいいの」

と答えたのだった。

また数年後にはこんな話を聞いた。工場で働くある男性が、一〇代の同僚と恋に落ちた。その女性が妊娠したので、彼は出産のため故郷の村に彼女を連れ帰った。彼女はまだ結婚が許可される年齢に達していなかったため、二人の結婚は法的に認められず、生まれた子の出生届けも受理されなかった。

結局、二人の子は計画出産担当の役人にとりあげられ、養子縁組のために売られていった。この男性は五年を費やしてその子を探し、その子が今アメリカのイリノイ州郊外で暮らしているらしいことを突き止めている。こういった悲劇はみな、一人っ子政策の代償だ。

苦しみに耐える「無限の力」

四川で地震の起きた日、私はミャンマー国境に近い中国の都市、昆明市（雲南省）から戻る機内にいた。ミャンマーへの入国ビザがとれなかったことで、苦い思いを嚙みしめていた。サイクロンで大きな被害を受けたミャンマーはその後、報道管制を敷いて外国からの救援隊員さえ拒否しており、ましてジャーナリストなどは人種や分野にかかわらず入国が認められるはずもなかった。北京へ向かう飛行機の中にいた私は、その数千マイル下で、そのとき大地が引き裂かれていたことを知るよしもなかった。

四川大地震はマグニチュード八・〇を記録した。それ以前といえば、三二年前に起きたマグニチュード七・六の唐山大地震が、中国史上最悪の地震であり、今も世界最大の災害の一つとされている。文化大革命末期に起きたこの唐山大地震の甚大な被害を、中国共産党は長く隠蔽してきた。ずいぶん後になって国営新華社が発表したところによると、唐山の死者は最終的に二五万人にも上る。

唐山ではほぼすべての世帯に被害者が出た。毎年地震が起きた日になると「唐山では死者のために焼いた儀式用紙幣『冥銭《めいせん》』の燃えかすが蝶のように低く舞い、通りという通りが真っ黒になる」と、唐山出身の張慶洲《ヂャンチンヂョウ》は記している。[10]「人々は大声で悲しみを訴えたりせず、このように静かに口をつぐんで追悼の意を表すのだ」

唐山大地震以降、建築基準はいくぶん改善されたが、四川の大規模な被害を見ればその程度もおのずとわかるというものだ。八〇〇〇万人以上が暮らす四川は、国内最大の人口をもつ省で、山がちの地形のため救助活動は困難を極めた。

北京空港で、ブラックベリーの電源を入れた。とたんに次々と舞い込むメッセージに目を走らせながら、私はにわかには信じられない思いで画面をスクロールしていた。同僚たちはすでに四川省の省都、成都へ飛んでいた。

私は毒づきながらオフィスに向かった。どうしてまたこんなに急いで北京に戻ってきたのか。昆明市に留まってさえいれば。昆明から成都までは約六〇〇キロ、ニューヨーク市からバッファローくらいの距離だ。成都まで車で行って、今ごろは現地レポートができていたのにと、私は臍《ほぞ》を噛んだ。

そう思いながらも、私は平凡な記事をいくつか手早く書いた。たとえば、当時流行しはじめた中国版ツイッターのウェイボー（微博）が、現地の被害状況を伝えるツールとして活躍しており、まさに中国で市民ジャーナリズムが生まれようとしている、という記事だ。しかし考えてみると、まるで古代の太鼓の鳴らし方の記事かと思うくらい、古臭さを感じずにはいられなかった。

もっと他に記事の書き方はないものか、と私は頭を抱えた。

そのとき、ふと思いついた。そういえば、ここ北京には中国全土から出稼ぎ労働者が集まり、地震のあった四川出身者もたくさんいる。欧米ではあの可愛いパンダの産地として知られる四川だが、貧しいうえに人口が多く、同じく貧困層が集中する米国のアパラチア山脈周辺になぞらえて「中国のアパラチア」と呼ばれることもある。

四川出身者の半数以上は出稼ぎ労働者となって、工場の組み立てラインや清掃業、中国の都市住民がもはややりたがらない単純労働などに従事している。四川出身の我慢強い労働者たちをつなぎ止めるため、工場経営者や建設現場の監督たちは、辛味のきいた四川料理を社員食堂で出すようになった。

四川の人はよく「花椒《かしょう》」の実にたとえられる。四川人は彼らの好物の胡椒のように小粒でピリッとしていて、苦しみに耐える無限の力をもっているといわれる。

地震発生以来、四川出身者の多くが懸命に故郷に帰ろうとした。地震で壊滅した道を通って、はるか遠い故郷に戻る苦労とはいかほどのものか。そして戻った先で目にするものとは？

彼らに同行すればいい記事が書けるのではないか、そう思った私は鉄道の駅に飛んでいった。そこで出会ったのがタン・シュシゥだったというわけだ。彼女の顔はまるでアルファベットの「O」という文字でできているかのようだった。滑らかな卵型の輪郭、目の下にできた丸い隈、悲嘆のあまり半開きのままになった口。その唇はひび割れ、固く噛みしめた跡があった。彼女は精一杯着飾っていた。キラキラ光る蝶を刺繍したジーンズに鮮やかなピンクのサテン地の上着。列車に乗るのは彼女にとって特別なことで、心配でふらふらになっていたとはいえ、いい服を着てきちんとしなければという意識が働いていたのだ。

タンの一五歳の娘フゥイメイとはまだ連絡がつかなかった。

夫のリィゥ・ジンシュは身長約一五〇センチ、やせ形で筋肉質だった。見た目はオランダ製の人形のようで、小柄で、つやつやした黒髪、丸いリンゴのような頬をしていた。まったく無表情だったが、ふちが赤くなった目は険しく、ギラついていた。

「流動人口」として生きる夫婦の現実

タンとリィゥは北京の建設現場を転々とする労働者だった。同じ村の出身者たちと一緒に、何とか故郷に帰ろうと躍起になっていた。

地震で鉄道も道路も寸断されており、どこまで行けるかわからなかったが、他に方法はなかった。飛行機に乗る金などない。リィゥがざっと説明してくれたところでは、はるか遠い故郷の山村へたどりつくには、二四時間バスに乗り、何日か歩き、野外で何泊かすることになるという。

私は迷った。肉体労働者たちのそんな過酷な旅に、はたしてついていけるだろうか。私は担当の編集者に電話をかけた。

「車を調達して故郷の村まで乗せてあげることはできないか」とおずおずと聞いてみた。答えは当然ノーだった。彼らの旅そのものが記事になるのだ。

地震から二日目にようやく、私たちは列車に乗ることができた。三等車はすし詰め状態だった。乗客の多くは身動きもとれず立ったまま、あるいは座席の細い手すりに腰かけて眠った。中国では「春節」のときに全国的な大移動が行なわれ、その時期は必ず大人用おむつの売り上げが急増するが、その謎が解けた。このすし詰め状態でトイレに行くのは無理だ。中国で列車の旅をしてみれば、ここが世界最大の人口を擁する国であることをまざまざと実感できる。

私の足がリィゥの足を踏んでしまうと、リィゥは一瞬にやりと笑って、こうつぶやいた。「人《レン》・太《タイ》・多《ドゥオ》（人が多すぎる）」。中国ではあまりによく聞く言葉だ。

リィゥは禁煙サインを無視してスパスパと煙草を吹かしていた。タンはあまり口をきかず、食べるものも喉を通らない様子で、涙をこぼしながらじっと座っていた。

三日目になるとタンの体にはもう水分がなくなり、涙も枯れていた。リィゥは妻に、無理にでもお茶を飲むよう言ったが、お茶はこぼれてタンのブラウスにロールシャッハテストのような大きな染みを作った。それはとてもきれいなかたちで、まるでそういうデザインのブラウスのようだった。

二人のこれまでのいきさつは他の出稼ぎ労働者の話と大差なかった。わずかな農地から得られる収穫だけでは食べていけず、とりわけ娘の学費が払えない。そこで故郷を出て「流動人口」にならざるをえなかった。

「流動人口」とは、地方から都会に出てきて、単純労働を転々とする出稼ぎ労働者を指す詩的な呼び名だ。都市の「戸口（戸籍）」をもたないため、都市では教育や医療といった行政サービスを受けることができない。だからリィゥとタンは娘を一緒に北京に連れてくることができなかった。

「戸口」とはいわば経済的アパルトヘイトともいうべきもので、最下層階級を土地に縛りつけ、都市部に人口が集中しすぎて制御不能になるのを防ぐための仕組みだ。それはリィゥたちのような家族を何か月も切り離す残酷な肉切り包丁でもある。

二人は一〇代の娘の顔をもう一年以上も見ていなかった。どんな子かと尋ねると、父親は娘の髪が長いか短いかも覚えていなかった。娘の好きなことや、どんな子かを尋ねても、タンはおぼつかない口調で「テレビが好きでね。でも、いい子だよ」とだけしか答えなかった。

北京から彼らの故郷、「鉄葫芦郷《ティエフールーシィアン》（鉄のヒョウタン村）」という恐ろしい名前の村までは、およそ一三〇〇キロある。この距離について少し説明すると、地理的にはほぼニューヨークからシカゴまでに相当する。ただし経済的・文化的には、地球から月ほどの隔たりがある。

鉄葫芦郷には水道がない。飛行機に乗ったことがある者もいない。四〇歳以下の若者は、貧しさと退屈に耐えきれず、いずれは都会へ、どこでもいいからとにかく都会へと出ていく。帰ってくるのは自慢するためか、子供を生むためか、その両方かだ。鉄葫芦郷では全員が「リィウ」という名字か、でなければ結婚相手が「リィウ」という名字である。最近まで嬰児殺しと花嫁の売買が行なわれていた。春には雨が降り、舗装されていない道は川のようになって、春のあいだ交通は遮断される。

それでも村は美しいところだという。岩に覆われた丘、ビロードのように輝く青い湖、同じく青く澄みわたる空。北京のどす黒い空気に咳き込んで黒い痰《たん》を吐く日々に、タンははるか遠いその青空を想い、どうして村を出てしまったのかと悔やんだという。

建設現場での暮らしは村の暮らしよりも原始的だった。洗濯する場所がないため、同じ服を着られなくなるまで着続け、その後びっくりするほど高い新品を買うことになる。こっそりもちこんだコンロで煮炊きをし、かつて塗装に使われていたバケツに溜めた水を飲む。

タンはピンクの上着を、携帯用に丸めた毛布の中にしまっていた。持ち物は全部背負って現場から現場へ移動するので、シワにならないようにするのも一苦労だが、それは自分たちの冒険の輝かしい象徴として、故郷の人々に見せる証拠の品なのだった。

そして今、故郷へ向かう列車に揺られながら、タンは村を出るきっかけになったみずからの好奇心を呪っていた。「お金のためだけじゃなかった。村を出て、外の世界を見てみたかったの」と悲しげにつぶやいた。

娘を村に置いて出たことで、タンは自分を責めていた。「私たちは地震に遭わずにすんだ。

でも娘はそうじゃなかった」と呪文のように繰り返していた。

楽しく話をすることも、信頼関係を築くこともできそうになかった。車内は混雑しており、二人は不安でいっぱいで口数も少なく、話しても訛りがきつくて聞きとりづらかった。

私は鉄道警察に記者だと知れて車内での取材を禁止されていたため、見つからないように何度も車内を移動しなければならなかった。そのためリィゥとタンはますますよそよそしくなり、あまり話をしてくれなかった。

私は列車の旅が好きだ。気持ちが落ち着くレールの音、車窓からながめる景色、否応なく目的地に連れていかれる感覚をいつも楽しんでいる。だが今回は、緊張と恐怖でピリピリと張りつめた辛い旅だった。誰もが情報を求めて、携帯電話をガンマンの拳銃のように握りしめていた。

情報が少しずつ入ってくる。被害者の数は二万人。しばらくすると三万人に増えた。震央は汶川《ウェンチュアン》、そこでは地震発生から三分で建物の八〇パーセントが崩壊した。

余震はまだ続いている。全市に避難命令が出た。

瓦礫の下から掘り出されるのは生存者より死者のほうが多い。

故郷へと出発してから二四時間後、リィゥとタンはフゥイメイの通う学校で一八三名の遺体が発見されたという知らせを聞いた。

「あの子は死んだんだ」とタンは泣いた。

「まだ、わからない。わからないよ」とリィゥは言った。その目は険しかった。

たしかな情報がないうちはまだ希望ももてる。近くに座っていた一人の男性は、死人のように青い顔をしていた。わが子が死んだという電話を受けたばかりだったのだ。

そこから西安までのどこかでトイレの水が切れた。悪臭が煙草の煙に混じって漂ってくる。リィゥと私は、彼と同じ村のディン・ウァンロンと話し始めた。同郷ながら鉄葫芦郷生まれではない彼は、よそ者と思われていた。ダムへ通じる道路を作るために生家がとり壊されたので、村に引っ越してきたのだ。ディンは村を離れて方々の都会の建設現場で働き、貯めたお金で新しい家を建てたことを自慢にしている。

「二階建てでね、とても快適なんだよ」と中国の煙草「鑽石《ズァンシー》（ダイヤモンド）」を吹かしながらディンは言った。

しばらく口をつぐんでいたが、ぽつりと「また一から建て直さなくちゃならんだろうな」と言った。

数時間後、ディンに一本の電話がかかってきた。地震直後に親と家の両方を失ったという知らせだった。母親は壊れた家の下敷きになったという。

列車は西安を通過した。兵馬俑《へいばよう》で有名なところだが、ここで私たちは、線路の補修が終わったので徐行運転だが運行はできると知らされた。これは歓迎すべきニュースだ。列車が不通のままなら、鉄葫芦郷の一行はバスに一〇時間揺られるはめになるところだった。列車で行けるところまで行ったら、あとはフェリーに乗り、それから徒歩で丘をいくつか越えればいい。

この時点で、ほとんどの村人が悪いニュースを受けとっていた。身内が亡くなるか大けがをするか、家が壊れるか、その両方という人もいた。しかしタンとリィゥの娘のことはまだ何もわからないままだった。

リィゥは旅をともにするうちにしだいに打ち解けてきた。列車に揺られてビールをすすりながら、リィゥは花嫁を金で買った親戚の話をしてくれた。鉄葫芦郷では、独身男性が妻を見つけるのが難しい。女性たちは、都会での工場の仕事が増えてきた最近ではなおのこと、田舎での厳しい暮らしを嫌がるようになった。

長年の計画出産政策で男女比のバランスが悪くなったことも影響している。男か女かを選ばなくてはならないとしたら、女の子ではなく男の子が選ばれる。そうでなければ、助産師が問題を「解決」してくれるのを見て見ぬふりをする。そんなことが横行したため鉄葫芦郷には結婚相手になるような若い娘がいなくなった。いたとしても姉妹かいとこだ。

リィゥの話では、その親戚の男性は独り身が寂しく、また家族から家を潰す気かとやかましく説教されるので、つい町の結婚仲介人のうまい話に乗ってしまい、生活を切りつめた貯金と借金で花嫁を買う費用を工面した。

「それでどうなったの？」

「逃げられたんだよ！」瓶ビールの栓を歯で抜きながら、リィゥは笑った。

私も笑った。だがそのときどこかで電話が鳴り、笑いは途絶えた。また誰かの死が伝えられたのだ。列車は南へ、河北、陝西、山西と中国中央部を進んだ。あたりの景色はお茶に浸されたような色をしていた。石炭による大気汚染だ。

アメリカ人にとっては車がアメリカの象徴だ。ジェイ・ギャツビーは資本主義と個人の自由と豊かな暮らしという世界を、轟音を立てて走り抜けた。中国では列車だ。中国人は大勢で列車に詰め込まれ、ハンドルを握る自由はなく、集団主義の夢に向かってゴトゴトと運ばれていくのだ。

数年後、私はディケンズを読んでいて、このときのことを思い出した。「小径や道路なども のともせず、邪魔物と見れば端からそいつらの心臓をつん裂き、ありとあらゆる階層、年齢、階位の生き物を背後にうっちゃって、己《おの》が鉄の道を——己《おのれ》のみの鉄の道を——ひた走るその力は、勝ち誇った怪物『死』の象徴だった」〔ディケンズ『ドンビー父子』。訳文は田辺洋子訳、こびあん書房による〕

列車を降りてからは、場面は映画のモンタージュのように目まぐるしく展開した。悪夢のようなカットの連続だった。一瞬で家を失った人々が、群れをなして路上で寝ている。私たちはフェリー乗り場に並んでうずくまり、スピーカーががなり立てるのを聞いていた。

「乗り場はこちらです。乗り場はこちらです」

フェリーに乗り込むとき、女性の悲鳴が聞こえた。大切な人の死を知らされたのだ。死人のように動かなくなったその女性を、みんなで抱えてフェリーに乗せた。

そして船は出た。アルプスのような印象的な岩山の景色の中を船は進む。

タンは黙って景色を見ていた。胸の中では希望から絶望までさまざまなシナリオが交錯していたことだろう。最善のシナリオは、娘は怪我もせず無事で、ただ電話ができないだけか、親戚と連絡がとれないだけというもの。次に、怪我をしているか、記憶を失っているか、骨を折っているか、どれにしても親としては辛いが、まだ耐えられる。あるいはどこかの瓦礫の下に埋もれたまま、自分の尿を飲み、かすれた声で母親を呼んでいるのかもしれない。

「まだ望みはある」とリィゥは言い聞かせるように言った。「家に着くまではわからない」

船を下りた後は山道を延々と何キロも歩いた。そこまで行くと地震の被害が目につくようになってきた。地滑りの跡、壊れた車、崩壊した建物、それらをよじ登りながら進む。人民解放軍の兵士たちがシャベルをかついで行進していた。

タンとリィゥが娘の遺体を探してふらふらと丘を歩いていったとき、私はその場を離れた。いや本当は走った。締め切りがあったから、私は走った。ここにいてもできることは何もないと思ったから私は走った。そこにいたくないと思ったから走った。私は走って逃げたのだ。廃墟となった道に二人を残して、ぶざまにあわてて駆け出した自分のことを、私はこれからもずっと罪悪感をもって思い出すだろう。

「当局の責任は問わない」という誓約書

数週間後、その埋め合わせをしようと私はもう一度村を訪ねた。風の強い丘の上の共同墓地でリィゥに会った。そこにフゥイメイが眠っているわけではない。フゥイメイは学校近くの別の共同墓地にとり急ぎ埋葬された。しかしリィゥは私に会うのに、その丘の上の墓地を選んだ。眺望がきくため、監視者やスパイを見つけやすい場所だったからだ。

このころには、当局はもう完全に情報を隠蔽していた。多くの子供たちは崩壊した校舎の下敷きになって死んだ。建物が粉々に崩れたために「豆腐学校」と揶揄《やゆ》されるようになる欠陥校舎だ。

多くの親たちが、学校建設に関して不正があったとして、事実の追及を声高に求めた。崩壊した学校の校庭で、亡くなった子供の写真を掲げて訴えた。中にはズタズタの遺体の写真まであった。当局はこの事態を認識すべきだ、調査その他やるべきことは何でもやるべきだと。そして当局はやるべきことをやった。訴えを封じ込めたのである。

リィゥは体調が悪そうだった。あの大きな荷物を苦もなく担いでいた頑丈な体は、一まわり小さくなって、自信がなさそうに見えた。ひっきりなしに煙草を吸っている。タンはこなかった。家からめったに出なくなり、誰にも会いたがらないのだという。

彼は言った。「あんたが撮った私らの写真、あれは捨ててもらえないかな」

私は、もうその写真は記事と一緒に載せてしまったと、すまなく思いながら言った。

リィゥはうつむいた。

私はあわてて「大丈夫。あの記事を見る人は中国にはいないから」とつけ足した。

リィゥ夫妻の不屈な表情を撮ったその写真が、『ウォール・ストリート・ジャーナル』紙の一面を飾ったことは、黙っていた。その写真は、船の上で遠くを見つめるタンの表情を捉えようと、注意深くアングルを決めて撮ったものだ。とても疲れているが、希望を捨てていないその表情。まだ旅が終わりにたどりつく前の写真だ。

「もう何も話したくない。何も言うことはないよ」とリィゥは言った。

突然、爆発音が聞こえて、私たちは飛び上がった。墓石のあいだからあたりを見回すと、墓参りの人が爆竹に火をつけていたのだった。嬉しいときも悲しいときも、中国では同じ儀式をする。赤ん坊の誕生や結婚を祝うときも、新年も、そして葬式のときですら、まずは爆竹を鳴らすのだ。

そして人が生まれたときも、死んだときも、お金を交換する。誕生のときは赤い封筒に現金を入れ、葬式のときは白い封筒に入れる。同じ儀式を行なうことで、生と死は同じものであり、めぐりめぐって人はもとの場所に還ってくると感じることができ、安らいだ気持ちになれる。

リィゥは、サインを強要されたという書類を見せてくれた。娘の死にたいして金を受けとる代わりに当局の責任は問わない、という趣旨の書類だった。

「私はできるかぎり速やかに通常の生活、通常の生産活動に戻ることを誓います」とそこには書いてあった。私の全身が大きな怒りで震えた。

「そういうことだから」と彼は肩をすくめた。

しばらくためらった後、彼は私に背を向け、丘を下っていった。その姿はだんだん小さくなり、田舎の風景の中に消えていった。それ以来リィゥに会うことはなかったが、彼の人生と私の人生にその後、不思議な対称性が生まれていたことがわかった。

彼らと旅を始めたとき、すでに私は妊娠していたのだ。

第2章

―空虚な宴

母親になるということは、きっとこの世でもっとも哀しくて、もっとも希望に満ちたことにちがいない。一度愛しはじめたら、その底なしの愛にどこまでも落下していくのだから。

――イーユン・リー（李翊雲）、『千年の祈り』〔篠森ゆりこ訳、新潮社〕

子供をもつべきか否か

悲しみと疲労に押し潰されそうになりながら四川省から戻ってきた。これまで私は九・一一や交通事故、暴力事件、殺人といった事件だけでなく、意図的にせよ事故にせよ、人間の忌まわしい日常的行動の影響について報道してきた。そこに納得のいくものなど何一つなかった。私は取材を仕事としていることにうんざりしていた。夜、寝返りを打ちながら、タンとリィウを始めインタビューをしてきた人々が現れる奇妙な夢を見ていた。

見覚えのある女性がやってきて「見て、私の子供よ。愛しい、愛しいわが子なの」と言い、二枚の写真を押しつけてくる夢だ。一枚は笑顔の一〇代の若者。もう一枚の写真はズタズタになった小さな一片で、何が写っているのかもわからない。

四川省では子供を「娃娃《ワーワー》」と呼ぶ。「人形」という意味の言葉だ。その言葉の出てくる光景が延々と夢の中で繰り返される。私の「娃娃」を見て。私の「娃娃」は死んでしまったの。私の「娃娃」を探すのを助けてくれない？　虫の知らせか、私は妊娠検査薬をとりだした。

ピンクのラインが浮かび上がっても、にわかには信じられなかった。夫のアンドリューに検査薬をもう一つとりに行かせた。そしてさらにもう一本。

一時間後、陽性反応の出た妊娠検査薬は五本になっていた。

はじめは、あまり喜んではいけないという心理が働いた。私には多《た》嚢胞《ほうのう》性《せい》卵巣《らんそう》症候群（ＰＣ

OS）の持病がある。患者数は多いのにあまり知られていないホルモンの病気で、不妊の主な原因の一つにもなりうる。診断を受けたのは三〇代前半。病気の症状について読んだときは、信じられなくて顔が歪んだのを覚えている。重症のPCOSの場合、多毛と脱毛が同時に起こったり、重度のニキビや急激な体重の増減が起きたりするという。

最近まで、私は子供をもつべきか否か決めかねていた。移動ばかりの生活に、その余裕が残されているのかわからなかったのだ。シンガポールのタブロイド紙記者から世界有数の新聞社のジャーナリストへ上りつめることは並大抵の努力ではなかった。そのあいだ、六年で三か国、四都市を転々とした。

しかも北京では人種的に中国系女性という理由で、私はいつも秘書や通訳、さもなければ白人の外国人特派員の恋人に間違われるのだ。たとえば、当時の北京市長だった政治局の王岐山《おうきざん》のインタビューをしたときのこと。彼が同僚の白人男性とは握手を交わし、私が伸ばした手を完全に黙殺したことは忘れられない。私をアシスタントだと思ったにちがいない。

私は仕事を愛していたが、仕事はとてもきつかった。上司が目覚めるのが私の眠る時間という時差の中で働かなければならなかったからだ。親になるには、十分な時間をかけて育児に専念し、そしてエネルギーも必要だ。私にうまく調整できるだろうか。しかし三六歳という年齢と健康状態を考えると、迷っている余地はなく、早く決断をくださなければならない。

そんなふうに思っていた矢先、妊娠が発覚したのだ。特に策を講じることなく、私の身体的な欠点が克服されたようだった。だが、多くの子供の死を記録しているさなかに、記し手みずからが子供をもつことになるとは。不幸が続く中で思いがけない喜びに出会うとは。なんとタイミングの悪いことか。

一人っ子政策の副作用

大地震から約一か月後、リン鉱山で働くヂュ・ジィェンミンは精管切除の回復手術を受けた。彼の一〇代の娘はクラスメートの三分の二とともに地震で亡くなった。

厳密に言えば、娘のシンユェ（シンユェはNew Moon＝新月）は一人っ子ではなかった。彼女には知的障害者の兄がいて、障害を理由に第二子を作ることを許可されたのだ。ただし、第二子誕生後はヂュが生殖能力を絶つという条件がつけられていた。息子はすでに地震の数年前に水死しており、残された新月は両親の夢と希望のすべてを一身に背負っていた。

新月は校舎の倒壊時に落ちてきたレンガによって亡くなった。彼女の死から一〇日が経ったころ、嘆き悲しむ両親は第三子について考えはじめた。ヂュは五〇歳、妻は四五歳、年齢的にもう無理ではないかと悩んだが、子供のいない老後は想像するのも耐えがたかった。三週間後、ヂュは費用をかき集めて手術を受けた。妻が受胎する可能性を医師に相談する費用までは残っていなかった。

四川省は男性の避妊手術が大々的に行なわれる、中国では珍しい省の一つだ。男性優位の他の多くの地域では、男性避妊手術のほうが手短で、かつ合併症のリスクが低いにもかかわらず、手術を受けるのはほとんどが女性だ。

　山西省方面のある村の村長が、村ではじめて避妊手術を受けたのは自分だと大いに自慢したことがあった。「よい手本になろうと思ったのです」と村長は言ったが、取材を進めるうちに、じつは手術を受けたのは妻のほうだったことが判明した。「手術を受けたのは私ですよ！　あの人が男の大事なところにメスを入れたりするもんですか」と妻が暴露したという顚末だ。

　なぜ四川省だけが他と違うのか。それは重慶市の医師、李順強《リーシュンジィアン》の尽力によるところが大きい。一九七四年、李順強医師は現在も多くの国で広く使われている精管切除の新たな術式を開発した。[1]ＮＳＶ法と呼ばれるこの術式では、従来のように切開せず、鉗子《かんし》で陰嚢《いんのう》に穴をあける。

　一九八一年、重慶市で手術を直に見たアメリカ人人類学者は、その様子をこう描写した。「かぎ針のような棒を陰嚢に差し込んで小刻みに動かす。時間にして五分ほど、あっという間だった」

　計画出産の促進のため、四川省の公共施設でときどき手術が行なわれたのも、この術式が短時間で簡単に行なえるからこそだ。この方法が広く用いられたことで[2]、四川省は計画出産のモデル省となった。才気あふれる李博士は重慶計画出産研究所の所長に昇進し、後に退職して計画出産当局の幹部になっている。

　何年も前にギュはこの手術を受けていたが、機能回復手術を担当した医師が有能だったことが幸いし、無事に手術は成功した。もともとギュを取材対象として私に紹介してくれたのは、この回復手術を行なった不妊治療クリニックだった。そこのスタッフに、彼らの病院は精管切除の回復手術を専門としているのかと尋ねると、即座にきっぱりとノーという返事が返ってきた。ヂュはきわめて稀なケースで、そもそもそのような手術は儲からないという。

というのも、このクリニックの顧客は知的職業に携わる裕福な都市住民で、私のように妊娠年齢が高いことによる不妊の治療が多くを占めているからだ。たび重なる中絶により体内の管が傷つき、妊娠しづらくなった患者も多い。産児制限の手段として中絶を繰り返すことによる不妊は、一人っ子政策の思わぬ副作用であった。

中国は性行為の後に起こることについては非常にオープンな国だ。だが青少年向けの性教育には驚くほど閉鎖的である。中国で性教育を実施している学校は、一パーセントにも満たない。[3]

一人っ子政策は、結婚している夫婦のあいだに生まれる子供を前提としている。法定結婚年齢未満での妊娠や未婚の母、また定められた待機期間〔出産の間隔を五年以上空けること〕に違反して妊娠した女性には、まったく酌量の余地がない。こうしたケースにたいしては、決まって罰金か中絶だ。

学生時代から付き合っていた夫の裏切りを知ってしまった友人を、以前慰めたことがある。結局、離婚してしまったのだが、友人は「あの人のせいで三回も中絶したのよ！」と泣き叫んでいた。

「級友の孫を見るのが辛い」

妊娠はタイミングがすべてだ。不妊症の増加にともない、タイミングはより重要性を増している。金か運か、どちらかに恵まれていなければ、タイミングよく妊娠することなどできない。

ギュの場合は明らかに金には恵まれていない。では運には恵まれているだろうか。そう思った私は彼の故郷、双林《シュワンリン》に向かった。世界最大の大仏、楽山《らくさん》大仏がそびえ立つことで有名な地域にある僻村だ。楽山大仏は、大渡河《だいとが》の流れを見下ろす崖に彫られている。

八世紀に作られた柔和な姿の大仏は、奇跡的に地震の被害を受けずにすんだが、急激な経済成長による大気汚染の影響で、鼻は黒ずんでいる。大仏の螺髪《らほつ》の一部がいびつなかたちになっているのも大気汚染による酸性雨のせいだ。

ギュの家までの車中、一人っ子政策のプロパガンダを多く目にした。打ち上げるロケットと美形の三人家族――父親、母親、そして男女の区別がはっきりしない子供――が壁に描かれ、そこには「遅い結婚、遅い出産は国にも国民にも利益になる」というスローガンが添えられていた。他にはこんなものもあった。「子供を少なくすることは、繁栄への近道」

ギュ夫妻には彼らの友人宅で会った。彼らの住居はさらに僻地にあり、ボートを使わなければ行けないため、ギュは自身の家より豪華で交通の便のよい友人の家を指定したのだった。残念ながら停電中で、深まる闇の中での面会となった。

ギュは小柄な男性で、ぶかぶかのコートに身を包み、頬骨はナイフのように尖っていた。夫人は穏やかで柿のように血色のよい顔をしていたが、その目は悲しみに沈んでいた。

村の生活は彼らには辛いものだった。近所の人々や友人たちも彼らを避けているという。子供を亡くしたギュ夫妻は「自分の子に頼れないから」村人たちに頼るようになり、金を無心し援助を乞う惨めな居候になると思われている。そうギュ夫人は考えていた。

　ギュは当初一人っ子政策に賛成していた。飢えを経験して育ったため、食い扶持を減らすという考え方は魅力的だった。「雑草や虫も食べたことがあります。満腹の経験などありませんよ」と嘆く。

　一人っ子政策を支持した理由は他にもあった。彼らの暮らす地域では政策に違反すると約一五〇ドルの罰金が科される。当時、一日数セントしか稼げない荷物運搬人だった新婚のギュにとっては考えられない額だ。

　四川省では荷物運搬人を「バンバンジュン」と呼ぶ。漢字表記は「棒棒軍」であるが、まさに働く姿を表している。棒とは重い荷物のバランスをとって肩に担ぐ天秤棒のことだ。この仕事は地域でももっとも過酷で稼ぎの悪い仕事である。

　身分の低い「棒棒軍」であるギュには、計画出産担当の役人による嫌がらせに金で対処する余裕などなかった。役人たちは違反者の家々を回っては、「ただ教訓を与えるためだ」と言っていろいろなものを壊していった。何か抜け道があったのかもしれないが、今となっては政策に素直に従ったことに悔やんでも悔やみきれないギュ夫妻だった。

「かつての級友たちに孫がいるのを見ると、とても辛くて耐えられません」。ギュは震える声で言った。

　ギュ夫妻はたんに気持ちが萎えているだけでなく、老後の経済面についても不安に苛《さいな》まれていた。一人娘を失ったことで、自分たちは将来が不安定な社会的落伍者になってしまったという気持ちが生まれていた。これから、どのように暮らしていくのだろうか。暗い部屋に閉じこもり、周囲の隣人たちからはますます敵意をむき出しにされ、自分たちの弱さに押し潰されそうになる、そんな姿が私には容易に想像できた

暇乞いに際して、何かちょっとした贈り物でももってこなかったことを悔やんだ。何か気持ちが晴れるようなものを渡したい。車の中を引っかきまわしてようやく小さなビスケットの袋を見つけ、困惑するヂュ夫人に押しつけた。さようならと手を振ったとき、彼女がその包みを握っているのが見えた。二人は手を振り返してくれた。礼儀正しいその姿に心打たれずにはいられなかった。

彼らの記事が掲載されて数日後、アメリカの医師からメールを受けとった。不妊治療の経験があるこの女性医師は、みずからの受精胚をいくつか保管しており、それを一つといわず夫妻に提供したいというのだ。中国の僻地で白人の子を育てられるものかどうかはわからないが、それでも夫妻が望むなら、と書かれていた。

この奇妙で寛大な申し出を実行に移すには、複雑な問題があまりに多すぎた。しかし私も、もしこの申し出が実現していたらどうなっていただろうと思う。医学の進歩によって、大いなる自然が意図したよりもはるかに長く、もちろん限界はあるが、出産年齢を延ばすことが可能になった。一人っ子政策では考慮されていない進歩だ。

続く「春節」からほどなくして、ヂュ夫妻は子を授からないまま職を求めて村を離れた。電話番号も変わり、連絡は途絶えた。

人の数を減らし、人の質を高める

すべては不運であったと言う人もいるだろうが、共産党に責任はないのだろうか。多くの人命が失われ、その多くが一人っ子であったことはあまりに悲しい事実だ。その事実すべてを不幸な事故として片づけてしまっていいものだろうか。

その答えを探るべく、次は北京オリンピックについて考えてみよう。大震災とオリンピック、この二つはコインの裏と表だ。

四川大地震とそれが浮き彫りにしたさまざまな問題——一人っ子政策や、校舎崩壊についての徹底的な隠蔽——これらは中国の国家主義の暗い側面を象徴している。そして、その対極にあるのが北京オリンピックだ。アヘン戦争以降一世紀以上にわたって受け続けた屈辱からの復興を示す一大イベントであり、すべてを犠牲にして勝ち得た国家の繁栄を披露する場であった。

スポーツ大会としてのオリンピックは、国家に栄光をもたらすべく考案された一種の人口選別計画がその成果を見せる場でもあった。事実、より有能な血統を選抜し育てるという、優生学にほぼ等しい考え方が、一人っ子政策においても、中国のスポーツエリート計画においても、その核心となっている。

中国の権力者たちは「人の数を減らし、人の質を高める」という一人っ子政策の目的を明言してはばからない。加えて、中国の指導者たちが選んだソビエト式のスポーツ選手育成計画では、才能の遺伝的伝達を目的とするアスリート同士の結婚を非公式に斡旋していた。その成果の如何は二〇〇八年のオリンピックという試練の場で明らかになることだろう。

それまで国家の総力を挙げて二〇〇八年八月八日に向かっていた中国だったが、コインの裏側である大地震によって中国国家主義の暗部が世界に知られ、政府が綿密に練り上げてきたシナリオに亀裂が入る恐れが出てきた。これにたいし中国当局は即座に対処した。

大地震から三日後、一七人のブロガーが「悪意ある」噂を流したとして逮捕された。嘆き悲しむ両親たちには口止め料が支払われた。私も校舎の手抜き工事を批判するデモについて報道した後、公安の車につけられ停車させられて、私の身が心配だから「安全な場所」まで護衛したいと言われた。もちろん、とり合わなかったが。

他にも、拘束されたり嫌がらせを受けたり、カメラを壊されたりした知り合いのジャーナリストがいる。震災時の救援活動を批判した中国のサイバー反体制派の黄琦《フゥァンチー》〔人権侵害を報道するサイト「六四天網」を運営、中国の人権侵害を報道〕は投獄された。[4] 教師のリィウ・シャオクンは、崩壊した校舎の写真を撮り、手抜き工事ではないかとネットに書き込んだために、労働収容所で一年間服役となった。[5] 大地震で倒壊した校舎を「おから工事」と表現した環境活動家の譚作人《タンズゥオレン》も拘束され、労働収容所に五年間服役となった。[6]

私のところには、脅迫や暴行を受けたと訴える勇気ある親たちから連絡が届くようになった。調査したくてたまらなかったが、妊娠で身動きがとれなかった。妊娠がわかってから、最初の三か月が無事に過ぎるよう出張を控えていた。

数か月のあいだ、ホルモンの変化のためかさまざまな感情が行き来した。目にするものすべてに悲しくなったり、仕事に戻りたくてたまらなくなったり、それまで経験したことのない子供の育つ喜びを感じたり、オリンピックへの準備がスピードを上げていく様子に思わず興奮したりもした。

四川省の混乱とは対照的に、オリンピックが行なわれる北京ではすべてが厳密に管理されていた。開催日程に合わせて天気までも管理された。北京でおなじみの大気汚染を一掃しようと、一時的に豪雨を降らせる試みがなされた。ジョージ・オーウェルが小説『一九八四年』で描いた未来の管理社会に出てきそうな「人工影響天気センター」という名の機関によって、大量のロケットが打ち上げられ、降雨を促すヨウ化銀が大気中にばらまかれた。

林立する豪華なビルは、著名建築家がデザインしたものばかりだが、そこに中国人建築家が名を連ねることはほとんどない。オリンピックまでの数年間、北京のあらゆる場所が工事中で、足の踏み場もないほどだった。

「調和のとれた社会のためのオリンピック」などと書かれた巨大な広告看板の裏には、不潔で粗末な建設現場があり、フゥイメイの両親のような何千人もの出稼ぎ労働者が世間の目につかないようひそかに暮らしていたのだった。このとき以来、私はコンクリート屑の臭いがすると、必ずこの時期の北京を思い出してしまう。

やがて広告看板が降ろされ、鉄が絡み合った甲羅のような国家体育場や、国家大劇院のドーム、国営テレビ中央電視台（ＣＣＴＶ）の四角いドーナツ状タワーも完成した。地元の人々は不敬にもこれらの建築物をそれぞれ「鳥の巣」「たまご」「パンツビル」と呼んだ。だがそれでも、これらが膨大な知恵と犠牲者のうえに成り立つ荘厳な建築物であることに間違いはない。

たとえば中央電視台のパンツビル。このビルは私の知るどの建物ともまったく異なり、何となく男性器に見えなくもない四角い建築物は、建築学の否定ですらある。なにしろ建物の一部、つまりパンツの股にあたる部分が、二五〇フィート（七六・二メートル）空中に突き出しているのだ。

建て方にも目を見張るものがあった。まず二本の巨大な足部分から建てられ、まるで神話の恋人たちのごとく、夜明けには二本のタワーが一つとなっていたのである（ただ、太陽熱で鉄が曲がって構造上の歪みが生じないよう、夜中に行なっただけと技術者たちは正直に説明してくれたが）。パンツビルのデザインは賞も獲得している。[7]審査員の一人は「大胆不敵かつ、為せば成る精神」が新たな中国を象徴していると絶賛した。

しかし、この中央電子台のパンツビルが世界最大のプロパガンダ拠点だという事実を忘れてはならない。ピューリッツァー賞受賞者である評論家インガ・サフランは、パンツビルをデザインした建築家レム・コールハースを、中国の独占放送局に「建築のかたちをした爆弾」を与えてしまったと激しく非難した。その姿、その規模が、「人間がいかに小さく、国家がいかに壮大であるかを絶えず思い出させてしまう」と指摘している。[8]

パンツビルの建設のために立ち退きを強いられた人々にインタビューしたときのことだ。彼らは赤煉瓦作りの低層ビルに住んでいたが、私が訪ねたときにはすでに多くが空き部屋になっていた。窓はすべて壊され、「人権が欲しい」といったメッセージが刻まれている窓もあった。住人の多くは、不十分な補償金で強制的に立ち退かされたと不満を漏らす。ある女性は旅行から戻ってくると自分の部屋に南京錠が掛けられていたと、そのときのことを詳しく話してくれた。彼女の荷物は四階から地面に投げ捨てられていたという。怒りでとり乱した彼女は、みずからも飛び降りようとしたが、運よく助けられた。ただし助けたのが地元警察だったため、その後拘置されたそうだ。

誤訳された英語が書かれた看板[9]は町の独特な魅力の一つであったが、すべて姿を消し、正確かつ面白みのない翻訳に書き換えられた。「東大肛門医院」は当たり障りのない「東大直腸病医院」に、「人種差別公園」は「少数民族公園」へと訂正された。「奇形人トイレ」と書かれた障害者用トイレを探すことも、もうない。

通りからは何百万台という車が締め出され、工場は操業停止を命ぜられた。町中の枯草までが上からエメラルドグリーンで塗装された。

はじめての妊娠検査に行ったのは、そのころのことだ。検査技師が忙しそうに入ってきて、まだ平らな私の腹部にローションを塗った。

「あれは何だ――すごい」。力強く脈打つ鼓動を見つめて夫は言った。それは興奮せずにはいられない光景だった。私たちは手を握り合い、砂浜で遊ぶ子供のようにはしゃいだ。私は思わずその「鼓動するピーナッツ」につけたい名前を思い浮かべ、読み聞かせる本や、話して聞かせる物語まで考えた。心拍を確認してはじめて、妊娠の実感が湧いたのだった。

「じきに性別もわかると思いますよ」。技師が明るい声で教えてくれた。

私が中国の国民なら、このようなセリフはありえない。男女を産み分けるための中絶を行なえないように、医療従事者はお腹の子の性別を明かしてはならない決まりだ。

だが抜け道は当然ある。遠まわしな聞き方でヒントを得ることは可能で、たとえば、赤い封筒にお金を入れて渡せば、ピンクかブルーの飴をお返しにもらえることがある。女の子なら咳を、男の子ならうなずいて見せる医師もいるらしい。国家が子宮を管理すると、このような慣習も生まれるわけだ。

中国人アスリートの弱点、「大球・小球」説

中国の権勢を世界に知らしめる、華々しく社交界デビューを飾る中国――という指導部が描くシナリオを実現することは、すべてに勝る優先事項であった。

デビューに泥を塗るような輩が、北京の街に足を踏み入れないよう、部外者には見えない非常線があちこちに張りめぐらされた。こうして締め出された人々の中には、地震で子供を失った親たちもいた。前例にならい、当局に正当な裁きを嘆願するため、はるばる首都までやってきていたのだ。

だが残念ながら、首都のはるか手前でその多くが拘束された。列車から無理やり降ろされて連行されたり、留置所の房に閉じ込められたり、果ては留置所での食事や宿泊費まで請求され

た人もいた。

近くの昆明市に旅行しようとした親たちでさえ、絶えず公安の役人に尾行されていたという。また、ある父親は「安心して休暇を過ごすこともできない」と苦々しくこぼしていた。「子供が死にました。天は私に泣き叫ぶ権利を与えてくれるのに、この国の政府は天よりも強大だと思っているんですよ」と嘆く人もいた。

そして開会の時は刻々と迫る。あと三〇日、あと二一日……。

インターネット上では北京オリンピックのマスコットたち（BBCのアニメ『テレタビーズ』のキャラクターそっくりの）が中国の災厄を予言していたのでは、という噂がまことしやかにささやかれていた。

たとえばパンダの晶晶《ジンジン》は四川大地震を、聖火をイメージした歓歓《ホワンホワン》と、チベットカモシカをイメージした迎迎《インイン》は、中国の弾圧にたいするチベット人抗議者にとり囲まれた聖火リレーを。そしてツバメの妮妮《ニイニイ》は内モンゴルでのイナゴの大量発生を、というふうに。

これらのマスコットはまとめて福娃《フーワー》と名づけられていた。[10]「幸せを呼ぶ人形」という意味だが、インターネット上では巫娃《ウーワー》、つまり「呪いの人形」と呼ばれるようになっていた。

当然そうした書き込みは検閲官がすぐに削除したのだが。

あと一四日……、あと一〇日……。

私は妊娠して最初の三か月検診を受けるために病院にいた。担当医は安心させるように「山は越えましたよ」と、陽気な大声で言ってくれた。そして私のお腹の上でトランスデューサーを軽く動かした。そのとき医師はふと眉をひそめた。そしてもう一度動かした。

「たいしたことはないでしょうが、スキャンして詳しく見てみましょう」。彼はそう言うと、にこやかに私を放射線科へ回した。

モニターをじっと見つめていた放射線科の男性は、叫び声をあげそうになったが、言葉を飲み込んだ。

「担当の先生は誰ですか？」そう尋ねると、彼はふいにその場を離れた。

私は夫の手を握りしめた。彼らの話では、心拍が（ほんの数週間前にはこの目で力強く脈打っているのを確認したあの心拍が）止まっているという。何も感じなかったし、わからなかった。こうしてすべてが終わった。その日、自宅の寝室でタンに似たむせび泣きが聞こえた。不思議に思っていたら、それは自分の声だった。

あと八日……。私は病院で子宮内膜搔爬《そうは》手術を受けた。その次の日には仕事に復帰した。何ごともなかったかのように振る舞おうとした。私の身に起きたことは、四川省の親たちが経験したことのほんの一部だ。夢が潰《つい》えた。ただそれだけ。いつのまにか朝になっていた。

どんな努力をしても罪悪感をぬぐい去ることはできなかった。地震のあった地域に行ったのがいけなかったのかも。重い荷物をもったから？　たくさんの遺体を見たせい？　いや、北京の汚れた空気を吸ったからかもしれない。それとも自転車に乗ったから？

私は何とか理性を失わないよう自分自身に言い聞かせた。妊娠初期の流産はよくあることだ。それでも小さな声が消えることはなかった。「おまえのせいだ、おまえのせいだ。娃娃《ワーワー》に何をしたか思い知れ」

そして当日。

開会式は「鳥の巣スタジアム」で行なわれた。莫大な資金が投じられたこの建築物は、オリンピックの会期終了後ほとんど利用がされておらず、世界最大の鉄骨構造物であると同時に、おそらく世界でもっともばからしい建造物といえるだろう。可動式の屋根をつける計画が予算削減のために見送られ、スタジアム内は年中熱すぎるか寒すぎるかのどちらかでしかない。

開会式当日、北京の空気は雨の匂いがして、私たちはオリンピック用のグラブバッグ（小さなプレゼントがたくさん入った袋）の中の雨用ポンチョを落ち着きなくいじっていた。「人工影響天気センター」は雨雲が「鳥の巣」に到達する前に払いのけるため、監視所を二六か所に配備していた。[11]

気温三〇度以上になった「鳥の巣スタジアム」はまるで中華鍋だった。中国中央政治局の常務委員も、ジョージ・W・ブッシュも、デビッド・ベッカムも、一様に鍋の中の食材のようだ。双眼鏡をもち上げてフィールド内のアスリートに焦点を合わせ、身長二二九センチと飛び抜けて背の高い姚明《ヤオミン》を見つける。緋色のブレザーの至るところに汗のしみが浮き出していた。

バスケットボール選手である彼とともに、万雷の拍手に迎えられて行進しているのは九歳の愛らしい子供、林浩《リンハオ》だ。四川大地震の生存者で、瓦礫の中から二人のクラスメートを助け出した。そのときクラスの三分の二の生徒が命を落としている。

姚明と林浩の二人の一人っ子のうち、姚明こそ、一人っ子政策とその失敗を端的に表す人物であろう。一九八〇年生まれの姚は、一人っ子政策の第一世代に当たる。優秀なバスケットボール選手同士の両親から生まれた彼は、出生体重が約五〇〇〇グラムもあった。早い段階から彼の才能に目をつけたスポーツ担当の当局者は、姚のような逸材がもっと欲しかったため[12]、姚の両親に一人っ子政策の適応除外の権利を与えようとしたが、思惑どおりにはならなかった。

　若いうちから家族と引き離し厳しいトレーニングを行なうスポーツ業界に一人きりの可愛いわが子を差し出す、そこに抵抗を感じる若い夫婦が増えているとスカウトたちはこぼす。選手たちの行進を見ながら、スポーツエリートの育成システムが、一人っ子政策によって破綻するとは皮肉なものだと思った。

　あるオリンピックの女子体操選手が私の同僚に、彼女の一食分の食事はまるで「猫の餌みたいな量」しかない、と語ったという。「海外に出てはじめて、他の選手が楽しいから競技をしていると知りびっくりした」と言う。「飛び込みの女王」として有名な郭晶晶《グゥオジンジン》は、ひどい弱視を患っている。この病気は目の機能が完全に発達する前から衝撃の強い飛び込みを始める中国のエリート飛び込み選手に多い。

　姚自身、一人っ子政策のせいで自分勝手な人や他人を信頼できない人が増え[13]、「われわれがチーム競技に弱くなった理由はおそらくそこにある」と考えている。たしかに中国人にはある種のスポーツに劣等感がある。卓球や飛び込み、体操では定期的にメダルをとれるものの、サッカーやバスケットボールのようなプロのスポーツとなるとパッとしない。

　スポーツ関係者はこれを「大球・小球」説と呼ぶ。中国が得意とするのは正確さや機械的練習が重視される競技「小球」だけで、創造性やチームワークが求められる競技「大球」は苦手という説だ。この説はスポーツのみならず、中国の教育システム、優れた経済人の育成に至るまで、あらゆる面で当てはまるといわれている。

開会式の夜、中国が必死で「大球」の地位を得ようとしているのは明らかだった。

私は開会式の模様をライブでネット上にアップし、流産や子供たち、地震といった、自分の心の中で一つにつながって大きな塊となった悲しみのことを考えまいとしていた。過去の数々の非道な行為を葬り去り、中国の栄光のみを称えようとする執拗なゴリ押しムードを漂わせたオリンピックは、そんな私にはうってつけの場に思えた。

しかし、それでも思い出さないなどしょせん無理な話だったのだ。

開催会場一つとってみてもそうだ。中国でもっとも有名な反体制派アーティストで、中国のアンディ・ウォーホルとも呼ばれている艾未未《アイウェイウェイ》は、当初「鳥の巣」の設計顧問だった。ところが、中国政府がオリンピックをまがい物にしてしまったと批判し、結局「鳥の巣」建設から手を引いた。

艾は、震災から一〇日後に四川省を訪れその実情を撮影し、校舎倒壊の隠蔽について非難した。その後も、震災で犠牲になった子供たち全員の名前をデータベース化しようと試みた。こうした活動のために、暴行や拘束はもちろん、身に覚えのない脱税の罪で二〇〇万ドルの罰金を科せられている。

「われらの前途はひたすら洋々」

午後八時八分、耳をつんざく花火の爆発音とともに開会式は始まった。天女や宇宙飛行士が空を舞い、一糸乱れぬ太極拳の演武が披露され、中国の各民族を代表した二〇〇八人の子供たちが登場した。

この豪華絢爛たるショーを演出したのは張芸謀《チャンイーモウ》、かつては反体制的な映画を製作することで「好ましくない人物《ペルソナ・ノングラータ》」のレッテルを張られた人物だ。しかし近年は批判的態度を和らげており、起用しても問題ないと判断されたようだ。なにしろ業界内では今や、中国のレニ・リーフェンシュタールとささやかれているほどだ。

張はさまざまなシーンを組み合わせて、五〇〇〇年の歴史をもつ中国文化の流れを表現することに全精力を注いでいた。シルクロードや万里の長城も登場した。「和」の文字が明るく浮かび上がる場面もあった。天使のような少女が「われらの前途はひたすら洋々」という歌詞の出てくる中国の有名な愛国歌「歌唱祖国」を歌った。

さらにスタジアムの地下から巨大な球体が現れた。地球だ。これこそ中国が「大球」を摑んだという象徴だったのだろうか。そして登場した地球の上で、メドゥーサ〔ギリシャ神話に登場する怪物〕のように髪をうねらせたサラ・ブライトマンが、甘ったるい声で北京オリンピック公式テーマ曲「我和你《ウォフォニー》（私とあなた）」を歌いはじめた。「一つの世界に住む」とか「私たちは家族」といった歌詞が並ぶ、とにかくきわめて陳腐な内容の歌だ。私はあわてて涙を振り払った。ばかばかしい！　サラ・ブライトマンの歌に感動して涙を流すなんて。

そんな感動も、結局は裏切られることになった。あらゆるものが、まやかしだったのだ。

中国の民族を代表する二〇〇八人の子供たち？　実際は全員漢民族だった。

美形の少女歌手？　映像の少女は口パクで、実際に歌っていたのは容姿が劣るという理由で直前に交代させられた子供だった。

テレビに映された見事な花火の映像も、ＣＧで加工されたものだった。

監督の張は、一人っ子政策に違反して子供が複数いるというネットの書き込みがきっかけで、大いに叩かれ、計画出産当局から一二〇万ドルの罰金が科された。中国史上最大のショーを指揮した男は、一人っ子政策史上最高額の罰金を科せられた男ともなったわけだ。

しかし、中国の社交界デビューを飾る壮大なパーティーは、世界の超大国としての権勢を知らしめることに成功した。オリンピックから数か月後にウォール街でリーマン・ブラザーズが破綻し、アメリカ経済の不安定さが浮き彫りになった後は、中国の評価はさらに上がった。

しかし、中国が対外的に誇示していた大胆不敵な、為せば成る精神とは裏腹に、国内では偏執的なほどに統制が強化され、メディアにたいする規制はさらに厳しくなり、近隣諸国との領土問題も目立つようになった。

オリンピックから数か月後、活動家たちは民主化に向けた改革を提唱する「零八憲章」〔作家ら三〇三名が連名で発表、一党独裁を終わらせ、三権分立の下での連邦共和国樹立を主張〕を発表した。これにたいし政府は、作成者の一人、劉暁波《りゅうぎょうは》を投獄するという対応に出た。二〇一〇年、劉はノーベル平和賞を受賞するものの、服役中のため授賞式への出席はかなわなかった。

発言力のある清華大学教授、孫立平《スンリーピン》は、「北京オリンピックは、中国政権が安定維持に強く固執するきっかけとなった。今にして思えば、オリンピックは、中国のためにはならなかった」[14]と指摘している。

死んだ子供の写真を掲げる親たち

それから六年が経ち、私は成都（四川省）の南西にある小さな町、安仁《アンレン》にやってきた。安仁は小さな町ながら一見して繁栄いちじるしく、学費の高い私立校や、屋根がカーブして傾斜している中国伝統の様式、まるでカンフー映画に出てくるような建物のデザインを模した新しい建物が林立していた。フォーポイント・バイ・シェラトンの新しいホテルが近々オープンするという看板もよく目にした。

万人に歴史の忘却を強いてきた国にあって、安仁は特異な場所だ。不動産王で歴史好きの樊《ファン》建川《ジィエンチュアン》は長年温めてきたプロジェクトとして、安仁に中国近代史を記録した博物館の桃源郷を作りあげた。

全部で一五ある博物館の展示品は、日中戦争時代から文化大革命にまで及ぶ。政府にとって不都合な文革の時代は、中国の他の正統派の博物館のコレクションではほとんど削除されている（中国国家博物館は世界最大だが、一〇年に及んだ文化大革命については、これをほのめかす文章がたった三行あるだけだ）。

私が安仁に行ったのは、四川大地震に関する博物館が二つあるからだった。どのように記録されているのか関心があった。中国の博物館は、五〇〇〇年という歴史の中で生まれた膨大な数の興味深い芸術品であふれている一方で、展示の説明はほとんどがドラマもストーリーもない、説教くさくて単調で退屈なものだ。この博物館も同じだろうか。

入って最初のうちは、またもやプロパガンダの勝利かと思えた。建物の一つは全部、ジオラマや図表、地震にたいする政府の迅速な対応を称える写真などであふれかえっていた。あのときの政府の対応はたしかに称賛に値するものではあった。ブッシュ政権のカトリーナへの対応と比べれば特にそうだ。だが、どれも退屈でつまらないものばかりだった。

四川特産の胡椒の実のように、感覚を麻痺させる統計値がずらりと羅列されている。

・確認済みの死者：六万九二二六人
・負傷者：三七万四六四三人
　行方不明者：一万七九二三人
　道路破損：五万三二九五キロ

地震によって破損した水道管や送電線の長さ[15]は、正確なキロ数まで詳しく記されているのに、地震の犠牲になった子供の数や倒壊した校舎については一切触れられていなかった。

がっかりして博物館集落を散策していると、「奇跡の豚」という表示に目が止まった。表示の隣りには豚小屋があった。大地震で生き残ったもっとも有名な豚が飼われているとのことだ。「奇跡の豚」と呼ばれているこの豚は、餌も水もないまま、瓦礫の下で三六日間生き延びた強靭な豚なのだ。本当にこの豚がその豚で、博物館に連れてこられたのだろうか。そんなことを考えていると、背後からけたたましい声が聞こえた。まぎれもなく豚の鳴き声だった。

そこにいたのは、巨体を揺らして悠然と歩く「奇跡の豚」だった。その薄汚れた灰色の動物のそばでは、飼育係が小さく見える。見物客が次々とカメラをとりだす様子は、まさにジョージ・オーウェルの『動物農場』さながら、「四本足は善い、二本足は悪い」の世界だ。「奇跡の豚」はその日私が見た中で、間違いなく一番人気の展示物だった。「奇跡の豚」は大地震以前に去勢されていたが、二〇〇九年、科学者たちはこの豚のDNAを使って六匹のクローン子豚を作った。これほど強靭な豚を作った遺伝子マーカーを調べるためだ。

四川大地震の英雄「奇跡の豚」といえども、優生思想にもとづく計画出産（遺伝子操作）から逃れることはできなかった。当然ながら、彼は人間とは違って子孫を増やすことを奨励されたわけだ。まさに動物上位、「四本足は善い、二本足は悪い」を地で行く事実である。

「奇跡の豚」の小屋の後ろには別館があった。

そこで、ようやく実際の大地震を思い起こさせる展示を見ることができた。永遠に午後二時二八分で止まったままの時計の数々。地震で亡くなった新婚夫婦の引き裂かれたブライダルベールや片方だけの靴。ポンペイ遺跡のように心を打つものばかりだ。

亡くなった妻を家に運ぶために使った赤いオートバイもあった。死後二日が経過した妻の遺体を自分の体にくくりつけて、夫婦がこの世で最後のツーリングをしたオートバイだ。

新年に描かれる「年画」という絵画で有名な射箭《ジェアジィエンタイ》台村から運ばれた壁画もあった。「年画」の歴史は宋朝までさかのぼる。バラ色に頬を染め丸々と太った幼児が、鯉や桃、牡丹の花といった豊かさを象徴する縁起物のまわりではしゃぐ姿を手書きで描いた絵画だ。田舎でよく見られるが、長く飾っておくグリーティングカードのようなものだ。

この「年画」は過去に別れを告げ、未来を迎え入れるために新年に飾られる。射箭台村は大地震によって完全に崩壊したが、後に再建された。

見ていてもっとも心が痛んだのは、崩壊した校舎から見つかった品々の展示だ。それらすべてから、時間が止まり、突然人生が終わったという、声にならないメッセージが伝わってきた。ボロボロになった机、バトミントンのラケット、リュックサック、卓球ラケット、そして一七歳の生徒が書いた日記もあった。最後の書き込みは大地震の一週間前だ。

「今日、中間試験の成績表をもらった。駄目だった。全然駄目だった……とても悲しい。どうして私はこんなに無能なのだろう。どうしてもっと真剣に勉強したり、復習したりしなかったのだろう。お父さんごめんなさい。本当に、本当にごめんなさい」

漩口《シュエンコウ》中学校から見つかった物の中には、手書きで書かれた一週間の給食メニューもあった。月曜日の献立は、香辛料入りの油で炒めた豚の頭と、細切りポテト、カリフラワー、ハムで、翌火曜日は豚肉とレタスを強火で素早く炒めた料理。地震発生時、多くの生徒は食後の昼寝中だった。そのため生徒の三分の一が犠牲となった。

ワシントンＤＣにあるホロコースト記念博物館を思い出さずにはいられなかった。そこには何千という犠牲者の靴が展示されており、統計値よりも痛烈に悲劇を物語っている。安仁の地震博物館ではナレーションがほとんどない。おそらく検閲を避けるためと思われるが、それでも、語りかけてくるものは多かった。

メインの展示は、亡くなった子供の写真を抱えた親たちの白黒写真がびっしり貼られた通気縦坑だ。細い通気坑の四面すべてに、子供の写真をもった親の写真の引き伸ばし写真が隙間なく貼りつけられ、それが天井までずっと続いている。

そこに立つと、嘆き悲しむ人たちにまわりをとり囲まれた。引き寄せられるように視線を上へやると、無限に続くかのような死者たちの写真に押し潰されるようだ。息が詰まった。

中国でこのような追悼のかたちを見るとは予想外だった。現代中国の歴史の中には、恐ろしい出来事は多々あったが、その対応はガブリエル・ガルシア・マルケスの小説に出てくる架空の町マコンド〔長編小説『百年の孤独』の舞台〕の、過去に延々と縛られている人たちとは正反対のものだった。

中国の人々は「忘れ去ること」で恐怖に対応してきた。ラジオ記者のルイーサ・リムは一九八九年の天安門虐殺に関する著書に『記憶喪失の人民共和国』というタイトルをつけている。天安門広場での虐殺から二五年経っても、インターネット検閲官は「懐旧」という言葉ですら削除することに余念がない。

安仁の博物館では、家族の大切さを思い起こさせるものが至るところにあった。前述の「年画」もその一つで、中国農村部において、子供がいかに生活のうえで大きなウエイトを占めているかがわかる。たんに愛情の対象というだけでなく、経済的な安定、社会からの容認など、生きていく意味を与える存在なのだ。

「失独《シードゥ》」という悪夢

大地震発生当初、たった一人の子供を失った両親を一言で表す言葉が中国語にはなかった。当時はまだ一般的でなかったが、今やふつうに使われるようになった言葉が「失独」だ。「なくす」という意味の「失」と、「一人」という意味の「独」からなる。四川の親たちは「失独」という言葉を当てられたはじめての例だ。「失独」も一人っ子政策の副産物といえる。

二〇一四年までに推定一〇〇万世帯が「失独」となり、[16]さらに毎年七万六〇〇〇世帯ずつ増加している。彼らは一つの組織のようになり、たがいに同情し、年金や医療、墓地にたいする特別措置や、補償の増額、養子縁組の優先権などを中国政府に嘆願した。

「失独」となった親たちは、子供を亡くす、それもたった一人のわが子を亡くすというのは、この中国という国においては特に、複数の子供のうちの一人を亡くすよりもずっと深い大きな傷になると語る。

どんな子供の死も親にとっては等しくダメージが大きく耐えがたいという欧米の考え方から

すれば、受け入れがたく眉をひそめてしまうが、中国では跡継ぎがいないと、老人ホームに入るにも、墓地を買うにも苦労する。[17] また一般的な退職者よりも経済的に不安定となり、鬱にも陥りやすいことが研究で明らかになっている。[18]

中国社会は、すべてが結婚や家族を前提に作られている。政府の決まりによって一人しか子がもてなくとも、親という地位には変わりない。独身者や、子供のいない家庭は、社会的には非常に低く扱われる。

だからこそギュ・ジィェンミンは新月の死からわずか三週間で精管切除の回復手術を受けに行ったのだ。だからこそ、これから続く孤独な年月を思って彼の声は震えたのだ。彼の現状および収入では、フロリダの退職者村のような場所にも、工芸や詩作を楽しめる施設にも決して入ることはできない。

以前、ネット上で一人っ子を亡くした男性の書き込みを読んだ。老人ホームには入りたくない。週末になると訪ねてくる家族でホールが一杯になるのを見たくないから、と書かれていた。四川大地震は、たんなる自然災害による悲劇ではない。一人っ子政策という大きな人災がもたらした悲劇でもある。この地震によって、一人っ子政策の悲劇的な部分が、深海に住む伝説上の巨大な怪物、クラーケンのぼんやりした輪郭が見えてきたのだ。

第3章

カサンドラとロケット科学者

中国の人口が多いのは素晴らしいことだ。たとえ人口が何倍にも増えようとも対策は万全である。その対策とは生産である。

——毛沢東

計画出産の実験区「翼の町」

のろのろと走る古びた列車で一五時間、続いて関節も外れそうなガタガタ道をバスに乗り、翼城《イーチョン》県へとたどりついたころには、目はかすみ足元はふらふらだった。

はるばる長旅をしてくるような場所ではない。翼城県は内陸部にある山西省の煤《すす》けた小さな町だ。山西省は石炭の一大産地で、そのため大気汚染がひどく、中国の中でも最悪のレベルなのだ。ケンタッキーフライドチキンやスターバックスの模倣店でさえ出店を敬遠するほどだ。この翼城県にも素晴らしい場所はたくさんあるが、どこもみなスモッグに覆われていた。

車で町はずれの丘に登っていくと、ホビット族〔トールキン『指輪物語』に登場する小人〕の洞穴にそっくりの緑の植物で覆われた風変わりな家と、ヒマワリ畑が目に入った。ヒマワリの黄金色の大きな頭は粉塵にまみれてだらりと頭を垂らしていた。

もっと広くてきれいな場所へ飛んでいきたい、みながそう思っているから「翼の町」という名がついているんだ、と地元住民はジョークを言う。しかし、人口研究に関心をもつ者にとって、この翼城県の名前は別の意味をもつ。翼で飛び立つことのできなかった中国のビジョン、つまり一人っ子政策の失敗を思い起こさせる町なのだ。

二五年以上ものあいだ、この翼城県をはじめとするいくつかの農村地域は計画出産の実験区に指定され、住民は無条件で二人まで子供をもつことがひそかに許可されてきた。多くの農村地域では、第二子が許可されるのは第一子が女子の場合のみだったが、翼城県などの試行地域では第一子の性別にかかわらず第二子の出産が許された。

これら秘密の第二子許可地域では、一九八五年の政策開始以降、総計約八〇〇万人の住民が対象となったが、中国全土の人口からすればたいした数ではない。とはいえ、一人っ子政策が適用されなかった結果を興味深く垣間見ることができる。

制限が緩かったこれらの試行地域では、出生時の女児の殺害や女児の中絶といった手段に訴えねばならないほど追い込まれることはなかった。今日、翼城県と他の県級試行地域の男女比は、世界標準に近い数値になっている。出生率も全国平均を下回る。

子供二人が容認された試行地とはいえ、産児制限の強制はあった。誰もが嫌がる仕事だが、翼城県では他の地域よりはやりやすかったという。「暴力に訴えて強制する必要はなかった。罪の意識を感じることはなかったし、住民との関係は良好だった」[1]と村長のホァン・デェンガォウは語る。

一人っ子政策の転換を求め人口学者たちが論争を始めて数年後、彼らは目指すべき将来像として翼城県をもち出した。結果、翼城県における実験の陰の立役者であった梁中堂《リィアンヂョンタン》にスポットライトが当たることになった。三〇年以上前に一人っ子政策が導入された当時、梁はほとんど無名の経済学教官だったが、公然と政策を批判した唯一の学者として高く評価されることになる。

「四対二対一」の悲劇

一九八〇年に一人っ子政策が全国的に実施される数か月前、非常に重要な会議が四川省成都市で開かれた。この人口科学討論会で梁中堂は、一人っ子政策は「とんでもない悲劇」と「希望も活力もない、息の詰まる社会」を生むことになると警告した。[2]
梁は、家族による扶養がほとんど望めない高齢化社会を予見し、「四対二対一」という造語で表現した。これは夫婦二人が四人の高齢の両親と子供一人を扶養しなければならない状況を表しており、現在では一般に使われるようになった。「シンプルながら、この言葉には強くアピールする力がある」と人口学者のスーザン・グリーンハルは指摘する。[3]
中国の一人っ子政策の悪影響を予言し、ギリシャ神話のカサンドラのように、不吉な予言を無視された人物、梁中堂と会ったのは、秋風の吹くある日、上海虹口《ホンコウ》の大学地区にある彼の自宅アパートだった。
書籍に囲まれた部屋は最上階にあり、風の音がもの悲しく響いていた。中国の人口動態に関する陰のヒーローに似つかわしい背景ではある。梁は現在退職してはいるが、銀髪で背筋をピンと伸ばし、話しぶりは非常に辛辣だった。
近年ようやく、梁の考えに賛同する人口学者が増え、彼の先見の明を称えて、「英雄」「国の宝」と呼ぶようになった。ただ梁自身はそうは思っておらず、自分が果たした役割はちっぽけで、その抵抗は一人っ子政策の威力の前にあまりに無力だったと考えている。「私の抵抗など何の意味もなかった」と、梁は話のあいだずっと「無益」で「時間の無駄」な努力でしかなかったと言い続けていた。

かつて梁は何年にもわたって、全国的に二人っ子政策を展開すべきだと中国政府を説得しつづけた。その多くは徒労に終わったが、それでも何とか胡耀邦《こようほう》や趙紫陽《ちょうしよう》のような党の改革派長老たちの賛同を得て、二人っ子政策の試行地域をいくつか設けることに成功した。その試行地域で何千もの子供が生まれたのは、ある意味、梁のおかげなのだ。

「何ごともなさず座しているよりは、役に立ったということだ」と梁は苦々しい顔で言った。「一農民として生きるより、一人口統計学者として仕事をしたほうがましだと思っただけだ」。そう、彼はこの二つの職業をどちらも経験している。

農家の六人兄弟の一人として生をうけた梁は、一九六六年に高校を卒業し、中国最高学府である北京大学へ進み、哲学の道を志す。だが、哲学という志を抱くには何しろ時代が悪かった。一九六六年といえば、ちょうど毛沢東が文化大革命に着手した年だ。「偉大な舵とり」である毛が、すべての学校を閉鎖し、一〇年に及ぶ知識階級との闘争に向けて、紅衛兵を配して革命の海に漕ぎ出した年であった。

梁は高等教育を受ける機会を失い、二度とそのチャンスに恵まれることはなかった。この学歴の低さが、後に計画出産の立案者たちを説得する際に仇《あだ》となる。

梁は兵役に就き、人民解放軍で何年間か気楽な日々を過ごし、独学で政治理論を学び、マルクスとエンゲルスの著書をむさぼり読んだ。最終的に山西省の省都である太原《タイユエン》の党幹部養成学校の教官となった。一九七〇年代の後半には人口統計学を教えるよう要請を受けるが、そもそも彼はこの分野に関する知識はほとんどなく、興味すらもっていなかった。

　人口統計学を始めとするあらゆる社会科学分野の研究は、文化大革命が始まると、反革命的だとされて大学のカリキュラムから削られてしまった。人口統計学が教科として復活したのは、中国が台湾に代わって国連の常任理事国の座を獲得した後になってからだ。中国人口学会の設立も一九八一年[4]、一人っ子政策導入の一年後のことだった。

　梁中堂によると当初、中国の人口統計学はソ連に学んだものだった。ソ連では生産性と経済統計にのみ焦点を当て、欧米諸国でとり入れている社会的、経済的な要素を考慮していなかった。中国の人口統計学者は、人口学になくてはならない生命表（平均余命の予測）の作成法さえ、一九八〇年代初頭まで知らなかったという。

　一九八〇年に中国政府が極端な人口抑制政策の実施を決めたとき、中国の指導者たちは自国の正確な人口すら把握していなかった。人口学研究者のトーマス・シャーピングによると、直近の人口調査はその一五年も前のことで、「かなり大まかな数字」[5]しか提示できない統計だったという。

　世界でもっとも大胆な人口学的実験を、そのような不安定な基盤の上でスタートさせたとは、信じがたいことだった。これでは、ある批評家の風刺「足のない人が走り方を教える」[6]と似たようなものではないかと、私は梁に尋ねた。

たしかにそうだと梁は答えた。「だが忘れてはならないのは、あの当時の中国には、あふれかえる人で押し潰される、何か策を講じなければ、この貧しさから抜け出せないという切迫感があったことだ。中国は『人・太・多』だった」と言う。人が多すぎる、という意味だ。

ロケット科学者が唱導した人口抑制プラン

中国やインドは、古代文明時代から人口が多かった。すでに一二〇〇年代、繁栄を極めた湖岸の都市、杭州（浙江省）は一五〇万人に及ぶ世界最大級の人口を抱えていた。当時、東地中海を制覇していた一大国家、ヴェネツィア共和国から旅してきたイタリア人マルコ・ポーロですら、その規模に度肝を抜かれたほどであった。[7]

だが二〇世紀の後半になると、世界の人口増加は史上前例のないものになる。医療の進歩によって乳幼児死亡率が低下し、寿命が延びたためだ。

中国では、一九四九年の五億四〇〇〇万人からわずか二〇年で八億人を超えた。さらに一〇年後には、英国のコメディグループのモンティ・パイソンが歌っていたように、「今じゃ世界で中国人は九億人、どうすりゃ中国人を好きになれるか、考えなきゃ！」[8]というほどになった。

中国では一九五〇年代以来、断続的に人口抑制に取り組んではいた。主な政策は早婚の規制で、その他コンドームや避妊リングの配布も行なっていた。

一九七〇年代には、「晩・稀・少」キャンペーンを本格的に展開し、結婚は遅く、出産は間隔をあけ、子供は少なく生むよう奨励した。当時のスローガンは「一人は少なすぎる、二人はちょうどよい、三人は多すぎる」であった。[9]

多くの人口学者によると、「晩・稀・少」政策は、増加の一途であった人口の抑制に大きな効果があった。一〇年間で、中国女性が一生のあいだに生む子供の数は平均六人から三人に減った。[10]

このような驚くべき結果は、ある程度の強制力なしには達成されなかっただろう。だが一人っ子政策時代に行なわれたほどの強制は、このころはまだ存在しなかった。

ここに疑問が生じる。当局はなぜ「晩・稀・少」政策を続けずに、あそこまで厳しい一人っ子政策という強制措置をとったのだろうか。

この決断には政治が大きく関わっている。毛沢東が一九七六年に死去してから権力闘争が勃発し、大躍進政策や文化大革命といった過酷な政策の後始末をして国家を再建することに、中国は躍起になっていた。

華国鋒《かこくほう》、胡耀邦、鄧小平らの新指導部は、みずからの正当性を強化し、混乱の中で低下していた国民の士気を高める必要があった。新指導部はみずからの正当性を示すため、経済の活性化を図らなければならなかった。そんな折、過去一〇年続いてきた「晩・稀・少」政策は、経済成長を加速させるには手ぬるいとされたのだ。

そもそも人口抑制の論理はきわめて単純なものだった。つまり、国民一人当たりのGDPを手っとり早く上げるためには、生産性を上げると同時に、人口増加を抑制しなければならない。

そして後者のほうが前者よりはるかに容易だったのだ。

鄧小平は、二〇〇〇年までに国民一人当たりのGDPをその当時の四倍の一〇〇〇ドルにするという目標を立てた。その裏で人口計画発案者らは、子供を二人とする現行の政策ではこの目標は達成できないと算出し、全世帯を一人っ子とするよう、規制の強化が必要だとした。

突きつめると、一人っ子政策が導入されたのはこうした理由からだった。この机上の経済目標が、莫大な数の人生を左右することになったのである。

二〇〇〇年を過ぎたとき、人口は一二億という目標をわずか六〇〇〇万人上回っただけだった。一人当たりGDPが鄧小平の当初の目標値一〇〇〇ドルを超え、三倍以上となったことを考えれば、悪くない結果だ。それでも当局は人口抑制策を維持する必要性を強調しつづけた。「経済発展はケーキのようなものだ[11]」と国家人口計画出産委員会（人口計生委）のトップは言った。「ケーキを食べる人口の増加を抑制する必要がある」

高齢化、男児偏重、将来的な労働力の大幅減少、こういった一人っ子政策がもたらす問題を予測していたのは梁中堂だけではなかった。しかし目標を達成することしか頭にない勢力が、これらの問題は簡単に修正できるとしてとり合おうとはしなかった。

一人っ子政策実施の決定打となる数値をはじき出した張本人、科学者の宋健《ソンジィエン》は、公然とこれらの懸念を退けた。彼は一九八〇年に発表した論文において、科学の発展によって高齢化問題は「遠い将来に」深刻化する前に容易に解決できるとし、また当局が「女性の平均出産率を前もって調整すること[12]」によって人口増加を安定させることは可能だと示唆している。

高齢化問題や出生率がレバーの上げ下げで機械のように調整できる[13]、という宋健の考え方は信じがたいものだ。おそらく彼の専門が機械工学、具体的にはロケットであったことが原因だろう。

だが、なぜロケットマンが中国で生まれる子供の数の決定に関わることとなったのか。その答えを見つけるには、一人っ子政策を生み出すに至る一連の事情を、中国の国内と国外の両方から見ていく必要がある。

人口爆発が脅威だった時代

性急に策定され、有効期限を過ぎてもダラダラと続いていた一人っ子政策だが、もともとはこんなに長く続く予定ではなかった。

一九八〇年にこの政策が導入されたとき、中国の指導部はこうした痛みをともなう家族計画を実施するのは一時的なものだと公約していた。「今後三〇年のあいだに、現在の極端な人口増加が緩和されれば、そのときは別の人口政策を採用する[14]」と共産党中央委員会からの声明文にも明記されている。

公正を期して言うなら、人口爆発を恐れていたのは中国の指導部だけではない。一九六〇年代から一九七〇年代にかけて、人口の自然増加に危機感を抱くことは、ベルボトム（パンタロン）や「エスト」〔ワーナー・エアハードによる自己啓発セミナー〕の流行と同様、世界的な風潮だった。

第二次世界大戦後、中国に限らず世界中で人口が増え始めていた。戦いが終わり、人が愛し合えば、必然的に子供が生まれる。それにたいして自然保護論者や生態学者たちが、いずれ大規模な食料不足に陥るのは目に見えている、と警鐘を鳴らし始めた。

一九六八年、スタンフォード大学教授ポール・エーリックの『人口爆弾』が、予想外のベストセラーとなった。[15] エーリックは、「人口増加ですべての人間に食糧を供給することは不可能となり、何億もの人間が餓死するだろう」と過激な説を展開した。「世界の死亡率が大幅に増加する」、しかし打つ手はない、とエーリックは書いている。

一九六九年、国連は第三世界の人口増加を抑制するため、「国連人口活動基金（ＵＮＦＰＡ、一九八七年に国連人口基金と改名）」を発足させた。

一九七二年には、世界の著名な学者や政治家たちの組織であるローマ・クラブが『成長の限界』を出版した。[16] この本は『人口爆弾』と同じく、経済成長によって地球の生態系は持続不可能になると主張した。

ローマ・クラブは、マサチューセッツ工科大学のコンピュータで、未来の世界人口に地球資源を配分するシミュレーションを行なった。その結果、導き出されたシナリオのほとんどは悲観的なもので、中には二一世紀の半ばから終わりにかけて地球は滅亡すると予測するものもあった。

なぜ中国で「過激な社会実験」が可能だったか

世界人口抑制の取り組みは、特に有色人種の人口抑制政策にたいして、欧米諸国が巨額の援助金を注ぎ込み、ピッチを上げて進められた。

インドでは、短期間であるが、強制的に避妊手術を受けさせる政策が推進された。だがあまりに国民に不評で、インディラ・ガンジー首相は退任に追い込まれることとなった（後に復権した）。また韓国では「子供二人でも多すぎる（一人だけ産んで元気に育てよう）」というキャンペーンが展開された。

そして著者の祖国マレーシアに隣接する小さな島国のシンガポールでさえも、今ではニューヨーク市より少ない人口となってはいるが、当時は「子供は二人で止めよう」キャンペーンを行なっていた。子供のころ、それを宣伝するいくつものプロパガンダを見たことがある。中でも記憶に残っているのは、一斤の食パンにたくさんの手が伸びているポスターだ。[17]

文化大革命によって世界から孤立していた中国が、一〇年ぶりに国際社会に復帰して目にしたのは、そんな世界だった。そして中国は一種独特な立場にあった。インドやインドネシアでも人口抑制政策は実施されていたが、人口政策を全国規模で断行できる独裁的な政治構造と社会的・文化的な土壌がそろっていたのは中国だけだった。

ローマ・クラブのような欧米の科学者たちが、あくまで机上の理論として人口抑制論を述べていたのにたいし、中国の科学者は、成功確実とはいえない机上の抑制論を、現実の国民に適用しようとしたのである。

当時の中国は文革によって疲弊し、国民の士気は低下し、知識階級は力を奪われていた。そのため、石炭や穀物の配給制度のように子供の数を割り当てる[18]という制度も、難なく受け入れられた。

さらに、一人っ子政策が本格的に始動したとき、インドなどとは違って、国民が怒りを示す政治的手段すら存在していなかった。加えて、中国には避妊や中絶を罪とする宗教上の信念もなかった。

こうしてみると、中国には出生数を抑制するための豊饒な土壌があったのだ。

西洋の発想が中国の人口抑制策に影響を及ぼしたことを示す証拠がある。

一九七五年、宋健は中国代表団の一員としてオランダへ渡り、そこでヘールト・ヤン・オルスデルという若いオランダ人数学者と出会っている。オルスデルは宋健のことを「彼はいい人で、とても友好的な人物だった[19]」と回想する。

宋健と出会った日に自分が発した何気ない言葉が、数年後に中国の人口政策に大きな役割を果たしたことを知り、いまだに困惑しているという。その日、オルスデルはカフェでビールを飲みながら、自分が共同執筆したある論文について宋建に語った。

ある架空の島の人口過剰の対策として、オルスデルと彼の同僚たちは「見事な数学的解決法」を見出したという。それは「出生数を制限する」というもので、彼はそれを宋建に詳しく説明したのだった。

「そういえば、あのとき宋健の顔がぱっと明るくなったようだった」とオルスデルは言う。「目がキラリと光った」

オルスデルは、ただの学者同士のおしゃべりだと思っていた。しかし宋健はただの学者ではなかった。ほとんどの知識人が迫害された文革を、国防部で働いていたことで無事に生き延びたスーパーエリート科学者だった。文革が終わったとき、知的資本と社会資本の両方を無傷で携え現場に復帰できたのは、こうした技術官僚たちだけだった。彼はその一人だったのだ。

宋健はロシアで教育を受けた後、弾道ミサイルの開発に従事し、銭学森《チィエンシュエセン》という学者の愛弟子となった。銭学森は米国に渡り、米航空宇宙局（NASA）ジェット推進研究所の共同設立者にもなったが、マッカーシズムによる赤狩りで屈辱的な扱いを受け、それを嫌悪して米国を去った。

中国に戻った銭は、当然ながら諸手を挙げて歓迎された。彼は中国のロケット開発の先駆となり、宋健らの弟子を育てあげた。その宋健が、一人っ子政策の始動に重要な役割を果たすことになった。

銭学森という後ろ盾を得て、宋健は政治・軍事の最高指導部に接する機会を得た。[20] その後数年にわたり、宋健は同僚の李廣元《リーグァンユエン》、干景元《ガンジンユエン》、そして田雪原《ティエンシュエユエン》とともに、オルスデルらヨーロッパの学者たちの研究を基礎として、中国の出生率を抑制する数学的方法論を編み出した。[21]

オルスデルにとってこの研究はたんなる理論上の問題だったが、宋健たちにとってはそうではなかった。この理論を現実に適用しようと考えていたのだ。

一九七九年、四川省成都市で開かれた人口科学討論会において、宋健らの数学的方法論は、梁中堂の人間中心の提案と真っ向から衝突することになった。

政治に奉仕する科学

成都での会議は、さまざまな学者が中国の過剰な人口を抑制する方法を提案した画期的な出来事であった。この会議がその後の展開にどのような影響を与えたかは、現時点では明らかではない。

この会議がロケット科学者たちの過激な一人っ子政策を決定的に有利にした転換点だったと見なす歴史家もいれば、共産党指導部はすでに方針を決めており、この成都での会議はたんなる学者たちの空騒ぎに過ぎなかったと見る歴史家もいる。

いずれにせよ成都での討論が示すのは、人口抑制の方法にはさまざまな考え方があったということだ。一人っ子政策が唯一の解決策だったわけではない。ただし多くの策の中でもっとも過激な方法ではあった。

西安交通大学の数学者チームは、二〇〇〇年までに人口増加率を〇パーセントにするという政府目標は到達不可能であることを立証する論文を提出した。それは政府にとって都合が悪いものだったため、その論文はどこかに消えてしまった。[22]

梁中堂が一人っ子政策を懸念する発表を行なったときは、さらにひどい扱いを受けた。人口計生委の委員長リー・シゥジェンは、「問題はそれほど深刻であるとは考えられない」と述べ、梁の主張を一蹴したのだった。

「中国人はこれまでの習性で、一度に一つの意見にしか耳を傾けることができない」と梁は言う。「突然、別の批判的な意見を突きつけられると、大騒動になる」

共産党の考えに反する意見を述べて、多くの学者が弾圧されたことを考えると、率直に自分の意見を述べた梁という人物は驚くべき勇気の持ち主といえる。

その二〇年前、北京大学学長の馬寅初《マーインチュ》は、梁と同じ行動をして学長の地位を追われた。皮肉なことだが、馬寅初は一九五九年に人口抑制論を説き、現在は「一人っ子政策の父」という栄誉を与えられている。しかし馬寅初の考えは、折悪しく当時の毛沢東の考えに反するものだった。毛沢東の人口抑制に関する立場には一貫性がなく「多いほどよい」と「少ないほどよい」のあいだを揺れ動いていた。

この「偉大な舵とり」である毛がちょうど「多いほどよい」の立場をとっていたときに、人口抑制論を強く主張した馬寅初は不運だったとしかいいようがない。馬寅初は即座に中国最高学府学長の座から追放された。それから約二〇年後、馬寅初の名誉がようやく回復された時期[23]に、梁が人口抑制に反対する意見を表明したのだった。

成都では梁とロケット科学者たちが激しく衝突した。ロケット科学者らが複雑な数式を駆使して聴衆を魅了したのとは対照的に、梁の予測はまるで原始人が洞窟に書いた走り書きのような印象を与えた。

宋健チームの代表は李廣元だった。当時三〇代半ば、演説の才能に優れ、名門の中国科学技術大学を卒業していた。李の説明によると、宋健チームは、サイバネティックス（複雑な機械システムで制御や意思疎通などを行なう科学）を利用して中国の人口の未来予測を行なったという。学者の多くがパソコンに触れたことすらなかった時代に、李の言葉は「ほとんどの聴衆にとって初耳の神秘的なもの」であり、「会議全体が熱気に満ちあふれた」と梁は回想する。

中国のロケット科学者たちは、一家族に子供を二人か三人に制限したとしても人口は膨張しつづけると主張した。「一人っ子に限定するというもっとも厳しい政策を実施したとしても、今後四半世紀は人口が増加しつづけるというのが彼らの試算だった[24]」と人口学者のスーザン・グリーンハルは書いている。

会議の終了後すぐ、李が梁に「今後二〇年間の人口をどのように計算したのか[25]」と尋ねた。「ペンと手を使って」と梁は答えた。

「それでは時間がかかりすぎる！　コンピュータを使えばずっと簡単だ。たとえば、次の世紀の人口統計を計算するのに一時間もかからないし、しかも、それが完璧に正確なのだ！[26]」と李は大声で言いはなったという。

それから数か月後、宋健グループの研究結果が主要メディアで報道されるようになった。同時に、国内の会議のほとんどで、一人っ子政策こそ中国の人口問題を解決する唯一の策であるという説明が行なわれた。

その年の九月二五日、共産党は公開書簡をメディアなどに広く発表し、党員に子供の数を自主的に一人に制限するよう要請した。こうして中国でもっとも急進的、かつ長期にわたる社会実験が始まった。

梁中堂は失望し暗い気持ちで成都を去る。「みずからの不適切な計算式を、あまりに不遜な態度で、七億人を超える国民の実人生に応用しようとする」科学者たちの傲慢さに、ひどく憤慨していた。彼が激怒したのは、科学者らが「国民の賛同を得るために科学を隠れ蓑にして[27]」中央政府の思惑どおりの計画の旗振り役を務めていることだった。

改革派の学者グループが登場するのはそれから二〇年以上も経ってからだ。彼らは理論と調査結果を駆使して、一人っ子政策という「ゴルディオスの結び目」を解こうと試みる。

人口増加は予測できない

振り返ってみると、中国のロケット科学者たちがみずからの人口増加予測に自信満々で、人間行動や生殖技術が彼らの予測を変える可能性を考慮に入れていなかったことには驚くばかりである。彼らはみずからの解決策の正しさを心底信じて疑わなかったようだ。

この『マスターズ／超空の覇者』〔米国のSF映画〕的な発想は、宋健と干景元がその理論を解説した一九八八年発行の著作において明々白々である。その内容はこうだ。

何百万年も前にこの世界に人類が登場して以来、われわれは延々と自然と闘い続けてきた。今や、人類はその叡智と社会の力によって自然を征服し、そして輝かしい勝利を収めた。われわれは植物界全体を支配下に置き……動物界全体の統治者となり、かつて多くの人類の祖先を殺し傷つけたすべての種類の獰猛な獣を征服した……今やわれわれは彼らに復讐し、歴史の上で流したわれわれ先祖の血を彼らの命で償わせる……われわれは川を支配し、稲妻を制御した……宇宙空間を遊泳し、月面に立ち、金星や火星やその他の惑星に使者を送る……

つまり、われわれは勝利者であり、世界を支配し、宇宙を征服し、そして自由を勝ちとった。[28]

ロケット科学者たちは、一〇〇〇年後の中国の理想的な人口は約七億人であると推算したが、それはさまざまな疑わしい仮定[29]の上に構築されている。

その一例が、中国人の理想的な食事内容に欧米レベルのタンパク質摂取量が含まれていることだ。それほど急激な食生活の変化を可能にするには、農業生産力を急速に向上させなければならない。それは到底不可能であるから、この目標達成のためには人口を大幅に減少させなければならない――。

このように、予測全体が「たんなる理論上の推測」の上に「数々の大胆な仮説[30]」を立てることで成り立っている、とグリーンハルは言う。

ロケット科学者たちの計算には、近代的教育を受けた中国人女性が子供を少なく生むようになり、出生率が急減するという要素がまったく考慮されていなかった。国勢調査の結果、二〇一〇年までに人口増加率の年平均は、それまでの一〇年間の半分にまで低下した[31]ことが明らかとなっている。

人口統計学者たちと何度も話すうちに、人口増加の予測とは思った以上に難しいものであることを知った。正確な予測が出せるのは、せいぜい二〇年から三〇年ぐらいの期間でしかないという。

人口統計学者が予測の基礎とするのは、出生数、死亡率、そして人の移動傾向という三つの要素だ。

この三つのうち、死亡率だけはかなり正確に予測することができるようになった。移動傾向と出生率は、個人の意思や選択に大きく左右されるため、予測が非常に難しい。「なぜ出生率が時の経過とともに変化するのかは、どんな理論でも説明できない。まして予測など無理だ[32]」と人口学者のマシュー・コネリーは言う。

今世紀末までに世界人口は八〇億[33]から一三〇億[34]のあいだの数字になると予想されているが、どの数字になるかはどの人口動態予測を採用するかによって違ってくる。五〇億というこの予測の開きは、一九五〇年代の地球の総人口に匹敵する数字だ[35]。

このように人口予測は難しく、二〇三〇年の世界人口なら予測できるが、二〇五〇年の予測となると「われわれには未知の領域」であり、二一〇〇年ともなると「もうＳＦの世界[36]」だと、人口学者のニコラス・エーベルシュタットも認めている。

オルスデル元教授は、当時彼が取り組んでいたのは、たんなる「面白い数学演習の一種」であって、「社会的・経済的要素は考慮に入れていなかった」[37]と振り返る。

「とにかくもう昔のことだが、当時は大学の中で生きる一数学者として、数学の世界で最先端であろうとしていただけだった。数学科の同僚研究者の中で目立ちたい、バリバリ研究しているのを見せつけたいというだけだった。それがまさか、こんなに長く後世に影響を与えることになるとは、夢にも思わなかった」と彼は言う。

ローマ・クラブが予測した世界滅亡の日は訪れなかったが、その予測は「多くの人々を覚醒させ、地球と資源に目を向けさせた」とオルスデルは言う。「もしすべての条件が同じなら、すべての国がすべきことは同じで、それは一人っ子政策を維持することだ」とオルスデルは今も信じて疑わない。

好奇心から、私は彼自身には子供が何人いるのか、と尋ねてみた。娘が三人に孫が五人と聞いてもそれほど驚かなかった。というのも、一人っ子政策を推進する人々は、中国以外に住んでいる場合、複数の子供をもっている傾向が強いことを、何度もインタビューを繰り返す中で気づいていたからだ。

これとは対照的に、一人っ子政策は中国史上最悪の間違った政策で、大躍進や文化大革命よりもひどいものだと酷評した王豊はアメリカ在住ではあるが、一人しか子供をもっていない。

当局の規制が及ばないところでは、一人っ子政策は「私の行ないどおりでなく、私の言葉どおりにせよ」となる場合が多いようだ。

それから何度か、オルスデルは会議の場で宋建に会っている。宋建は二〇〇四年、オランダのデルフトに住むオルスデルを再訪したが、そのときは個人秘書と運転手、二人のボディガードも同伴していた。

そのときまでに宋健は、中国の最高行政機関である国務院の一員にまで上りつめていた。[38]「三峡ダム建設委員会」の副主任として、またしても賛否両論のある巨大プロジェクトに携わっていた。一人っ子政策という人間の生殖能力を堰《せ》きとめるダムに代わり、今回は三峡ダムによって広大な長江を堰きとめ、大規模な水力発電所を作ろうというのだった。

だが一人っ子政策と同様、このダムプロジェクトも意図せぬ悪影響を引き起こすという批判が多かった。ダム建設によって、洪水、土砂崩れ、地震の誘発、さらに地元で「長江の女神」と呼ばれる稀少なイルカが絶滅するといった問題が起こるとされた。皮肉なことに、当時宋建は国務院環境保護委員会のトップでもあった。

宋健はオルスデルに、一九八八年発行の英語による自著『人口システム・コントロール』を贈っているが、その一節で自然保護に関する持論を展開している。

今から一〇〇〇年以上も前、三峡の両岸は「猿の楽園」だったが、人口増加によって森林が破壊され楽園は失われた。これについて宋健はこう記している。

「動物たちよ、人類の優しさには限度があることを理解せよ。われわれ人類は動物園や保護区という一角を設けて、動物の絶滅を食いとめることができる。人類の寛大さと優しさに動物たちは感謝すべきだ[39]」

改革派対中国政府

一人っ子政策がなぜ誕生したのかを理解するために、その策定の経緯を説明してきたが、今度はなぜこの政策がこれほど長期にわたって継続されたのか、その理由について述べてみよう。

二〇〇〇年、中国の人口統計学の精鋭チームと元官僚らが集結し、一人っ子政策の変更を求める行動を開始した。主導者の中に、中国人民大学の人口統計学部長、顧宝昌がいた。顧宝昌は、国家人口計画出産委員会（人口計生委）の元首席顧問として一人っ子政策の旗振り役を担った人物であり、共産党指導部と強いつながりをもっていた。

有力なコネをもつメンバーとしてもう一人、人口計生委の元幹部で、現在は引退している張《チャン》二力《アーリー》もいた。この改革派の中には、カリフォルニア大学アーバイン校教授の王豊をはじめ、欧米で教育を受けた第一世代である中国人人口学者たちも名を連ねていた。

改革派の目標は、一人っ子政策がもはや経済的にも社会的にも中国の目的に適わなくなったことを示すたしかな証拠を集め、分析することだった。まさに、中国最高の社会科学者たちから成る専門家グループである。

改革派は、一人っ子政策見直しの機は熟したと考えていた。三〇年目に入り、政策の賞味期限は切れていると考えたからだ。

改革派は、中国の人口問題関係者のあいだで長年懸案だった疑問に説得力のある答えを出そうとした。つまり、中国の実際の出生率はどの数字なのか。人口増加率は今もなお高い水準にあるのか、それとも低下しているのか。もし低下しているのであればどの程度か。

そして、もっとも肝心な疑問、もし一人っ子政策を緩和したら、さらに進めて撤廃したら、はたしてどうなるのか。ベビーブームが起こり、一人っ子政策の成果が無に帰することになるのか。

これらの問いに答えを出すため、改革派は一五年ほど前に梁中堂が提唱して秘密裏に実施された二人っ子政策実験の結果に光を当てた。これらの試行地域では、一人っ子政策を緩和し子供二人まで認めていたが、ベビーブームは起こらなかったことが証明された。翼城県と他の試行地域すべてにおいて、全国水準に比べて出生率は平均を下回り、男女の不均衡も少なく、女児の間引きや女児の中絶も少なかった。[40]

二〇〇四年、改革派はその調査結果を人口計生委その他の政府機関に報告し、一人っ子政策を緩和すべき時機がきたと宣言した。男女比不均衡および高齢化による社会的コストと、出生率が人口置換水準を下回っている事実を提示した。中央政府にたいし、二人っ子政策試行地の拡大を働きかけ、子供の数や家族構成を自分で決める自由をより多くの国民に与えるべきだと進言した。

しかし、当局は納得しなかった。そんなことをすれば再びベビーブームが起こり、人口が増加するという意見がいまだ大勢を占めていた。

改革派を批判する人々は、山西省の翼城県などの二人っ子試行地域群は実際には中国を代表するものではないと異論を唱えた[41]。たしかにそれには一理ある。試行地の一つである甘粛省の酒泉《ジウチュエン》市は、新疆《しんきょう》ウイグル自治区と内モンゴル自治区に挟まれた遊牧民族の土地であり、家の存続を重視する伝統がない。また、湖北省の恩施《エンシー》は山岳地帯で、昔から男女平等意識の高い地域である。

そこで議論は振り出しに戻る。二〇〇六年、改革派は上海の北に位置する江蘇省へと向かった。「単独二子政策」が実施されている地域だ（「単独」とは、配偶者のどちらかが一人っ子の夫婦を指し、彼らには二人目の子供が認められている）。ところが適用夫婦のうち、第二子をもつ特典を利用したのはわずか一〇分の一程度だった。

二〇〇八年、改革派は再び最新の調査結果を添えて、政府の関係当局に改革案を提出した。今回の提案の論調はより切迫したもので、高齢化問題がクローズアップされていた。全国各地を比較した調査結果も含む内容だった。

だが「政府の反応は相変わらずだった[42]」と、ノースカロライナ大学チャペルヒル校の人口学者の蔡泳教授は言う。

そこで改革派はもはや政府内部への働きかけをあきらめ、この問題を公開することに決めた。調査結果や解説を、国内最大のメディアに公開しはじめた。

改革派にとって名誉教授的な存在であった梁中堂は、表舞台に出るようになった。改革派が翼城県での二人っ子政策の成功を大々的に宣伝しはじめると、梁は学者やジャーナリストたちに付き添い、彼の人脈を駆使して当局の役人との会見を手配した。

『クリスチャン・サイエンス・モニター』紙のピーター・フォード特派員は、梁に同行してもらったときのことをこう回想する。「彼はまさに神のように扱われていた」[43]「彼が同行してくれなかったら、当局の役人との会見は絶対に実現しなかっただろう」

改革派はまた、経済学者たちの支持をとりつけた。というのも経済学者の多くが中国の労働市場への一人っ子政策の影響を指摘していたからだ。

また、この活動に賛同した有名人に、インターネット起業家で億万長者の梁建章（ジェームス・リャン）がいる。彼は中国最大のオンライン旅行会社、シートリップ（Ctrip、携程）の創業者兼CEOだ。スタンフォード大学の経済学博士号をもつ梁建章は『中国は本当に人口が多すぎるか？』という著書[44]を出版し、一人っ子政策が起業家精神やイノベーションを阻害すると主張した。

改革派の前に立ちはだかる政府という壁はなおも高かった。当局は再三再四、政策に大きな変更はないと表明した。梁中堂は激怒し、中国はまるで「外で何が起こっているか注意を払わずに」突き進む「装甲車のように」なってしまった[45]と述べた。

強制中絶事件の衝撃

二〇一二年、一人っ子政策論争は激化した。きっかけは、フォン・ジィエンメイという二二歳の工場労働者の女性が第二子を妊娠したことだった。フォンには四歳になる娘がいたが、自分には第二子出産の資格があると思い込んでいたのだ。ところが地元の役人の考えはそうではなく、フォンと夫に罰金約六〇〇〇ドルの支払いを求めた。

おそらくフォンは、たとえ法的にはグレーでも、子供は生むことができると考えていた。だが、子供が生まれる前に、フォンは中絶の強制という危険にさらされることになった。そこで彼女は当局の目から逃れるために親戚の家を転々とした。

当局の追っ手から逃れようと、雨の中を暗い山の斜面に何時間も隠れて過ごしたこともあった。だがそんな逃亡劇も空しく終わる。妊娠七か月になったとき、ついに捕まり、彼女は頭に枕カバーをかぶせられて病院に連行された。[46]

夫のドンは一万六〇〇〇ドルの罰金を支払うように命じられた。何とか交渉の末、罰金を約三分の一まで減額してもらい、同僚たちからその一部を借りてただちに病院へ駆けつけた。残りの費用は借用証書で受けとってもらえるように役人たちに頼んだ。しかし、彼が役人から受けとった携帯メールには、全額支払うようにとあり、しかも「一銭たりとも減額しない」という非情な内容であった。

フォンはそのあいだ、自主的に中絶手術を承諾するという同意書に署名させられていた。六月二日、胎児を殺す薬物が注入された。後に彼女は「赤ん坊がお腹の中でずっとバタバタと暴れまわり、やがて静かになったのを感じた」[47]と話した。

フォンの身に起こったことは残酷極まりないことだが、前例のない話ではない。妊娠後期の強制中絶という身の毛のよだつような話は、一九八〇年代のはじめから頻繁に報道されていた。

その当時、スタンフォード大学大学院で人類学を専攻していたスティーブン・モシャーは、中国南部（広東省）の農村で現地調査を行なっていた。彼はそうした例をいくつか目撃した。[48] モシャーはその経験を本にして出版したために、スタンフォード大学から除籍処分を受けることとなった。

大学側は、モシャーが中絶の犠牲者の名前と写真を公表して人権を侵害したことが人類学者としての倫理違反に当たる、と説明した（私の記者仲間は「中絶を強制された女性たちの人権は、モシャーの人権侵害などとは比べものにならないほど酷いやり方ですでに侵害されていた」と辛辣に語る）。

スタンフォード大学はモシャーを追放せよという中国政府からの圧力に屈した、というのが大方の意見だ。

こうした話は一九九〇年代の後半には減少していた。急速な経済発展にともない、罰金を支払う余裕がある人が増えたからだ。ところが、フォンの事件が強制中絶という問題を再燃させ、ソーシャルメディアで爆発的な議論が起こった。

フォンの義理の姉妹が携帯電話で撮った写真がネットに流された。ぐったりと横たわるフォンの隣りに、ほぼ完全な人間のかたちをした七か月の胎児。その生々しい画像はウイルスのように拡散し、国中で一人っ子政策にたいする批判が沸き起こった。計画出産職員は野蛮で暴力的で、かつ殺人者だと非難する何十万ものコメントがオンライン上に投稿された。もちろん、検閲によってほぼすべての投稿がすぐに削除されたが。これまで一人っ子政策を支持してきた多くの都市住民でさえ、この事件の残酷さにおののいた。

改革派はこの機に乗じて全国人民代表大会に向けた公開書簡を発表し、一人っ子政策は緊急に変更されるべきだと主張した。その直前には、中国政治局直属のシンクタンクも同じ内容の提言をしていた。

改革派の一人で、元人口計生委幹部の張二力は、特にフォンの事件に心を痛めたようだ。彼はテレビに出演し、一人っ子政策のために中絶を強いられた女性たちに涙ながらに謝罪した。「私は非常に大きな罪悪感を覚える。中国の女性は多大な犠牲を払ってきた。政府はその償いをすべきだ」[49]と彼は言った。

政府の元高官が、しかも中絶を強要した当の担当部署の中枢にいた人物が、公の場で非を認めたのはきわめて異例のことだった。

私は北京で張二力と会見した。彼は化学療法を受けた後とのことだったが、元気ではつらつとしていた。人口計生委に入る前は、「中国のＭＩＴ」と称される精華大学で電子工学の教授を務めていた経歴をもつ。

「もっとよい政策になるはずだった」と張は語った。「今だからそう言えるが、そんなことを言っても何にもならないが」

「出産の自由」への長い道のり

一〇年以上も続いた舞台裏でのロビー活動の後、北京政府は二〇一三年、ついに人口計画出産委員会と衛生部とを統合し、新たに国家衛生・計画出産委員会とすることを発表した。この改編は計画出産委員会から複数の組織機能を切り離し、一人っ子政策を徐々に廃止にもっていくための準備段階だと広く解釈された。

その年の後半、政府はさらに、全国のすべての「単独」夫婦に第二子の出産を許可するという緩和政策の実施を発表した。

優に一〇年を超える交渉の末、はじめて見直しが実現した重大な改革であった。経済アナリストは自信たっぷりに新しいベビーブームの到来を予測し[50]、それを受けて紙おむつ、粉ミルク、車、さらには子供二人が一台の楽器を共有できないかのように、ピアノの販売増加までが見込まれた。

日本の紙おむつメーカー、ユニ・チャームの株価は「単独二子政策」の発表直後の取引初日に四・二パーセントも急上昇し、その後一年間で四四パーセント上昇した[51]（ただしアナリストの予測は間違っていたことが判明する。「単独」の免除で二人目の出産を申請した人数は、当局の予想をはるかに下回った）。

私が「単独二子政策」の発表後すぐに梁中堂を再び訪ねると、彼の表情は厳しかった。

「先日この政策が発表になると、ひっきりなしに電話がかかった。その中には外国のメディアからの電話もあった。どれもこれも歓迎ムードだ。だが、私はこう問いたい。自分の国でこの政策が実施されたとしたらどう思う？　出産制限がわずかに緩和されたからといって喜べるか、と。これは一歩進んで、二歩後退しただけだ」

「単独二子政策」で恩恵を受けるのはほんの一部の国民だけだし、この緩和で一人っ子政策が引き起こした数多の問題を解決することにはならない、と梁は指摘する。中国の都市部に住む夫婦の多くはどちらも一人っ子であり、既存の法律で子供二人をもつ資格をすでにもっているのだ。

「中国で親が子供の将来を決めることについて論じられたのは文革時代だけだった。それから三〇年後には、もうそんなことを論じる者はいなくなり、代わりに個人の自由と平等を論じている。それが進歩というものだ。だが、この『単独二子政策』によって、親の決断が子供の将来を左右する時代に逆戻りだ。何十年も前に親が一人っ子を選択しなかったことで、その子供世代ははじめから二人目の子供をもつ資格を失うことになる。それは子供の選択ではないのに」

私たちは二人とも黙り込んだ。

本棚をちらっと見上げると、孫の写真が何枚か飾ってあった。イギリスに住む娘と上海に住む息子、どちらも一人っ子を選択していた。

「子供たちの選択に自分はまったく口を挟んでいない」と梁は言った。私は、孫らしき男の子と一緒に公園で撮った梁の写真を指差した。白いランニングを着た梁は、とてもリラックスして見えた。私の目の前で険しい顔で怒っている人物とはまるで別人だ。

一人っ子政策やその政策と自分の関わりについて、子供や孫にどのように説明するつもりかと尋ねてみた。

即座に答えが返ってきた。

「彼らが興味をもつなら、真実を話すつもりだ。この政策がどのように成立し、どのように実施されてきたかの全部を。このような政策が存在するということ自体、わが国がまだまだ大国の仲間入りができないことの証明にほかならない。そんな後進国だからこそ、一人っ子政策のような非常識な政策が存在するのだ、と」

かつて二人っ子政策を推進してきた梁は、今はいかなる制限もかけるべきではないと考えている。「一人とか二人とか、産児制限を課すのではなく、人々の自由裁量に任せるべきなのだということが徐々にわかってきた」

一年後、政府が発表した数値によると、「単独二子政策」導入後に二人目の出産を申請したのは適用対象夫婦の三五パーセントに留まったという。これは当局の概算よりはるかに少ない。今のところ、ベビーブームの経済効果は絵に描いた餅[52]だったようだ。子供の養育費がかかりすぎるというのが大方の理由だ。

不吉な予言が聞き入れられなかった予言者カサンドラのごとく、梁中堂の予言はまたしても正しかった。そして今、梁はまた別の予言をしている。一人っ子政策は一〇年以内に撤廃されるだろう、と。

第4章
人口警察

中国の計画出産は自由意思にもとづいて行なわれる。

——趙紫陽

文明とは殺菌である。

——オルダス・ハクスリー著『すばらしい新世界』

八五〇〇万人のパートタイム指導員

マ・チンジュ（チンジュはGreen Chrysanthemum＝青菊）は、かつて自宅の掲示板に、友人たちの情報を克明に記していた。誰がどの避妊具を使っているか、子供の数は一人か二人か、避妊手術を受けたか、妊娠中か、既婚か、独身かという詳細な情報が書かれていた。「君の隣人を知れ」という名言〔一八世紀英国の文学者サミュエル・ジョンソンの言葉〕をより熱心なレベルに引き上げたようだ。

翼城県（山西省）の黄家鋪《フゥアンジャプー》という小さな農村で軽食堂を営む青菊は、四五歳の陽気な女性だ。つい最近まで、食堂経営のかたわらグループ指導員として働き、一〇世帯の妊娠・出産に関する状況を詳細に追跡記録し、それを村の計画出産弁公室へ報告する任務を担うことで年間六〇ドルの報酬を得ていた。

「みんな知り合いだから、たいした仕事じゃない」と彼女は言う。自分のグループでは、誰一人として規則を破って二人目をもつ夫婦はなかったと自慢げに語った。

青菊のようなグループ指導員に加え、人口五〇〇人のこの黄家鋪村には専業の計画出産担当者がさらに一五人もいる。

これら村レベルの弁公室が中国の計画出産行政組織における末端であり、この組織は草の根レベルの八五〇〇万人のパートタイム担当員から上は国家人口計画出産委員会（人口計生委）で働く五〇万人の専任職員にまで至る巨大組織[1]である。

この人口計生委には独自の文書処、企画統計司、宣伝教育司などの部署があり、付属機関として薬理学研究所、映画製作センター、および出版社があり、さらには展示会や会議を管理するコンサルタント会社まである。軍隊や警察など他の国家機関の内部にも独自の計画出産局があり、国の部局として活動している。それは国有企業も同様で、内部に独自の計画出産部局をもっている。

このように組織系統が複雑で広範囲にわたることが、中央政府が一人っ子政策の緩和に手間どる一因だと専門家は指摘する。計画出産は、通常の統治業務に深く組み込まれているため、また罰金などから得られる財源が大いに魅力的であるため、政策の緩和は至難の業なのだ。

テレビ、自転車、洗濯機……妊娠したら家財没収

私はこの巨大機構の末端がどのように機能しているのかを探るべく翼城県を訪ねた。この地域では一人っ子政策の規制が特別に緩和されていることから、退職した複数の計画出産担当職員から話を聞くことができた。

その職員の多くは一九八〇年に一人っ子政策が導入される以前から計画出産に関わり、一九八五年に翼城県で第二子の出産許可が下りてからも引き続きこの業務に携わっており、内部の人間ですら困惑するほどの政策のブレを説明できる。

青菊も、今はこの計画出産の仕事が事実上不要になったと明言する。担当グループの若者た

ちは、育児にお金がかかるという理由で二人目をもとうとは思ってもいない。
「子供は一人で十分というのが大勢ね」と彼女は言う。一九八五年以来、黄家鋪村で三人目の子供をもったのは一家族のみ、自動車部品会社を経営する比較的裕福な家庭だ。

ただし、第二子を認める緩和策が実施されても、村民には相変わらず負担を強いる規則があった。一九九〇年代には、第二子を出産した女性は必ず避妊手術を受けるという規則、そして、第一子から第二子の出産までは最低五年あけるという規則があった[2]のだ。

では、三人目は望まないから避妊手術は受けたくないという女性はどうなるか。また、もし五年ではなく三年後に第二子を妊娠したとしたら。そのときには、特別措置を受けている翼城県でさえ、その計画出産機関の冷酷な顔を見ることになる、と黄家鋪村の元村長ホァン・デェンガォウは証言する。

まずは罰金だ。計画出産外の子供をもうけた夫婦には、年間可処分所得の五倍から一〇倍の罰金が科せられる。「夫婦が貧しくて支払えない場合には、家財道具を没収する。これは稀なケースではあるが」とホァンは言う。

村民の年間収入に相当するテレビは格好の没収品で、他にもテーブル、自転車、洗濯機などがよく没収される。没収には一〇名のパートタイム執行役人（通常、屈強で健康な若い男たち）が当たる。没収品を売却した代金は村が管理する。ホァンは、こうした措置は強制ではなく、むしろ「説得」だと称した。

ホァンにとってもっとも厄介だった仕事の一つは、女性に避妊手術を受けるよう説得することだった。多くの女性が手術を怖がった。出血多量といった症状を引き起こすことも珍しくない。なにしろ流れ作業方式で行なわれる場合もあるのだから、それも当然だった。何とか交渉して免れようとする女性もいたという。手術ではなくバリア型避妊器具で勘弁してほしいとか、子供は絶対に三人以上作らないと約束するから、といった具合だ。

「しかし、避妊手術を受けさせることが私の職務であり、それを怠れば、私自身が目標を達成できなくなる」「それに、口約束だけでは本当に子供を作らないという確証にはならない」とホァンは言う。

　中国では出生率を下げる絶対確実な方法として、特に避妊手術が多く行なわれている。コンドーム、ピル（経口避妊薬）、避妊リングのような一時的なバリア式避妊方法は[3]、個人に選択と管理を任せることになり、信頼できないとされている。自分でとり外しできない特別製の紐なしステンレス製ＩＵＤであってもそれは同じだ。

　一九八三年だけに絞ってみても、中国で避妊手術を受けさせられた人は二〇〇〇万人以上にも上り[4]、アメリカの三大都市、ニューヨーク、ロサンゼルス、シカゴの人口の合計よりも多い。

　黄家鋪村では避妊手術がすでに強制ではなくなっている。その必要がなくなったからだ。一九八三年におよそ六〇〇人だったこの小村の人口は、それをピークに減少を始め、一九八〇年代には五〇名いた就学児童がわずか七名となり、その結果二〇〇八年に村の小学校はよその小学校と合併した。もちろん都市部への出稼ぎも一因だろうが、主たる原因は家族サイズの縮小によるものだとホァンは明言する。

「嫌な仕事だけど誰かがやらなければ」

翼城県で計画出産職員をインタビューしたとき、多くが口をそろえて、自分たちはなすべき職務を果たしただけ、重要な国の行政命令を遂行しただけ、と自分に言い聞かせていたと言った。

彼らの話を聞いていると、ある意味、それは口先だけの方便に過ぎず、中国でもっとも嫌われる仕事に就いていたことを正当化しようとしているだけと感じざるをえなかった。心から大事な仕事だと信じて職務を遂行していた者はほとんどいなかっただろう。

その思いを強くしたのは、翼城県にある溪河水《シーフェアシュイ》という別の小村の地元医師で、計画出産の職員であるチェ・ユェリィアン（ユェリィアンはMoon Lotus＝月蓮）と話したときだった。

月蓮は一九七〇年代からずっとこの計画出産の仕事に携わってきた。当初は、避妊の方法を教え、子供の数を減らすよう指導することが彼女の役目だった。説得に当たった多くの家族は、まだ二三歳の娘から避妊手術や妊娠中絶を指導されることに反発した。「みんなから『出産の手伝いでもしてくれるなら感謝もするが、おまえさんのような小娘から子供を生むなと言われるのは我慢ならない。余計なお世話だ』と言われた」と彼女は話す。

今や六〇代になった月蓮だが、村の診療所で仕事を続けている。狭い中庭付きの診療所で、垂木の上にトウモロコシが干してあった。よく日に焼け丸々とした身体に眼光鋭い月蓮は、年老いた患者の点滴を終えると、煙草を一服吸おうと腰を下ろした。

これを皮切りに、この後、会話が中断するたびに煙草に手を伸ばした。彼女の答えは逃げ腰で、私の質問を明らかに嫌がっているのがわかった。

ホァン同様、何度も自分の任務を「説得」だったと言う。そこで私は、妊娠後期の女性に中絶を受けるよう説得して成功したことはあるかと尋ねてみた。月蓮は最初、そんなことは違法だと言っていたが、そのうち、いや、説得はできなかったと答えた。やがてふと妊娠六か月の女性に中絶の説得をしたことを思い出し、「その女性は自分が妊娠六か月だと気づいてさえいなかったのよ。でも私は一目見てわかった」と得意気に語るのだった。

彼女がはじめて説得に成功したケースは、二人の娘をもつ二七歳の母親だった。その女性自身は中絶手術に同意したが、夫の家族の反対を恐れていた。月蓮はひそかにその女性を中絶手術に連れていき、自分の自転車に乗せて家へ送った。

だが骨折ったかいもなく、女性の身内から罵声を浴びせられることになった。

「女性の姑からは、おまえさんの家族に息子がいないのはそちらの勝手だが、私は家の名を継いでくれる孫息子が欲しいのだ、と罵られた」

月蓮は自分の両親からも激しく非難されたという。「でも私は言い返しましたよ。たしかに、この仕事は嫌な仕事だけど、誰かがやらなければならないことなんだとね。その当時、まだ娘よりも息子を欲しがる古い考え方が残っていて、息子がいなければ、死んでも墓に埋めてくれる人間がいないと言われていたのよ」

家族の絆ですら、計画出産の行政命令の前には屈するほかない。月蓮の甥の妻が妊娠したのは二二歳、第一子の妊娠が許される年齢よりも二年早かった。月蓮は中絶手術を受けるよう言いわたした。「あなたは他の女性たちの手本とならなければならない。村人はみんな私たちを見ているのよ、と私は義理の姪に言ったわ」

話しているうちにわかって驚いたのだが、何と彼女には娘が四人と息子一人がいた。末っ子の息子が生まれたのは、一人っ子政策が実施される前の一九七八年だ。だが、すでにその当時から月蓮は村人たちに小家族を推奨し、息子を欲しがる古い風習を改めさせようと指導していたはずだ。はたして、みずからの行ないとの矛盾をどう説明していたのだろうか。

最初この質問を無視していた彼女だったが、「私の状況は特別だったのよ」と、五本目の煙草をもみ消しながら重い口を開いた。

「養父母は身体が丈夫じゃなくて、私自身もそうだった。それに養父母には子供がいないし、私や私の養父母の面倒を見てくれる息子が必要だったの。ＩＵＤは試したけど、出血がひどくてね」

息子の出産後ようやく、月蓮も長年周囲の人たちに説得してきたことを実行した。避妊のため卵管結紮《けっさく》手術を受けたのである。

「ノルマを守るためなら何をしても許される」

人口警察の仕組みを綿密に調査すればするほど、その一貫性のなさには驚かされる。一九八〇年代に一人っ子政策が国策として本格的に導入されたとき、不人気間違いなしのこの政策の施行には、かなりの困難がともなうことは誰の目にも明らかだった。

そこで、強制の度合いを地域ごとに変えざるをえず、実施方針に一貫性をもたせることができなかった。出産許可証なしに妊娠した女性が手錠をかけられて連行され、強制堕胎させられる地域もあれば、[5]職員が中央からの指示を無視したり、あるいは口先だけ同意したりする地域までさまざまだった。

さらに悪いことに、一人っ子政策と矛盾する法律が定められ、その意図を妨げることになった。

たとえば、同じ一九八〇年に制定された新たな「婚姻法」は、法定婚姻年齢を女性二〇歳、男性二二歳に引き下げるもので、本来の目的は違法な結婚や性犯罪の撲滅であったが、当然これにより婚姻が奨励され、その自然の結果として子供が増えることになってしまった。

また、農業の自由化に向けた動きも同様に、一人っ子政策を進める政府の取り組みに水を差した。なぜならそれまでの集産主義においては、給料、配給、その他の手当をすべて村の指導者たちが割り当てていたため、政府の意向に反する行為（たとえば計画外の出産など）をすればすぐに処罰することができた。ところが、自由化への動きは国家の農民にたいする統制力を弱める結果となった。

一人っ子政策を全国一律で適用するには反対が多く、一九八四年には政策を完全に地方政府に任せる方針に変えざるをえなかった。人口学者たちが「七号文件」〔一九八四年に配布された「中国共産党中央委員会七号文件」〕と呼ぶ文書に新たな規定が記され、各地方に配布された。これは、地方政府がそれぞれの実状に沿うかたちで一人っ子政策を実施できるように権限を与えるものだった。

こうしてさまざまな例外がはびこるようになり、中国人にとって一人っ子政策とは（外国人にとっては言うに及ばず）、国が主導する施策とは思えにくいものとなった。たとえば、農村では第一子が男子でなければ第二子出産が許可された。農村では特に男の子を欲しがる風潮が根強く、それが黙認されたかたちだった。また、チベット自治区や雲南省のような少数民族が住む地域では、四川省や河南省のような大都会に比べ、はるかに規制が緩かった。

とはいえ、「七号文件」は地方政府による実施を容易にするためのものであって、決して国民にたいする緩和ではなかった。当局はこの方策を「小さな穴をあけることで大きな穴を埋める」と表現し、小さな譲歩をすることで、全国的な遵守を確実なものにするためだとした。さらに「七号文件」は、実施機関の透明性と説明責任を改善するものではなかった。地域の担当職員には大きな裁量権が与えられ、違反者にたいする罰金の額を自由に決めることができた。

その額には年間の世帯収入の二倍から一〇倍までの幅があった。地域住民は、前もって罰金の額を知ることはできず、同じような違反でも罰金の額がまったく違う場合もあった。二〇一〇年には、五〇〇〇万元（八〇〇万ドル）を超える罰金が科されたケースがあった。違反者が抗議すると、職員は「まな板の上の鯉が何を言う」[6]と、さらに罰金を増額したと地元のメディアが伝えている。

要するに、中央政府は「地域のノルマを達成せよ。その手段は任せる」というメッセージを地方に送ったのである。それと同時に、人口計画に必要となる資金調達まで地方に丸投げしたため、腐敗がはびこる結果となった。

二〇一二年、中絶手術を強制されたフォン・ジィェンメイが衝撃の証言をして国中が騒然となった件では、計画出産職員にいくつかの違法行為があったにもかかわらず、実際に刑事責任を問われることはなかった。

国の計画出産委員会の幹部職員であった張二力になぜそんなことがまかり通るのかと尋ねると、国レベルの計画出産委員会には地方レベルの計画出産職員に懲罰を与える権限がないからだと答えた。

「われわれはたんに捜査し、それを省の幹部に報告することしかできない。事件に関わった職員を処罰し、解雇できる権限は地方政府の幹部にしかなく、われわれにはない」

現場の計画出産職員が認めているとおり、目標を達成することこそが最優先課題であるため、何をしても決して刑事責任には問われないという暗黙の了解があった。

「ノルマを守るかぎり、われわれはどんなことをしても許される。家屋や家財道具を壊したり違反者を投獄したり、生まれた子供を没収すると脅すこともできる。しかも、誰も何も言わない」と、ある四川省の元役人が証言した（後でわかったことだが、実際に別の省では子供を没収する例もあった。第8章で詳述する）。

こうした無秩序に加え、一九八〇年代には中国指導部内で熾烈な権力闘争があった。人道的な二人っ子政策を推進する改革派の指導者と、断固一人っ子政策の継続を主張する強硬派との闘いだ。

一九八八年に人口計生委から出された回覧文書には、度を超えた計画出産局の職員にたいする抗議が増えているといった問題点をまとめて「計画出産の危機」[7]が訴えられている。同時に汚職も重大課題であり、多くの省がでっち上げの報告書を提出していることも明らかにしている。

人口一二億人に抑えるという目標達成はもはや困難と認識されはじめていた。一九八八年には中国の八〇パーセントの省で、すでにその人口目標の数値を超えていたからだ。[8]

一九八九年の天安門事件とその後の容赦ない弾圧をきっかけとして、強硬派が勝利した。翼城県での二人っ子政策を擁護してきた趙紫陽のような指導者はことごとく粛清された。もはや出生率のノルマを緩和するものは何も存在しなかった。

一九九〇年、中央政府は「一票否決」と呼ばれる責任制度を定めた。それはすべての地方政府当局にたいして計画出産の目標達成を最重要課題として取り組むよう指示したものだ。

その地域の出産割当の数値目標を達成できなければ、計画出産の担当者のみならず、一般の行政事務担当者に至るまですべての職員が、給与の減額、降格、免職といった処分を受ける。たとえその役人の他の項目評価が高くても、そこは考慮されない。出産制限割当の目標値の未達成で一つバツがつくと、いくら他の分野で成果を上げたとしても、すべて抹消されるのだ。

この「一票否決」は中央政府が地方政府の役人に向かって振りかざした鞭となり、役人たちを現場での容赦ない取り締まりへと駆り立てた。中には、用心のために既定の割当以上の締めつけを行なう地方政府もあった。「今後一〇〇日間は出産禁止」といった訳のわからない命令を受けて、それを取り締まらねばならないときもあったと、ある役人は語った。

罰金の取り立ては強化され、しかも、計画外出産の他にも科されるようになった。内縁関係の男性との同棲や、妊娠につながらなくても避妊具を使わなかったり、さらにたんに定期的な妊娠検査を受けなかったりしただけでも対象となった。

江蘇省では、女性は月に二度妊娠検査の列に並び、人前でコップに小水をとらされた。[9] 職務の遂行と、成果を上げるための手段に、まったくもって厚顔無恥なのが人口警察であった。

「元モンスター」が語る強制執行の実態

人口警察の仕組みを明確に説明してくれたのは、一五年前に米国に逃れてきた計画出産委員会の中堅職員だ。

一九八九年、米議会公聴会で証言したガオは、担当地域であった中国南部の福建省永和鎮《ヨンフォヂェン》の計画出産機関の内情を如実に物語る大量の書類、ビデオ、写真を提出し、その強制執行の実態を暴いた。計画出産の政策に従わない夫婦やその血縁者たちの拘留から家屋の破壊、財産の没収、後期妊娠女性の強制堕胎に至る事例を明らかにしたのだ。

ガオは出産許可証をもたない妊娠九か月の女性を検挙したときのいきさつを詳しく語った。「手術室で、嬰児の唇や手足が動くのを見た。医者が頭蓋骨に毒物を注入すると嬰児は死に、ごみ箱に投げ捨てられた[10]」

現在ガオは米国西海岸の郊外に住んでいる。自分の過去を知られるのを恐れ、住所を他言しないという約束でインタビューに応じてくれた。

アメリカで証言したために、同僚や血縁者たちの中には殴られたり逮捕されたりした者もいるという。同僚の一人は暴行を受けて死亡し、また別の同僚は強姦されたと訴えている。それが真実かどうか、私一人の力では証明することができなかったが、証言直後に、国営の新華社通信がガオと彼女の夫は債務不履行および詐欺容疑で指名手配された[11]と報じている。

ガオはその容疑はでっち上げだと主張する。「そんな罪を犯して大金を手にしていたら、今こんな惨めな生活をしているはずがない。家政婦として働いているが、重いものをもちあげたりするのは辛い」

ちょうどハロウィーンが終わったころで、かつての自分を「モンスター」と表現したガオも、近所の子供たちにキャンディを配ったことを「子供たちがお菓子を求めて次から次へとやってきて一晩中ドアのベルが鳴りっぱなしだった」と嬉しそうに語るのだった。

ガオは二階建ての家に住み、壁には数枚のアニメのポスターと台湾製の幸運結びの壁飾りが飾られていた。いちばん目立つ場所には大型の合成皮革のマッサージチェアが鎮座し、その横に貼られたライオンキングのポスターからあの不滅の歌、どうにかなるさのメッセージ「ハクナ・マタタ」が聞こえてくるようだ。

その場所とは似ても似つかないのが、彼女がかつて地元の人を拘禁した殺風景な監房だ。拘禁された者のほとんどが計画出産に違反した妊婦の血縁者たちで、ガオは妊婦が自首してくるまで血縁者たちを監禁していた。

いちばん効くのは年老いた両親だ。「自分のせいで年老いた母親が拘禁されていて耐えられる人間はほとんどいない」と彼女は言う。拘留されると計画出産弁公室に隣接する建物の「黒監獄」に監禁されたうえ、一日一ドル強の食費を請求される。電話も手紙も禁じられ、一回の拘留期間が何か月にもわたることもあるという。

ガオはまた計画出産職員の奨励給について詳しく教えてくれた。奨励給は実行した避妊手術と中絶の数に応じて支払われる。それら手当はささやかな基本給の半分ほどの額にもなりうるため、「当然検挙には熱が入る。検挙すればするほど手当がもらえることになるのだから」と彼女は言う（私がインタビューした中国国内の別地域の職員からも奨励給について同様の証言を得ている）。

医者すら例外ではなく、より多くの中絶手術を行なえばそれだけ手当が増える仕組みだったとガオは認める。「妊娠していない少女に強制的に中絶手術を受けさせるケースも複数あった」

と言う。

そのような仕組みなら、賄賂行為が横行するのは必定では？　そのとおり、とガオは認めたが、自分は一度も受けとっていないとつけ足した。

よくあるのは、計画出産職員に賄賂を渡して妊娠していないという旨の証明書を手に入れるパターンだ。永和鎮の外で働いたり、または旅行する場合にこの証明書が必要になるからだ。罰金の額は職員の裁量に任されていたことから、その一部を自分の懐に入れたり領収書なしに罰金をとったりすることも日常的に行なわれていた。罰金徴収簿を丸ごと「紛失」したと言い訳する同僚もいたという。

うんざりするほど多くの不快な話の中で彼女が何度も繰り返したのは、自分にはどうしようもなかった、自分は役目を果たしただけだというセリフだった。当時、彼女は私生活と仕事を極力切り離すようにしていたという。日中仕事のときの「モンスター」である自分と、家に帰ってからの「妻であり母親」の自分。

だが、その私生活も心休まる場所ではなかった。なぜなら、彼女自身が一人っ子政策に違反していたからだ。娘の出産後ひそかに男の子を養子に迎え、その息子を何年間も親戚の家に隠していた。息子には人前で決して「お母さん」と呼ばせなかった。

現在、ガオの家族は彼女とともにアメリカに住んでいる。中国を出てから、彼女はもう一人息子を出産し、アメリカとのつながりを強くした。それでもなお彼女は自分が不当に扱われている感を否めないという。その理由はアメリカの在留資格が不安定なせいだ。

妊娠中絶の合法化に反対するロビイストにより彼女は米国へ招かれ、彼女の議会証言は米政府を動かし、米国の国連人口基金への資金援助を停止させた。だが証言後、ガオの希望した政治亡命は却下された。米国の法律では、政治亡命は迫害を受けた者だけに認められているからだ。

彼女は支援者からの援助により米国での就労は認められたものの、グリーンカードも米国のパスポートももっていない。英語がほとんど話せないため、単純労働しかできず、米国外への旅行もできない。年老いて病に苦しむ母親を見舞いに行くこともできないと彼女は嘆く。「私は最終的には正しい行ないをしようとした。それなのに、これからも罰を受け続けなければならないの？」と涙ながらに訴える。

法を犯して三人の嬰児を助けた経緯を、罪滅ぼしのつもりで詳しく教えてくれた。いずれも後期妊娠中絶を誘導するための化学溶液を注入された母親から、死なずに生まれた嬰児であった。「私はひそかに布に包んでそれぞれの父親に渡した。バッグに入れて、中身を赤ん坊ではなく品物のように見せかけ、外に出るまで決して開けないよう指示した。そして無事に連れ出せた」と涙で声を詰まらせた。

ガオの記憶によれば、こうした数少ない生存例を除き、携わった堕胎数はおよそ一五〇〇例にも上り、その三分の一が後期妊娠中絶であったという。

罰金は地方の貴重な収入源

ガオが語る強制執行の実態には胸が痛む。だがこれは例外的な極端なケースなのかもしれない。こうした強硬措置はどの程度広い地域で、またどれだけの期間行なわれたのだろうか。遅くとも二〇〇〇年代初頭まで、国際的機関の人口問題関係者の多くが、一人っ子政策の遵守は各人の自由意志によるものとあえて信じてきた。それに反する事実がしだいに明らかになっていく中でも、その姿勢が変わることはなかった。

一九八三年、世界の人口問題解決に「優れた功績」のあった個人に授与される国連人口賞メダルの第一回受賞は、インドのインディラ・ガンジー首相（強制避妊手術を行なった張本人）と、中国の人口計画担当大臣である銭信忠《チエンシンジョン》であった。

賞の授与とはそういうもので、ノルウェーのノーベル委員会がヤーセル・アラファト議長に平和賞を授与することを決めたのと同様である。銭信忠への人口賞は国連人口基金（ＵＮＦＰＡ）にとって今なお恥ずべき過去の汚点なのだが、それにもかかわらず、元国連人口基金事務局長のナフィス・サディックは二〇〇二年に中国政府から賞を受けとっている。

サディック博士の言い分では、国連人口基金が中国政府と協力してきたから、一人っ子政策の過酷な強制執行をかなり減らすことができたのだという。[12]アメリカでは一人っ子政策にたいする評価が分かれているため、アメリカ政府は国連人口基金への分担金拠出を停止したり、再開したりと、一貫した態度をとれずにいた。

私が接触した元国連職員その他非政府組織の職員たちは、中国の計画出産推進者たちに水面下で必死に働きかけ、もっと国民に配慮した仕組みに変えようとした事実をオフレコで教えてくれた。中国政府も慎重にその道を模索していたらしく、計画出産の強制を担当していた職員を子育てカウンセラーに変える[13]などの試行的施策を行なっていたようだ。

だが、そんな努力には限界があった。

既存の一人っ子政策が存続し、割当や数値目標が設定されているかぎり、強制執行が引き続き行なわれるのは理論上当然のことだ。つい最近の二〇一〇年にも、広東省普寧《プーニン》市ではおよそ一万人を対象にした避妊手術奨励の大キャンペーン[14]が展開されており、アムネスティ・インターナショナルによれば、避妊手術対象夫婦の血縁者およそ一四〇〇人が拘禁され、避妊手術への同意に圧力がかけられたという。

その一方で、国民への虐待は、強制的な堕胎や避妊手術から多額の罰金を科す方向へとしだいに変わっていったと私は考えている。これは一つには、いわゆる「社会扶養費」〔一人っ子政策違反の罰金の別称〕が多くの県級市、特により貧しい県にとって、しだいに主な歳入源になっていったからにほかならない。

過去一〇年にわたって、中国では土地税制改革が行なわれ、再分配の名目で各省の収入を国庫に上納させていた。そのため小さな県や郷の地方政府は、独自の収入源のほとんどすべてを失うこととなった。

ただ一つの例外が、この計画出産の罰金収入だ。この罰金収入だけは中央政府に上納する必要がなかった。「お金に関してよく言われることに、『大都市は土地に依存し、小さな町や村は計画出産に依存する』[15]というのがある」と教えてくれたのはマシュー・パンだ。彼は湖南省のある小さな町で計画出産職員による法の乱用を漏らさず記録しつづけているジャーナリストである。

二〇一三年に、弁護士の呉有水《ウーヨウシュイ》は、アメリカの情報公開法に当たる中国法の一条項をもとに、各省が徴収した「社会扶養費」の総額の公開を求めた。総計二七億ドルということだったが、その額は間違いなく過小に見積られていると呉弁護士は言う。

「明らかにごまかしで、ほとんどが正しい数字ではない」と彼は言う。彼がそう断言するには裏づけがある。それは徴収した金の使い道についての説明が拒否され、彼が繰り返し情報開示を求めても拒絶され、結局どの省からも何の資料も提出されていないことだ。

「社会扶養費」という言葉は比較的新しく、二〇〇〇年から使われている罰金の別称である。それ以前は、「超生罰金」とか「計画外生育費」と呼ばれていた。新たに「社会扶養費」としたのは、社会にとって余分な子供にかかる費用を負担するため徴収されるという意味からだ。

しかし、私が計画出産職員に取材して聞いた話では、違法出産で取り立てた罰金は、どんな名称にせよ、役所の維持費や人件費、時には接待費に使われ、また他の部署に流れることもあるという。詳細な内訳を提出するのは不可能なのだ。

「社会扶養費」問題という突破口

私が呉弁護士と会ったのは、浙江省の省都、杭州の郊外にある彼の事務所だった。杭州は、マルコ・ポーロの時代には世界最大級の人口を誇った都市だ。現在は各種テクノロジー企業の本拠地となり、ネットショッピング大手のアリババの本社もここにある。

その栄光の都市の輝きは弁護士の呉氏にまでは届いておらず、事務所は小さかった。同じ階には小さな不動産会社がずらりと並んでいたが、中には廃業の看板を掲げているものもあった。背筋をピンと伸ばした小柄な呉弁護士はうっすらと口ひげをたくわえ、これまでさまざまなかたちで中国の計画出産と関わってきた。まず一〇代のころ、帰宅途中に女性たちが一斉に検挙されて、集団で避妊手術に連行されるのを見る。

中には抵抗して地元職員のズボンを剝ぎとろうとする女性もいたという。「その女性たちは口々に、手術するなら、おまえを去勢してやる、と叫んでいた」と当時を思い出し、「結局は無理やり避妊手術を受けさせられたが」とつけ加えた。

八人兄弟の末っ子で、毛沢東時代の大飢饉で三人の兄を失った。四人目の子供を強制中絶させられた兄もいれば、計画出産の仕事に就いている姉もいる。「姉は死んだ赤ん坊すべての埋葬を手伝っていた」と話す。

クリスチャンの呉弁護士がはじめてこの「社会扶養費」の問題に興味をもったのは、仕事で隣りの省に出かけたときだった。そこでは多くの人が三人か四人の子供をもっていることに気づいた。地元の人によれば、当局が罰金目当てに違反を奨励しているのだという。

二〇一三年、国の省庁改編で人口計画出産委員会が衛生部と合併することが決定した。これにより人口計画出産委員会の権力が弱まったと判断した呉弁護士は、駆り立てられるように各省に情報開示の要望書を提出した。その後、一人っ子政策に異議申し立てを望む依頼が数件あり、無料で仕事を受け始めた。

呉弁護士は、「社会扶養費」の開示請求がじつは「トロイの木馬」であることを認めている。開示請求をすることで、計画出産政策の名の下にさまざまな違法行為が行なわれていることに耳目を集めることが目的だ。

真の目的は「社会扶養費」問題そのものではなく、「一人っ子政策の是非を問う議論に新風を吹き込む」ことであり、「私の情報開示請求はその第一歩となった」と呉は語っている。

そもそも、人口警察が権力で後期妊娠中絶を強制あるいは奨励するのは厳密には違法であり、計画外で誕生した子供たちに「戸口（戸籍）」を与えないのも違法である。しかし、そうした罰則なしに一人っ子政策を施行するのは不可能だったと役人たちは口をそろえる。

この三年で、一人っ子政策にたいする法的異議申し立てが増加した。まさに前代未聞のことだ。その訴訟のおよそ三分の一が、罰金として科せられた「社会扶養費」の額を不服とする抗議であり、残りは「戸口」を拒否された計画外出産の子供たちに関する訴え、または一人っ子政策に違反したかどで職を失った人々の訴えだ。

ほとんどの訴えは却下され、法廷にもちこまれることはまずない。それでも原告たちは二〇一三年の判決にわずかな望みをつないでいた。その判決とは、「社会扶養費」支払いの有無にかかわらず、「戸口」は発行されなければならないと規定する内容で、山東省と江西省で出された（これまで公然と無視されてきた既存の全国共通の法規を繰り返しただけのものだが）。

北京市や上海市などの人口過密都市が、市の社会福祉と財源を利用する住民の数を制限しようと「戸口」発行の制限に躍起になっていることは問題視され、議論を巻き起こしている（そのせいで、人気のある北京の「戸口」は、闇市場で一〇万ドル以上もの値がつくともいわれる）。中国では「戸口」をもたない国民が一三〇〇万人[16]（そのほとんどが一人っ子政策の違反関連）と推定され、今後当局にとってこの問題が大きな足枷となっていくのは明らかだ。

呉弁護士は当局からの弾圧について大して心配していないと言うが、私は人権保護活動家の陳光誠《チェングヮンチョン》の例を挙げて彼に注意を促した。陳光誠は二〇〇五年、地元の省で妊娠した女性たちが直面している強制措置に抗議し、市の計画出産職員を相手どり集団訴訟を起こした。

それから刑務所に入れられ、その後も数年間、自宅軟禁の憂き目に遭い、結局二〇一二年に盲目の陳がアメリカ大使館に駆け込むという劇的な幕切れとなった。現在はアメリカ在住だが、中国に残された家族は今もなお迫害を受けているという。

呉弁護士は「社会扶養費」という比較的「安全な」問題を慎重に扱うことで、陳光誠のような運命は避けられると考えている。「社会扶養費」は国民全体から不興を買っている制度であるため、強制中絶を扱うより政治的危険度は低いというのだ。

彼は一人っ子政策を「非人道的で違法かつ不当な政策」と呼んではいるが、当時強力な権力をもっていた計画出産委員会を引き合いに出しながら、こうつけ加えた。「一人っ子政策を議論の俎上に載せるためには、政治的に穏健で、かつ世間の耳目を集めるやり方を考え出す必要がある」

二〇一五年七月、中国政府は人権派弁護士への弾圧を開始した。[17] 異論の多い問題を悪用して社会の安定を脅かしたとの罪で二〇〇名以上の弁護士とその仲間を拘束したのだ。

本書執筆中、呉弁護士はなお自由の身であるが、「トロイの木馬」作戦には強い圧力がかかっているとされる。

「法の支配を求めるすべての人」が危険にさらされていると彼は言う。「現在の状況からして、政府がどこまでやるつもりなのか意図がまったく読めない。もっと言えば、その意図すら朝令暮改なのだから」

封印されつづける悲劇

人口警察の仕組みについて多くの人に話を聞いてきたが、決して忘れられない衝撃的な話がある。それは私が「リーおじさん」と呼ぶ男性から偶然聞いた話だ。

友人の親戚にあたるリーおじさんは四〇代後半のビジネスマンで、私たちを近くの町まで送ってあげようと愛車の黒のアウディで迎えにきてくれた。

都会でほどほどに成功した中国人男性らしく、ポロシャツは粋に襟を立て、複雑な文字盤が並ぶ大きくて不格好な時計をはめ、革のバッグを小脇に抱えていた。愛車は隅々まで手入れが行き届き、サンシェイドを入れる小物入れ、ティッシュの箱、ミネラルウォーター、小さな弓形のヘッドレストなどがこぎれいに置かれているのに感心しながら、私たちは話し始めた。

一九九四年にリーおじさんが大学を卒業して最初に就いた仕事が、県の職員だったらしい。その話になるとおじさんはかなり冗舌になった。人口抑制の目標達成も仕事のうちで、「一票否決」の制度が導入された後だったため、それはまさに最重要任務だったという。

「罰金が払えなければ、家の中の金目の物を何でもいいから没収するんだ。だが、村人は貧しくて高価なものは何もなかった。穀物とか手織りの布ぐらいで」と彼は回顧した。

「時には、自分たち役人が本気だと見せるために、屋根に上って穴を開けたり窓を壊したりした」と彼は自分たちのしたことを詳しく話し始めた。彼の省では一人っ子政策を厳格に適用していたので、罰金の取り立ては過酷を極めた。

私たちは昼食のため車を停めたが、彼の話は止まず、家屋損壊、家財道具没収、そしてみずからの給与についてまで、かなり陽気に話し続けた。話の腰を折りたくはなかったが、心の奥でどうしても尋ねたい質問を抱えてうずうずしていた。いったいどうして、日常的にそんな残忍なことが平気でできたのかという質問だ。

ついに私は思いきって尋ねた。「そんな仕事をするのは、さぞ辛かったことでしょうね。ふつうの人間なら、あなたが話したようなことはやりたくないはずだから」

彼は黙り込んだ。しばらくしてこう口火を切った。「どうしても忘れられない出来事が一つある」

「私が二四歳のときだった。計画外の子供を妊娠して近くの村に逃げ込んだ女性がいるとわかり、夜に彼女を捕らえようと、六、七人でチームを組んでその家をとり囲んだ。われわれは音をたてないよう慎重に行動していたが、彼女は何かの物音、おそらく話し声か何かだろう――を聞きつけて逃げ出した」

「彼女は妊娠何か月だったのですか」。私は尋ねた。

「わからない。でもお腹はかなり大きかった。彼女は走って、走って、走り続けた。ついには池のふちに追いつめられ、池の中へ入っていった。首まで水に浸かった」。そしてリーおじさんは手を自分の喉仏のところで横に引く身振りをした。「そして池の中に立ったまま泣き出したんだ」

彼が語るその光景のおぞましさに身じろぎすらできなかった。大きなお腹を抱えた妊娠中の女性が暗闇の中で号泣し、役人たちが地球外生命体プレデターのように池をとり囲んでいる光景に。

「それからどうなったのですか」

彼は視線をそらし「それが……」と答えた。陽気な無邪気さはもうどこにもなかった。

「彼女はいろんなことを言っていた。お腹の赤ん坊がどうしても必要なんだとか、夫や姑は息子を生むまで彼女をまともに扱ってくれず、これまで一時として心休まるときがなかったとか」

彼は煙草に火をつけ、咳払いをした。

「結局、二人の女性職員が池の中に入って彼女を連行した」

みんな黙り込んだ。

「そんな出来事は他にもあったでしょうに、なぜこの話だけそれほど鮮明に覚えているのですか」

私は尋ねた。

「きっと、まだ若かったからだろう」と彼はゆっくりと答えた。「間違ったことをしているとはわかっていた。でも他にどうしようもなかった。その後昇進して、別の土地に移った」

その話に大きなショックを受けた私は、その晩、一緒に飲んでいた元教え子にその話をした。彼女はその話と同じ県で育ち、現在はアメリカで博士課程をとる学生だ。私には強烈なインパクトの話だったが、同じ県で育った彼女ならこれまでによく似た話をいくつも見聞きしたにちがいないと考えたのだ。

ところが彼女は驚いた様子で終始目を丸くして聞いていた。

「今まで、こんな話を聞いたことがあるでしょう？　あなたの級友たちはどう？　農村出身の人が必ず何人かいると思うけど、そんな話は出なかったの？」

私は驚いて尋ねた。

もちろん、彼女は一人っ子政策の大筋は知っていた。しかし、こんな生々しい残忍な話は初耳のようだった。

「いいですか、先生。私は中国人民大学に入ったんですよ。この大学に入学するには、トップの高校へ行き、またそこへ入るにはトップの中学校へ通う必要があるんです。こうした難関校に農村出身者が入学するのはほぼ無理だと思います。私の友人やクラスメートのほとんどは私と同じく都市部の中流家庭出身者です」

インターネットが普及し急速にグローバル化が進んだ社会にもかかわらず、大多数の中国人は近現代の歴史について不完全な知識しかないことを改めて思い知らされたのだった。

米国のナショナル・パブリック・ラジオ（ＮＰＲ）の特派員だったルイザ・リムが一九八九年の学生の民主化運動、天安門事件について執筆中に、中国のエリート大学四校を訪れ、学生たちに「タンクマン」の写真を見せた。

あの、一人の男性がずらりと整列して接近してくる戦車を止めようと立ちはだかる象徴的な写真である。西欧社会で天安門事件といえば誰もが真っ先に思い浮かべる写真だ。ところがその写真が何を写したものかを理解できた学生は、一〇〇人中わずか一五人にすぎなかったという。[18]

私の教え子世代が、みずからの誕生に深く関わり、今後もみずからの生きる社会を形成していく、そんな政策についてほとんど無知というのは何とも皮肉な話だ。私の教え子たちにとって、こうした残虐な話は遠い国のおとぎ話に過ぎないのだ。

第5章

―「小皇帝」、大人になる

「八〇後（一九八〇年代生まれの世代）」は今、いちばん上でもまだ二八歳。権力なんてものはまだ握ったことがない年なんだから、権力の乱用でこの国をめちゃくちゃにした責任は「八〇後」にはない。親の世代の尻拭いを子供の世代にさせようったってそうはいかない。

――韓寒《ハンハン》『僕らの世代』

幼年期から神様のように扱われた子供は、大人になると悪魔のように振る舞う傾向にある。

――P・D・ジェイムズ『人類の子供たち』

一人っ子世代の親が病気になるとき

よちよち歩きの幼児をとり囲むようについて歩く大人の群れ――。これが今の中国の公共の場で見られるありふれた光景だ。これがいわずと知れた「小皇帝」、生殖学的にはパンダほど稀少ではないのにパンダ以上に大切にされている中国の宝である。

だが、この立場が逆転するときいったいどうなるのかに私は興味を引かれた。小皇帝が成長して、ピラミッドの頂点ではなくその土台となり、それまで受けてきた世話の六倍分を引き受けなければならなくなったとき、さてどうなるのか。

一人っ子政策の転換が決まったとき、中国都市部の九〇パーセント以上の世帯が一人っ子政策を忠実に守っていた。その結果、一億人以上が一人っ子として生まれ[1]、いずれ彼らは年老いた両親と祖父母の面倒を見、高齢者特有の病気（認知症、ガン、骨粗鬆症、股関節部損傷……）に付随する経済的、精神的負担を背負い込まざるをえなくなる。それも、頼りの社会保障制度はまだ整備が始まったばかりで、公的支援は限られている。

二〇〇七年、私は世間にこの事実を気づかせるよい方法はないかと模索しはじめた。だが、それは容易なことではなかった。一人っ子政策で生まれた最初の世代は、最年長でもまだ三〇歳程度、親は五〇代でまだ十分元気だ。現実感のない危機について書いても伝わりにくいだろう。

そこで、二〇代の一人っ子世代でありながら、親が病気という特殊なケースがないか探しまわった。そして出会ったのが劉霆《リィウティン》だ。劉霆は変わった理由でちょっとした有名人になっていた。彼は母親を大学に連れていったのだ。

「大学に連れていった」とは、実際に母親に授業を受けさせた、という意味ではない。劉霆の母親は腎臓病を患っており、四六時中の看護が必要だった。父親はギャンブル好きで、数年で結婚生活は破綻し、行方知れずとなっていた。劉霆は違う町の大学に進学しており、母親である永敏《ヨンミン》の世話をしてくれる人は誰もいなかった。

彼はしかたなく母親と一緒に暮らすために母親をキャンパスまで連れていったのだが、このちょっとした親子の立場の逆転が、たまたま国家の目に留まることとなった。

他の国であれば、それほどの大騒ぎにならなかったかもしれない。しかし中国には親を崇敬する長い伝統がある。「孝順」という言葉は、「孝」、つまり年長者にたいする尊敬という意味であるが、それだけでは「孝順」という言葉のもつ深い意味は表しきれない。

中国では二四人の孝行話をまとめ、さまざまな自己犠牲の例を挙げて孝の模範を示した古典、『二十四孝』の話が今も子供たちに語り聞かされているほどだ。自分は野菜を食べ、両親に肉を食べさせる「孝子」の話、自分の肌を蚊にさらして血を吸わせ、両親が蚊に刺されないようにする幼い「孝子」の話。病気の父の便を舐めて体調管理をする「孝子」の話。

こうした孝行心は義理の親子関係にまで拡大され、歯のない姑に母乳を与えたという有名な唐夫人の話まである。極端に言えば、「孝」とは子より親を優先させることである。つまり、「子供はまた生むことができるが、親はかけがえがない」という考え方が根底にあるのだ。

文化大革命において、伝統的家族観の基礎であった「孝」などの考え方は駆逐された。毛沢東は子供たちに、「破四旧《ボォスージゥ》」、つまり風俗、文化、習慣、思想の四つの「旧」を打破せよと教え、親や権威者に対抗せよと煽った。

その結果、毛の肖像画を汚したとして自分の母親を警察に引き渡したジャン・ホンビン（当時一六歳）のような例も現れた。二か月後に母親は銃殺刑になった。数十年後、自責の念に駆られたジャンは長い懺悔《ざんげ》文を発表し[2]、みずからを「獣にも劣る」息子と悔いることになるのだが。

二〇〇七年、共産党指導部は、みずから推進してきた急速な経済発展とそれにともなう家族構造の崩壊がもたらした変化に危機感を感じ、こうした伝統的価値観の復権を決めた。

そして打ち出したのが、誠実さや愛国心、そして当然ながら年長者への敬意といった高潔な価値観にたいしてノーベル賞のような賞、「全国道徳模範」賞を贈ることだった。劉霆はその第一号として最年少の受賞者となった。

この賞は孤独だった二〇代の青年に、彼が想像もしなかった名声をもたらした。劉霆について書かれた本、新聞記事、そして漫画。国営テレビ局の中国中央電視台（ＣＣＴＶ）では、劉霆のために特別に作曲された歌、「母さん」が放送された。劇にもなった。

地元の不動産業者は無料で高級マンションを提供した。母親は「全国道徳模範」の息子のおかげで、腎臓も無料で提供されることになり、手術費用は寄付でまかなえた。広州の孝道文化広場には本人すら見たこともない劉霆の銅像まで建てられた。

この現代版孝行息子とはどんな人物なのか、そして同世代である一人っ子世代をどのように代表しているのか。彼に降りかかった試練や苦難は、はたしてこの国が将来直面する不安の前兆となっているのだろうか。

ヒーローになった孝行息子

私は彼に会うべく上海から西に四時間の小さな町、福建《フージィエン》臨安《リンアン》を訪れた。痩せてとがった顎に、米のように白く透き通ったなめらかな肌をした劉霆は、物静かで礼儀正しい人物だった。すぐに両手で私の手を握り、最初から私のことを「フォン姉さん」と呼んだ。

そのとき短く切りそろえた爪が目に入ったが、親指の爪だけが長い。年配の中国人男性がこれ見よがしに親指の爪を伸ばすのはよく目にするが、こんなに若い人には珍しい。手に汗して働く農民は爪を伸ばすことができないことから、一本だけ長く伸びた爪は豊かさと上流階級を象徴する。ロレックスや高価な携帯電話と同じだ。

爪のことを指摘すると、彼は顔を赤らめてその手を背中に隠してしまった。

とにかく劉霆は注目を浴びることに戸惑いを隠せないようだった。

劉霆は毎日、まるで曲芸師のように、授業と看護を巧みに両立させていた。生活の中心はもちろん、尿毒症のために絶え間ない疲労感と吐き気を訴える母親の看護だった。六時に起床し、母親と自分のために温かいインゲン粥の朝食を用意する。毎日授業の後に生鮮市場へ通うのは、新鮮な食料を買って母親にちゃんとした食事をとらせるためだ。

私も一度ついていって、彼が慣れた様子で人込みをぬって歩き、新玉ねぎや豆腐を買う様子を見せてもらった。露天の豆腐屋では、テーブルほどの大きさのプルプルとした白い塊から巧みに切り分けられた豆腐を買う。

当時、ウォルマートやそれを真似た中国企業の「物美《ウーメイ》（Wumart）」のようなスーパーマーケットが、福建臨安のような小さな町にさえ進出してきていたが、倹約家の劉霆が、エアコンの効いた快適な砦のような建物を訪れることはほとんどなかった。

「素敵な場所とは言えませんが」、劉霆はゲロゲロ鳴くカエルでいっぱいの桶の横を慎重に通り過ぎながら話した。「ここなら、手頃な値段で新鮮な物が買えるのです」。そう言って視線をそらせた先の片隅には、犬がつながれていた。足を縛られ、口輪をつけられ、深鍋行きの運命に震えていた。

中国の生鮮市場はチーズの試食や有機オリーブオイルが並ぶ欧米のしゃれたマルシェなどとは似ても似つかない。至るところで生々しい光景が平然と繰り広げられている。

つるつるした鰻はバケツからとりだされると、客の前で太い棒を使って殴り殺される。解体したばかりの鶏から流れ出た血と内臓は床に散乱したままだ。露天商たちはゴム長靴を履き、伸縮性のある布で作られたカラフルな腕カバーをつけて、フォークダンスさながら陽気にドタドタ歩きまわっている。

生鮮市場で手に入らないものはない。豚の脚、生花、手打ちうどん、線香、ハローキティの下着、子供やペットを躾けるためのしなやかな竹の鞭、何でもそろう。

市場を歩くあいだずっと、まわりの人がこの小さな町の有名人を横眼でちらちら見ていることに気づいた。福建臨安の人口はわずか五万人で、中国の基準からすれば小さい（二〇一三年の時点でさえ状況は変わっておらず、中国版ＧＰＳシステムである「北斗衛星導航系統」でも見つけることができない）。

そんな小さな町であったため、劉霆の名声はひどく注目を浴びることになった。結果、彼の行動には責任がともなうことになる。買い物のあいだはずっと会釈をし、腰を低くして、母親の健康、勉強の状況、デートの相手はいるのかどうかといった質問に礼儀正しく答える。

混み合ったバスに身体を押し込みながら、「もちろん、時には挨拶する気分じゃないこともありますけど、挨拶しないわけにはいかないんです。みんなが見ていますから」と教えてくれた。家に戻ると急いで夕食の準備にとりかかる。蒸した魚、スープ、ご飯。それから食器を洗い、毎晩の日課である母親の背中と足のマッサージをし、最後にようやく宿題にとりかかれる。劉霆のいちばん楽しかった思い出は、大学に入った最初の六か月、家族の世話という重荷から解放されていたころのことだそうだ。寮に住み、パーティーに行き、大好きな写真や芸術、演劇を好きなだけ楽しんだ。

だが間もなく、母親が腎臓移植を受けないかぎり生きられない状態だとの知らせが届く。そんな手術費用を払うことはできず、劉霆は寮を出てボロボロのアパートに引っ越した。母の治療費には自分の学生ローンを充てた。大学の用務員のアルバイトも始めた。

地元の記者が彼の苦境を聞きつけ、記事にしたことで彼の人生は一変する。次の日、寄付を申し出る読者からの電話で大学の回線がパンクした。ヒーローの誕生である。

小皇帝調査の意外な結果

中国が一人っ子政策を打ち出した一九八〇年当時、大きな論点の一つが、「小皇帝」と称される過度に甘やかされた一人っ子世代によって、中国はわがままな子供たちの国になってしまうのではないかというものだった。本当にそうなったとしたら、中国はどんな国になるのだろうか。

そして恐れたことが現実となった。一九九二年に行なわれた、内モンゴルのキャンプにおける中国人と日本人の子供のグループを対象とした有名な、かつ物議をかもした研究[3]がある。中国青少年研究センターの副所長である孫云暁《スンユンシアオ》が行なったこの研究では、中国人の子供たちは泣きごとばかり言う不平家だとの結論に達した。日本人グループと違い、中国の子供たちは食事の作り方や分け方を知らず、大人に料理してもらうことを望んだ。

孫によれば、親たちも同様で、日本人の親たちは子供に独立心を学ばせるために手を出さなかった一方、中国人は子供が助けを必要とすれば手伝いに飛んでいったという。

この研究は非科学的だとして批判を浴びたが、大きな反響を呼んだ。アメリカで中国人学生の割合がもっとも高い大学、南カリフォルニア大学（ＵＳＣ）で私が教えていたころ、中国人学生のほとんど全員がこの実験結果について知っており、これに真っ向から異議を唱えた。

彼らは自分たちがふつうよりわがままでナルシストだとは考えていなかったが、兄弟姉妹がいないことで、一つ大きな恩恵を受けていることは認めた。もし一人っ子でなかったら、学生たちの親のほとんどは、ＵＳＣの高い授業料を払うことはできなかっただろう、と。

それから数年のあいだに、中国の一人っ子現象について、より詳細な研究が数多く実施されたが、結果はさまざまだった。

中国の一人っ子はより自己中心的で[4]、ライフスキル〔ＷＨＯが「日常の諸問題や要求に建設的・効果的に対処するために必要な能力」と定義づけた一〇の技術〕が低く、自制心が弱い傾向にあるという小皇帝説を支持する研究がある[5]一方で、一人っ子と兄弟姉妹をもつ子供とのあいだに重大な差異がないことを示す研究も多い。

いくつかの研究では、社交性は学校などの団体生活を経験して身につけることができるため、一人っ子の非社交的な面は成長するにつれて解消されることが示された。他にも中国の一人っ子は学力と社交性に関して兄弟姉妹のある子供より優れているとした研究[6]もある。

二〇〇七年、八万五〇〇〇人の子供たちを対象とした大規模な研究が国家科学院によって実施されたが、比較調査から導かれた結論では、一人っ子のほうが平均的に体重が重く、身長が高く、視力が低い[7]という違いしかなかった。

以上のように中国の小皇帝は、「兄弟姉妹のいる子供」との比較においては、一見したところ、さほど大きな違いはなかった。ところが「他の年代群」と比べると明らかな違いが現れた。

悲観的で安全志向な小皇帝世代

二〇一二年、リサ・キャメロン率いる経済学者グループが二つの集団（群）から四〇〇人以上を集めて実験を行なった。一つは一人っ子政策が始まる以前、一九七五年から一九七八年のあいだに生まれた群、もう一つは一九八〇年以降に生まれた群だ。一人っ子政策以前の群は、その半数以上が少なくとも一人の兄弟姉妹をもつ。たいして、いわゆる小皇帝の群で兄弟姉妹がいたのは、わずか一五パーセントだった。

被験者は、外向性、協調性、消極性といった特徴を調べるテストやゲームを行なった。二つの対照群の違いは顕著であった。

プレーヤーが大金の分配のしかたを決めるゲームでは、小皇帝群は気前のよさに欠けていた。他人への信頼を測る別のゲームでは、小皇帝群は人を信用し信頼する気持ちが低い傾向が示された。リスクにたいする態度を測るゲームでは、ハイリスク・ハイリターンを避け安全策を好んだ。

また、小皇帝群はより悲観的という結果も出た。翌日が晴れる確率を尋ねると、小皇帝群はよくない天気を予想する傾向があった。競争心を調べるゲームでも、小皇帝群は競争を敬遠する傾向が高かった。

四二一人という被験者数はサンプルとして比較的少ないが、この研究が他の小皇帝研究より優れているのは、被験者に質問をして回答を得るような、いわゆる「行動調査」にもとづいた結果ではなく、また比較対象が兄弟姉妹のいる子供ではない点である。

その代わりに、ゲーム理論の比較的新しいコンセプトを用いて、被験者の行動パターンを観察し、その違いを見出した。キャメロンの研究では、年齢的にほんの数年しか離れていない二つのグループ、つまり社会経済面の条件が同じ二グループの比較によって、小皇帝の特徴が家族構造に起因するものだ[8]ということがわかったのだ。

リサ・キャメロンはこの研究結果を発表する際、「疑い深く、より神経質な傾向がある、といった否定的なレッテルを特定の集団に貼るのは非常に心苦しいことだ」と述べている。中国の小皇帝たちはみずからを不運で、強いプレッシャーにさらされていると感じている。この研究結果は彼ら自身には自明のことかもしれないが、彼ら以外にとっては驚くべき結果といえるだろう。

なにしろ小皇帝世代は、近年中国史上もっとも裕福な世代だからだ。祖父母や両親とは違い、文化大革命や一九五〇年代の大飢饉といった混乱の中での生活の経験がない。一人っ子政策が始まって三〇年で、慎ましかった大衆の夢「三つの輪と一つの音」――自転車、ミシン、時計、そしてラジオ――は、持ち家、車、大学の学位へと姿を変えた。小皇帝世代は急激な経済成長以外は何も知らないのだ。

私は二日間、劉霆と彼の母親、永敏の暮らす彼らのマンションに泊めてもらった。劉霆が受賞した「全国道徳模範」のおかげで、二つの寝室があるこのマンションに大学在学中は無料で住める。警備員が常時駐在し、魅力的にデザインされた庭には美しい人工の小川が流れ、スモモの木が花を咲かせている。

私は昔の家族写真を見せてもらった。唇をわずかに開き可憐な少女のような表情の若いころの母親、派手なチェック地のスポーツコートを着て髪をアフロにした現在失踪中の父親。

学校で撮った劉霆の写真は、どの年の写真にも男子生徒は大勢写っていたが、女子生徒の姿はほとんどなかった。全員がだぶだぶのトレーニングウェアを着ているせいで、男女の見極めもできないくらいだったが。

私たちは劉霆が黄色の皇帝のローブで正装したスタジオ写真のところで手を止めた。「僕は決して小皇帝ではありませんでした」と劉霆は釘を刺した。

母親が病弱だったため、親を守るという劉霆の思いは自然と強くなった。まだ一〇歳のころ、理由は忘れたが珍しく母親と言い争いをしたときのことを思い出して話してくれた。

母親が「いいこと、私はあなたを一〇年間育ててきたのよ。その私に反抗するなんて」と叱ると、当時の劉霆はこう言い返したという。「親が一〇年間子供の世話をするのは当たり前じゃないか。僕が大人になったらどうせ母さんの面倒を見るんだから」

大学は出たけれど

二〇〇五年、サンディエゴ州立大学の教授メイ・ジョンが一人っ子たちの手紙について調査[9]

を行なった。手紙はラジオのトーク番組の司会を務める作家、陳丹燕宛《チェンダンイエン》に送られてきたもので、『一人っ子宣言』というタイトルの本になっている。

ジョン教授はそれらの手紙を読んで分析し、分類した。そして、一人っ子たちの大半が、親からのプレッシャー、過剰な愛情、そして孤独感を強く感じていることを明らかにしたのだ。「総じて文面には憂鬱な調子が見られる。ストレスとプレッシャーが主なテーマとなっている」とジョンは指摘している。

親が子供のために大きな犠牲を払っていることに、子供たちは困惑と罪の意識を抱いている。大学の授業料を払うために自分の血液を売ると言いだす父親。毎週末学校から帰ってくる娘のために豪華なごちそうを用意し、平日はその残り物だけで過ごす両親。

ある一〇代の若者が母親について詳しく語った話では、彼女は毎日仕事に向かう前に、町の向こうから息子の寮まで朝食を携えてやってきてはベッドを整えるという。

「すぐにルームメートたちから苦情が出ました。彼らは起きたときに部屋に女性がいることに慣れていなかったのです。それからはルームメートたちや、クラスメートたちまでもが僕に宝《バオ》宝《バオ》(赤ん坊)というニックネームをつけ、母がするように語尾に長く抑揚をつけて呼ぶようになったのです[10]」

こうした話からは親の期待の大きさが見てとれる。一人っ子世代の親の多くは、文化大革命のせいで教育を受ける機会を奪われたり、中断させられたりした、とジョンは指摘する。

「親たちは自分の夢を叶えることができなかった分、唯一のわが子を通じて自分の夢を実現するしかないと考えている。親の切迫感が、あらゆる面で子供を成功へと駆り立てる圧力となっている」

こんなことを書く子もいる。

「私たち一人っ子世代は自意識が過剰です。親世代の混乱した歴史のせいで、親の目標や膨らむばかりの親の夢をすべて背負わなければなりません。前の世代の人たちに比べると、私たちに自由な未来はなく、親が歩けなかった道をたどっているだけなのです。私たちは親の夢のために生き、親の夢のために奮闘しているのです[11]」

小皇帝世代はみずからを「サンドウィッチ世代」または「苦逼《クービー》」と呼ぶ。「苦逼（「ルビー」と同じ韻を踏む）」とは、「苦しい」と「無理強いする」を意味する漢字を合わせたネットスラングで、自嘲の言葉である。彼らはこの言葉をアメリカ人の「最悪だ（It sucks）」と同じように使う。「提出しなくちゃいけない学期末レポートがあるんだ。僕の人生、超クービー」といった具合だ。

私のかつての教え子が言っていた。一九七〇年代や一九九〇年代に生まれた世代に比べ、小皇帝世代は中国の経済成長の恩恵に十分浴していないにもかかわらず、成長の負の部分だけ背負わされる、まさに「苦逼」だ、と。

民間部門の拡大や不動産市場の民営化の波に乗るには若すぎ、いざ家を買う年齢になったら不動産価格は高騰していて手が届かない。

彼らは中国社会の高学歴化も経験している。高学歴化の結果、就職活動をする学生があふれ、失業率は上がった。文化大革命が終結した一九七七年、大卒者向け求人数はわずか二七万人だった。今では毎年七〇〇万人もの大卒者が雇用市場に殺到している。

中国版グーグルである検索エンジン、百度《バイドウ》には、「苦逼」たちの典型的な嘆きがあふれている。「私たちが小学生だったころ、大学が無料じゃなくなった。私たちが大学生になったときには、授業料が上がって、入学者も増えて、逆に教育の質は下がる一方だ。大学在学中に何度も行なわれた教育改革や社会改革のせいで、卒業してもまともな職に就ける保証すらない」

一人っ子世代はこれまでのどの世代よりも恵まれている一方で、すさまじい市場経済の競争にさらされている。だが、終身雇用が保証された環境の下で育った親は、そんなことおかまいなしで期待を押しつけてくる。彼らの不満の根底にあるのは、期待にたいする親子間のギャップではないかと私は思う。

もう一つの理由として、社会的流動性が低下していることもあるだろう。私が中国について記事を書き始めた一九九〇年代後半は、小説家ホレイショ・アルジャーが描いたアメリカン・ドリームの世界、つまり懸命に働き、優秀であれば誰でも出世できるという雰囲気が中国社会に満ちていた。農民出身ながら家庭用電化製品業界で成功して中国一の金持ちになった億万長者の黄光裕《ファングァンユー》のような実例を見て、誰もがそれを目指した。

一〇年後、状況は一変した。億万長者だった黄光裕は、今や贈収賄とインサイダー取引の罪で懲役一四年の刑に服している。政治家に強力なコネがない新進の億万長者は他にもわずかにいるが、黄光裕と同様の境遇に陥っている。

貧富の差はますます拡大し、中国政府は数年間、収入格差の指標となるジニ係数の公表を中止していたほどだ（二〇一三年に公表を再開したが、その数値については多くの異論がある）。ほんの一〇年のあいだに、無限のチャンスにたいする期待感はかなり薄れたように思える。

「負け犬」の流行語化に当局が苦言

一人っ子世代の中でもこれを痛感しているのが、中国の主要都市部に生まれるという幸運に恵まれなかった人たちだ。卒業後、彼らは仕事を求めて都市に集まるが、都市に実家もなければツテもないため、水道や暖房のような設備がほとんどない狭苦しいアパートに仮住まいをせざるをえない。

二〇〇九年、北京大学の社会学者である廉思《リィエンスー》は、人一倍働いているのに賃金は低い大卒者を指して「蟻族《イーズ》」という造語を作った[12]。

一方で雇用主側にも、小皇帝世代に不満があるようだ。過剰な期待を受けて育てられたため、従業員としての適性が低いという。求人広告に「兄弟姉妹のいる応募者を優先して採用する」と明記する雇用主もいるほどだ。中国中鉄（チャイナ・レールウェイ・グループ）は中国第二位の規模を誇る国有の建設企業だが、そこも「一人っ子ではない地方出身の大卒者を優先する[13]」という求人広告を出している。

南京の『金陵晩報《ジンリンワンバオ》』紙には、ある人事部長の「金持ちと一人っ子は採用しない」というコメント[14]が載ったし、河南省にある地質調査会社の従業員からは、一人っ子は仕事がきついと不平を言ってすぐ辞めてしまうと聞いたことがある。しかも、通勤時間や通勤方法にまで親が出てきて、いちいち苦情を言いたてるという。

小皇帝にたいする別の呼び名、特に男性陣を指す言葉に、「屌丝《ディアオスー》」がある。もともとは男性器を表し、「負け犬」を意味する俗語だ。この言葉は「将来性のなさを皮肉たっぷりに自慢する」低賃金の働き蜂たちが使う[15]と『ウォール・ストリート・ジャーナル』紙の記者であるジョシュ・チンが記している。

この言葉はまたたくまに流行し、インターネットのポータルサイトを運営する捜狐《ソウフー》は『屌丝男子』というコメディ番組をネット配信し、二〇一二年の配信開始以来、番組の再生回数は一五億回を超える。[16]

この言葉の人気の高まりとそれが表している内容に、中国共産党も驚いて、『人民日報』の社説で使用をやめるよう呼びかけた。『卑下――今こそやめるとき』と題されたその評論で、「この言葉が、わが国の若者の精神を蝕むのを看過することはできない[17]」と述べている。

結局、私は『ウォール・ストリート・ジャーナル』紙に劉霆の記事を載せることはなかった。彼の静かな忍従の日々は、ドラマチックなネタを求める一面記事には向かず、他のニュースが優先された。

その後の二〇〇八年、オリンピック開会式の夜に会場の「鳥の巣スタジアム（北京国家体育場）」で偶然劉霆と再会した。彼は「全国道徳模範」のメダルを首にかけ、スナップ写真を撮っていた。「フォン姉さん！　お会いできて嬉しいです」と彼は微笑んだ。そして一緒に写真を撮った。その夜姿を見せた建国のシンボルやエンブレムの中でも、劉霆こそ、この国をもっとも代表するシンボルではなかろうかとの思いがめぐった。

「あなたもあの舞台に立つべきだわ」。〔冗談めかして私は言った。〕

彼は顔をほころばせて「国のほうに、その準備ができてないと思いますよ」と答えた。

ゲーム業界のカリスマが感じる負い目

オリンピックの一年後、私は北京を離れカリフォルニアへ引っ越した。そこで私はゲーム開発者のジェノヴァ・チェン〔陳星漢〕と出会った。童顔の三〇代、ゲーム業界のカリスマとして崇拝されている人物である。

チェンは、典型的なシューティングゲームとはほど遠い世界観をもつ、思慮に富んだ豊かな内容の作品を生み出したことで名声を得た。彼の作品はゲームというより映画のようで、たんにアドレナリンを噴出させるのではなく、郷愁や畏敬の念といった複雑な感情を呼び起こす。

チェンはその作風から日本人アニメーション作家の宮﨑駿と比較されることも多い。さらに作品の一つはスミソニアン博物館の永久所蔵品となっており、また『MIT・テクノロジー・レビュー』誌〔MIT発行の技術革新専門誌〕が、世界をリードする若手イノベーターの一人として彼の名前を挙げているほどだ。

一人っ子世代として生まれたチェンは、若くしてこうした成功を収めたにもかかわらず、両親の期待に応えなければならないというプレッシャーを「絶えず感じている」と言う。

伝統的な中国の家庭では、兄弟姉妹それぞれに果たすべき役割があるが、「一人っ子であれば、子供全員分の役割が課せられます。家族の期待を一身に背負っているのですから、私には失敗は許されないのです」と彼は言う。

チェンの父親は公務員だった。貧しさの中で育った人だが、懸命に努力して、中国最高峰の大学である北京大学に入った。自分の子供を連れたはじめての北京旅行では、万里の長城のような典型的な観光名所には行かず、まだ子供だった彼を、北京大学や清華大学に連れていったという。いわばアメリカ人の親が子供をハーバード大学やマサチューセッツ工科大学（ＭＩＴ）へ見学に連れていくようなものだ。「見てまわったのはその二か所だけでした」とチェンは当時を振り返って言った。

チェンが一四歳のとき、父親はインターネット革命が起きることを予感し、ティーンエイジャーだった彼にパソコンを買い与えた。一九九〇年代半ばの中国ではこれは莫大な投資であり、バイオリンを習い始めたばかりの子供にストラディバリウスを買ってやるようなものだった。

「当時は誰もコンピュータをもっていませんでした」とチェンは言う。両親はそれで息子にコンピュータプログラミングに興味をもってほしかったのだが、一〇代の彼はすっかりコンピュータゲームにはまってしまう。

コンピュータゲームは勉強からの逃避にうってつけだった。彼は勉強を熾烈な『ハンガー・ゲーム』〔映像中継される中、少年少女が殺し合うサバイバル小説・映画〕の学校版のように感じていたのだ。当時、チェンは上海屈指の名門高校に通っており、しかも、優秀な生徒ばかりを集めた特別クラスに所属していた。

彼によれば、上海市の「すべての優勝者とメダル受賞者」がそのクラスの生徒だった。各学期、クラスで最低点をとった生徒は、特別クラスから普通クラスへ落とされる。そして「負け犬」と見なされるのだった。チェンは学期末になると同級生たちの得点を計算し、自分が脱落しないか予測することに時間を費やした。友人と呼べる人間はいなかった。

両親は息子に、マイクロソフトのような一流企業で働くという輝かしいキャリアをもたせ、安定した人生を歩ませたかった。しかしチェンが心から望んだのは、彼をはじめて泣かせたゲーム、『仙劍奇俠傳（剣と妖精の伝説）』〔中華圏で人気の武術系アクションゲーム〕のようなゲームを作ることだった。「テレビゲームから人への思いやりを学んだり、自己犠牲や愛について語り合うことになるとは誰も考えもしませんでした」とチェンは言う。だが両親にゲームデザイナーになりたいと話すことは「ポルノ映画の監督になりたいと言うのと同じ」だった。

大学卒業後、チェンは南カリフォルニア大学（ＵＳＣ）の大学院に進学し、ゲームデザイン専攻の第一期生となった。学生競技会のために彼が作成したゲーム『雲』では、喘息《ぜんそく》だったチェンが多くの日々を過ごしたように、病気で入院中の子供が窓の外をながめて、空を飛ぶってどんな感じだろうと夢想する気持ちをプレーヤーが疑似体験できる。あまりに多くの人々がそのゲームをダウンロードしたためにＵＳＣのサーバーはダウンし、地元でニュースになるほどだった。

「それまでのゲームは、暴力や競争心といった原始的な感情に訴えるものばかりでした」とチェンは言う。成長期にそういったゲームで楽しんだのは、両親と勉強のプレッシャーに無力感を感じる中で、力を与えてくれるように感じたからだ。「でも年齢を重ねた今、もっと知的で僕の気持ちを共感してもらえるようなゲームを作りたいと思うようになったのです」

やがてチェンはサンタモニカに小さなスタジオを設立し、ソニーとゲーム三作品の契約を結んだ。チェンは数年を費やして、見渡すかぎりの荒野を旅する名もなき一人の「旅ビト」を操作するゲーム、『風ノ旅ビト』を開発した。

ソニーの幹部はゲームが一年以内に完成すると考えていたが、完璧主義者のチェンは三年を費やした。そのあいだに彼の会社は資金を使い果たしてしまう。チェンは従業員の多くを一時解雇し、残った従業員の給料も半分にせざるをえなかった。

最終的に『風ノ旅ビト』は高く評価され、商業的にも成功を収め、ゲーム業界のオスカーともいうべきＤＩＣＥ賞〔Design, Innovate, Communicate, Entertain の略〕を受賞し、ソニーのプレイステーション用ゲームとして売上一位を記録する。

それでもチェンは、主流派ではない道を選択したことで両親にたいして負い目を感じている。他のＩＴ系の成功者たちとは違って、チェンは急速に発展する中国のインターネット市場で莫大な富を築いたわけではない。不安定なエンターテインメントの世界の住人でしかないのだ。

「アジアの子供たちにとって仕事の選択肢は三つしかありません。弁護士、医師、そしてエンジニアです」。チェンは指折り数えながら自嘲気味に言った。

このような視野の狭い考え方も、中国という国を考えれば十分に理解できる。チェンいわく、「定年後の人生は自分の子供に大きく左右されます。一人っ子であれば、両親は確実に投資が成功するようにしておきたいと思うのです」

数年後、チェンの母親が上海で緑内障の手術を受けた。その手術が成功しなかったため、チェンは母親をアメリカに呼んで改めて手術を受けさせた。母親の加入していた保険は中国国外での治療を適用外としていたため、手術費用にはチェンの預金額の半分が充てられた。

二〇一四年の後半、チェンは結婚した。花嫁は中国生まれのハワイ育ちで、彼と同じ一人っ子だった。一人っ子が将来負う重荷のことは承知しているが、チェン夫妻は自分たちの子供も一人っ子でいいと思っているようだ。

「あえて二人以上の子供をもとうという気には、ならないのです。両親の面倒を見るだけでも精一杯ですから」

親の過大な期待と過酷な入試制度

チェンにはじめて会ったころ、私は南カリフォルニア大学のアネンバーグ・スクールで、夏休みにアジアで仕事をする大学院生のために予備知識を与える講座を担当していた。「グローバル・ジャーナリズム」と名づけられた講座だったが、クラスの半分は広報分野の修士号の獲得を目指す学生で占められていた。

講座を始める前に、私は全員に自分の目指すキャリアについて、自己紹介も兼ねて、「五年後に私が就きたい職業は……」の出だしで、大いに語ってもらうことにした。クラスにいた中国出身の学生のほとんどが広報を学ぶ女子学生だったが、判で押したようにみなが「五年後には社内勤務の広報部で働いていたい」と言うのだ。

同じような答えが続くのが不思議でたまらなかった。どうして社内勤務なのか。広告代理店は？　自分で起業しようとは思わないの？　私が知る二〇代半ばの若者といえばみな自信に満ちあふれていて、まだ自分の限界も知らず、その輝く研ぎたての刃は、意地の悪い上司、無理な締め切り、厳しいローンの返済などで、まだ擦り減ってはいないのがふつうだ。

ところが彼女たちはこう口をそろえる。そうですね、五年後にはおそらく結婚して家庭を築いているでしょう。社内での広報業務なら、勤務時間も仕事内容も決まっているので、とにかく働きやすいのです、と。

こうした答えを聞いて、世間が小皇帝にたいしてステレオタイプなイメージを抱くのにも一理あると思った。私は中国の一人っ子世代が他の世代より過度に甘やかされているとは思わない。しかし、彼らが親の重過ぎる期待と格闘しているのはたしかだと思う。

一人っ子というのもその理由だが、中国の急速な経済成長と中国特有の社会制度のせいで、人生の早い時期に、つまり新しいことにチャレンジすべき時期に、親の期待に縛られて自分の夢を追う自由がないと思うようになったのではないだろうか。

一人っ子についてよく言われる問題は、たしかにこの世代に当てはまるものも多いが、それはたんに一人っ子だからというだけでなく、中国特有の社会制度の中で親の過大な期待を受けているために生じた問題なのだ。

まず、中国の一〇代の若者が経験するもっとも過酷かつ気の滅入る試練、「高考《ガオカオ》」という全国大学統一入試の話から始めよう。中国政府は、宋や唐の王朝時代に世界初の官僚登用試験として行なわれていた科挙の伝統にならい、文化大革命終結後の一九七七年にこの全国大学統一入試を復活させた。

官僚登用試験と大学入試は同じではないが、伝統ある科挙がもつイメージによって、試験合格がすなわち、実力で出世する唯一の方法だと信じられるようになった。

受験という伝統は中国文化に深く根づいており、雲南省では「過橋《グオチャオ》米線《ミーシエン》」という受験生用の郷土料理まで存在する。

言い伝えによれば、昔ある妻が夜遅くまで科挙に備えて勉強している夫のもとに橋を渡って夜食用の麺料理を運んでいた。しかし橋を渡り終えるころには麺料理は冷めてしまう。そこで妻は冷めないよう油の層で麺を覆うことを思いついた、というのがこの料理の発祥らしい。

話の真偽は別にして、この物語から中国人がいかに試験というものに強迫観念を抱いているかがよくわかる。たいして西洋では、食事に中断されずに賭け事に熱中したいという願望からサンドウィッチが生み出されたことを考えると、その違いがわかるというものだ。

そして今でも試験合格は安定した社会的地位につながるため、「高考」は学校に通うすべての中国人にとって、一〇代のはじめごろから最大にして究極の目標とする試験となっている。

中国に住んでいたころ、「高考」の時期がくるとすぐにわかった。職場の同僚は正念場を迎えている子供のサポートをするために二週間、時には一か月も仕事を休む。交通量は減り、試験会場周辺の大きな工事は中断し、スモッグのかかった北京の空が魔法のように青くなる。「高考」の期間中、生理痛で十分に実力を発揮できなくなることのないように、娘にピルを服用させる親の話も聞く。親たちは貴重な勉強時間を数秒でも長くしようと、子供の歯ブラシに歯磨き粉をつけてやるのだそうだ。[18]

私の教え子である中国人の生徒たちは、「高考」前の一、二年間、平日は学校で一日一二時間、さらに週末は塾で勉強し、一日の平均睡眠時間はわずか四時間から六時間だったという。中国の一人っ子は兄弟と競わなくとも、もっと熾烈な同級生との競争に直面するのである。

中国における受験生の自殺率は日本、アメリカ、ロシアほどではないが、その重圧が自殺につながる例は非常に多い。[19]

二〇一四年の中国政府の報告書では学生の自殺七九件が分析され、そのうちの九〇パーセント以上が中国の試験重視の教育システムがもたらす重圧が要因と結論づけている。自殺の六三パーセントは、「高考」をはじめとする重要な試験が行なわれる二月と七月に集中していた。

企業内で広報担当として働きたいといった生徒たちを、一概に怠け者だとか野心がないと決めつけることはできない。それでも中国の若者が新しいことにチャレンジできる機会は、同年代のアメリカの若者に比べると非常に限られている。

デートにしてもそうだ。一〇代のうちは「高考」という重荷があるために、彼らはみな、異性のような気をとられるものからは遠ざけられている。もちろん恋愛や失恋の経験がまったくないというわけではない。

二〇〇七年、中国南部のある学校では男子生徒と女子生徒が手をつなぐことさえも禁じた。中国南部の小都市、宜州市《イーヂョウ》にある一流高校では、男子と女子は「教室または廊下のような明るい場所でのみ会話すべし」「男子と女子が一対一で会話することは禁止する」という規則を発表した。

中国では、女性が結婚できる法定年齢を二〇歳（男性は二二歳）と定めている。一方で中国共産党が女性の権利を守るために設立した組織「中華全国婦女連合会」は、結婚適齢期の目安を公式に定めており、そのガイドラインによると女性は二五歳から二七歳ころまでに結婚すべきとされている。

それを過ぎた女性は「売れ残り」、中国語で「残りもの」を意味する魅力的な呼び名「剰《セン》女《ニュイ》」と呼ばれることになる。そんな短期間で人生を左右する決断をするのだから、現在の離婚率が一〇年前の倍、結婚した中国人カップルの五組に一組が離婚する[20]というのも不思議ではない。

人気ブロガーの韓寒《ハンハン》は、同世代のホールデン・コールフィールド〔J・D・サリンジャーの小説『ライ麦畑でつかまえて』の主人公。一六歳の高校生〕と評される人物だが、こんなことを言っている。

「ほとんどの親は子供が学生のうちにデートすることを許そうとしないし、大学生になってからでさえ反対する親も多い。ところが子供が卒業したとたん、急にあらゆる点で完璧な相手、できればアパートを所有しているような相手が、天から降ってくることを祈り始める。で、子供はその相手とすぐに結婚しなくちゃならないんだ。まったく完璧なプランじゃないか」

中国版ジャック・ケルアックの主張

二〇一二年、陳翰濱《チェンハンビン》は両親にもらった北京のアパートを売り払い、売った金で二台のRV車を購入し、その車で世界一周の旅に出た。三年経ってもまだ旅を続ける彼は、現代版ジャック・ケルアックとして、短編映画やブログで自分の旅を年代順に記録している。

その冒険の旅で彼は、タイでキックボクシングをし、オーストラリアではスキューバダイビング、イラクではスイカの収穫をして、インドでコブラを抱きしめた。「後戻りできない旅」という名の一緒に旅をするチームは、キューバでパスポートを失くし、ノルウェーの雪崩やチリの地震から辛うじて逃れた。当初のメンバーは何人か脱落し、新たな夢追い人と入れ替わっていった。

翰濱が中国のソーシャルメディアでこの計画を表明したとき、中国のオンラインコミュニティは予想どおり、激励、憧れ、羨望という反応であふれた。その一方で、彼の「親不幸」な行動や親にたいする責任の放棄に賛成できないとコメントした人々も多かった。

あるネットユーザーは、「両親の世話をするお金があり、余ったお金で夢を追うのであればかまわないし大賛成です。でも、もし自分勝手に家族の家を売り、両親の気持ちを傷つけるとすれば、話は別です」[21]。三〇代のアメリカ人が似たような決断をしても、このような反応があるとは思えない。

私はロサンゼルスで、マイアミを出発地とした全米横断旅行を終えたばかりの翰濱と会った。翰濱は、当初から彼の旅行に乗り気でなかった両親を何とか説得し、一か月間一緒に旅をするはずであったが、その決意は出だしのユニバーサルスタジオの駐車場で父親が泣き崩れて頓挫した。父親は泣いて翰濱に家に戻るよう懇願した。「おまえの人生は危険すぎる。どうかもう、やめてくれないか」

翰濱にとって、それはできない相談だった。彼はテネシー・ウィリアムズの「内なる野性を鳥かごに閉じ込められた人々への祈り」という言葉を引用していった。

「誰でも鳥かごをもっているものですが、中国という国全体が一つの鳥かごと言えるでしょう。中国では誰もが同じ道を目指し、住んでいる家の値段と学歴で人を評価し、親の期待に沿った生き方をしている……僕は自分の人生を自分で決めたいのです」

翰濱が身勝手だったのか、それとも彼の両親がわが子に投資しすぎたのだろうか。

二〇一二年、中国人民大学の教授、杜本峰《ドゥベンフォン》が「一人っ子家庭リスク」という新語を作った[22]。杜教授は「一人っ子家庭は重大な構造上の欠陥を抱えている。家族の誰かがケガや事故に見舞われると、家族全体の大惨事となり、家族が崩壊することさえある。一人っ子家庭は非常に脆弱だ」とした。

（杜の言う「脆弱な家族構造」の定義は欧米の定義とは違う。欧米では主に一人親家庭や事実婚の家庭、同性カップルの家庭が「脆弱」とされている。こうした多様な家族のかたちは中国ではあまり見られないが、その一因に一人っ子政策の影響がある）

杜本峰によれば、一人っ子同士が結婚することが多いことも、中国の家族の脆弱性を深刻化させている。一人っ子は両親を喜ばせるために、転職や職業の選択、移住の自由を犠牲にするという大きなプレッシャーも受けている、と杜は言う。

この状況を改善する方法として杜が提案するのは、一人っ子が死亡した際に家族に与えられる政府補償の強化や、一人っ子の不慮の死に備えた保険の設立だ（今のところ、このタイプの商業保険は販売されていないようだ）。

これらの提案はすべて妥当に思える。しかし杜は、一人っ子の身の安全を守るため、交通規則の厳格化や学校の安全基準の向上を進めるよう助言し、また「子供たちの心身の健康に有害」だとして暴力的なオンラインゲームの禁止も提唱し、すべての政府機関が「一人っ子の安全確保に有益な活動を実施する」ための対策を講じるよう勧めている。

驚くべきことに、杜教授は一人っ子の甘やかしを支持しているように思える。

性同一性障害の若者が考える「親孝行のかたち」

二〇一三年、私は劉霆との旧交を温めた。彼はこのときも以前と同じ小さな町で母親と一緒に暮らしていた。中国に住む知り合いの中で、これほどまで変わらない人は珍しかった。

もちろん小さな変化はあった。劉はもはや人目を引くセレブではなくなっていた。無料の豪華アパートからは出て、母親と二人、もっと安い部屋に引っ越していた。四六平方メートルほどの狭い部屋を仕切ったスペースで、部屋全体は二段ベッドを精巧に積み上げて作ったように見えた。

劉霆は二〇〇九年に学校を卒業し、やっとのことで大学の図書館に低賃金の仕事を見つけた。数年後には杭州市（浙江省）でグラフィックデザイナーの仕事を得たが、一年もしないうちに辞めてしまった。

大都市は生活費が高くて、わずかな給料ではやっていくことができず、週末ごとに母に会いに実家に帰るには時間がかかりすぎた、と劉は言った。彼は今、貯金で生活しながら自伝を書いていた。

劉の外見は以前と変わらず、中国版ドリアン・グレイのようだった。相変わらず痩せていて、相変わらずのダボッとした大きなTシャツとジーンズ姿で、親指の爪を長く伸ばし、優しい雰囲気もそのままだった。

一方、母親の永敏は五年前よりも若くなったようだった。顔はふくよかになり、髪はつややかさを増し、髪型は流行のボブカット。韓国のデザインを模した人気のエアフィルターマスクを生産する計画で頭がいっぱいのようだ。中国のスモッグだらけの都市ではそういった製品の人気がますます高まっている、と永敏は言う。

それにひきかえ、劉は目的もなく、ただあてどなく日々を過ごしているといった様子だった。いろいろな角度から彼の状況を見ると、一人っ子についての私の推測は正しいように思えた。親にたいする義務という重く苦しい負担のせいで、自由にみずからの夢を追うこともできず、選択肢が少なくなった結果、一人っ子たちは無気力になってしまったのではないか。

劉が「浙江電視台」のリアリティ番組のオーディションを受けたときの話を聞いて、私の推測は確信に変わった。『中国夢想秀』というその番組はBBC放送の『今宵がその夜』を真似たもので、一般人が、事業を起こすとかミュージカルの本場ロンドンのウエストエンドの舞台に立つとかいう夢を実現するための支援者をあてがわれる番組である。劉はかつての有名人という強みのおかげでオーディションまで進んだ。

オーディションで劉はギターを弾き、彼のために特別に作曲された曲『母さん』を歌った。しかし最終選考に残ることはできなかった。「オーディションでは、僕の夢は、母さんと穏やかに幸せに暮らし、できれば本を書くことですと言いました」と劉は言った。「審査員に、それじゃビッグな夢とは言えないよと言われました」

劉霆がバス停で見送ってくれたとき、彼が「Bu Xiang」というアルファベットのロゴが入ったコンバースもどきのスニーカーを履いていることに気づいた。安価なブランドで、地方出身の若者や工場労働者がよく履いている。

ブランド名の由来はよくわからないが（おそらく何か前向きな意味があるのだろう）、そのピンイン表記「Bu Xiang（ブー・シィアン）」には「不想」、つまり「考えない」または「夢を見ない」

という意味もある。

彼が去っていくとき、歩くたびに上下する、そのスニーカーのロゴを見つめた。不想、不想、不想……考えない、考えない、夢を見ない……。

私は悲しくなった。

だが、私は間違っていた。二〇一四年、劉霆は著書『何とかなるさ』を書き上げた。そして爆弾宣言をしたのだ。自分は性同一性障害である、と。

かつて親孝行な「全国道徳模範者」と称賛を浴びているあいだずっと、劉霆はこの秘密と心の中で闘っていたのだ。大手ニュース雑誌『南方周末』の見開きの写真ページに、本当の自分をさらけ出す写真を公表し、世間を驚かせた。それは化粧をし、ブラジャーをつけ、女性用と男性用どちらのトイレを使うべきか考えている写真だった。

「女々しくてはダメだ、堂々と立ち向かえ、『道徳模範』にふさわしい人間であれと、ずっと言われてきました」と劉は言った。「でも自分は間違った身体で生まれたことに気づいていたので、心の奥底で葛藤していました」

私が劉霆の選択肢が少ないことを心配しているあいだもずっと、彼は性転換の夢を温めていたのだ。

当初、劉の母親はひどく落胆していた。孫を抱く可能性がはるか彼方に遠ざかってしまったからだ。「子供を作るべきだと言われます。それが最大の孝行の証しだからです。ひどく悩みました」と彼は言った。

最終的に劉は「子供自身が充実した人生を送ることが親孝行になる。今こそ孝に新たな定義を加えるべきだ」と信じるに至った。

まもなく中国でもっとも有名な小皇帝の一人が女帝になる。[23]

第6章

人形の家へようこそ

乃生男子　もしも男《お》の子が生まれたら
載寝之牀　寝台に寝かせ
載衣之裳　晴衣を着せて
載弄之璋　璋《たま》を手に遊ばせる……

乃生女子　もしも女《め》の子が生まれたら
載寝之地　地面に寝かせ
載衣之裼　裼《むつき》を着せて
載弄之瓦　瓦（糸巻きの玩具）を手に遊ばせる

——『詩経』

やがて中国には、発情した若い男性の巨大な群れが現れるだろう。[1]

——ポール・エーリック

社会をむしばむ異常な男女比

二〇〇九年、記事のネタを探そうとニュースをチェックしていたとき、「衝撃！　中国中央部で花嫁集団逃亡」という見出しが目についた。

小さな記事だったが、陝西省の「新和平《シンフォピン》」という名の小さな村で、花嫁が相次いで逃亡したというものだった。新婦たちは結婚式の直後に姿をくらまし、残された新郎たちは莫大な結納金を支払ったために破産したという。

この記事を読んで私は、その前の年に列車の旅で、リィゥから聞いた話（花嫁を金で買ったという親戚の話）を思い出した。私は長年中国に滞在していたが、花嫁持参金の逆バージョン、花婿が花嫁の家へ「彩礼《ツァイリー》」という結納金を支払うという風習があることを、このニュースではじめて知った。

中国農村部では通常、結婚に際して両家が金銭と贈り物を交換する。新郎の家からは結納金を、新婦の家からは持参金を払う。通常は、結納金を払う新郎側にとって得な仕組みである。なぜなら農村女性は、料理人であり性交渉の相手であり子供を生む存在という経済的価値があるからだ。

毛沢東時代には、両家が交換するのはそれほど高額なものではなく、衣類やほうろうの洗面器といった程度のものだった。裕福な家なら、フライング・ピジョン社の自転車や紫檀《したん》の家具など高価な品を贈ることもあっただろう。ところが、一人っ子政策の下で生まれた世代が結婚年齢に達した二〇〇一年ごろから「彩礼」の額は跳ね上がった。

中国には一人っ子政策以前から、歴史的に男子を尊ぶ風潮があったのはたしかだが、これに加えて一人っ子政策が強要されたために、男女比のアンバランスが世界最大になったことは間違いない。

二〇二〇年までに、中国では男性が女性より三〇〇〇万から四〇〇〇万人多くなり[2]、中国の独身男性人口は、カナダやサウジアラビアの全人口と同等またはそれ以上になると予測される。一〇年後には、中国人の四人に一人が未熟練労働者の独身男性になると見込まれている。

男子偏重文化は他の国にもあるが、中国ほど極端な例はない。一人っ子を男女どちらにするかの選択を迫られた結果、多くの中国人夫婦は家名の存続のため男子を選び、女児の間引きや遺棄を行なったとされ、技術が進んだ現在では妊娠期間中に性別を見て中絶するといった手段まで使うようになった。

インドも同じく男子偏重の国だが、一人っ子政策は一度もとられたことがなく、新生児の男女比は男一〇八にたいして女一〇〇である[3]。

中国では、一人っ子政策に転換された時点で、男一一九対女一〇〇という驚くべき数字になっていた（世界平均は男一〇五対女一〇〇。男は女より危険な行動をとることが多く、男のほうが早世する確率が高いため、この比率は自然の法則にかなっている）。

結婚相手を見つけることができない独身男性の人口がこれほど膨大になった国は、史上例を見ない。膨大な移民を受け入れるなら別だが、中国がそんな政策をとる見込みは薄い。

独身の男性は「光棍《こうこん》」と呼ばれる。中国語で光棍とは「樹皮を剥いて作られた棍棒」を意味し、これでは後世に樹木の子孫を残すことはできず、つまり生物学的な行き止まりを意味することから転じて独身者を指すようになった。

逃亡した花嫁、残った借金

新和平村は「光棍村」といってもよいだろう。この村は陝西省にあるが、陝西省は中国で男女比のいびつさで突出した上位一〇省に数えられるという、ありがたくない名誉を得ている。[4]
地図を広げると新和平村はちょうど中国の真ん中にあり、地理的には中心だが、文化的には周縁に位置する。いちばん近い大都市、漢中《ハンジョン》は人口三〇〇万人、シカゴと同規模ではあるが中国では一小都市にすぎない。かつて漢の時代に最盛期を迎え、紙の発祥地として評価されたが、それ以降は国にとって大きな貢献はなく、あまり発展していない町だ。首都北京から飛行機の直行便すら飛んでいない。
「光棍村」とはどんなところだろうと、私は興味をかきたてられた。欲求不満で不機嫌な男たちが村の広場やネットカフェにたむろし、性欲と暴力が、まるで北京の汚染された大気のようにあたりに充満しているのだろうか。
そうした思いから、万が一に備えて取材には職場の独身男性スタッフに同行してもらった。

しかし、それはまったくの杞憂に終わる。新和平村は中国の他の村と同じ、老いた女性と子供だけの村だった。

働ける年齢の若い男性は全員、独身者「光棍」も含めて、みんな都会へ出稼ぎに出ていた。村の小さい田んぼでは食べるだけで精一杯だからだ。男性は家の土地を受け継ぐ立場にあるので、多くは農村戸籍をもっている。

一方、村の若い女性は受け継ぐものが何もないため、きらめくネオンと大工場のある都会へ、年頃になると逃げるように去っていく。再び村に帰ってくる女性はほとんどいない。

村では、結婚詐欺に遭った花婿の母親、シュフェンの家にお世話になった。中国の伝統的な斜めの屋根のある居心地のいい家で、大きな木の扉は戸外の光とときおり訪れる隣人を迎え入れるように開け放たれている。そんな伝統的な家の居間に何とも場違いだったのは、真っ赤なバイクだった。ハンドルには赤い花飾りがかけてある。逃げた花嫁への贈り物だ。

シュフェンは結婚式の写真を見せながら、失敗に終わった息子の悲しい結婚について話してくれた。息子のジョウ・ピンは一〇代のころ、中国南部の工場で働くために村を出た。組み立てラインでの厳しい長時間労働で、女性と出会う機会などなかった。毎年「春節」には重い足どりながら律儀に帰省したが、そのたびに両親から結婚を急き立てられた。二〇代半ば近い息子が独身でいることは、村では大きな恥になるのだとシュフェンは言った。

そんなときシュフェンの友人の一人が、いとこが四川省の娘さんと結婚したという話をした。その娘の友だちが三人遊びにきていて、結婚に興味があるそうだ、とその友人は言った。

村は排他性が強く、昔ならよそ者との結婚などありえない話だった。なにしろ四川の人なんて言葉も違うんだもの、とシュフェンは言う。しかし村の人口一万四〇〇〇人のうち独身男性は戸籍によると三〇人、結婚適齢期の女性はゼロという状況では、変化を受け入れざるをえない。そこでシュフェンはみずから息子の問題を解決するべく見合いを設定した。そして息子を村に呼び戻した。

ジョウ・ピンの求婚は迅速かつビジネスライクだった。三人の女性と見合いし、はじめて会ったすぐ後に、いちばん若くてきれいな女性にプロポーズした。相手はプロポーズを受けたが、条件として求めた「彩礼」は五五〇〇ドル余り、それはジョウ家の農業収入一〇年分の額だった。

三日後、二人は結婚届けを出した。スタジオで結婚写真も撮った。ウエディングドレスの花嫁の頬はドレスに合わせて象牙色に美しく画像加工されていた。もう一枚は中国伝統のスタイルで、刺繍が施された赤と金のきらびやかな伝統衣装に身を包んだ二人が写っていた。花嫁は爆竹に火をつけるポーズをし、その隣りでジョウ・ピンは耳に手を当てて大げさにしかめ面を作っている。

一週間後の披露宴の席で、シュフェンは、新婦のいとこと信じていた女性に、正式に「彩礼」を手渡した。半分は親戚中からかき集めた借金だった。

結婚は伝染した。まもなく二人の村人が訪ねてきて、この新しい嫁の友だちを自分の息子に紹介してほしいと頼んだ。その後すぐ、その二件の結婚は続けざまに成立した。「彩礼」の額はジョウのときと同じくらいだった。

それからひと月も経たないうちに、新妻たちがみんな消えてしまったのだ。

どこか映画のような話だ。ウエディングドレスの裾を膝までからげ、ベールをなびかせて、田んぼの中を全力で駆け抜ける花嫁の姿が目に浮かぶ。だが現実はそんな美しいものではなかった。ジョウの妻は下痢だと言って屋外トイレに行き、そのままトイレの窓から脱出したのだった。

私が村を訪ねたのは逃走から四か月後で、だまされた新郎たちのほとんどはもう村を出て仕事を探しにいっていた。残っていたのはジョウだけだった。

即席でビジネスライクに成立した結婚ではあったが、ジョウはこの結婚には真剣だった。新婦は自分のことを田舎娘だと言っているが、違うのではないかと、彼は早い段階で気づいていたそうだ。工場の話にもちゃんとついてくるし、話の端々から都会で働いた経験があることがうかがえた。

それでも、いずれは村の静かな暮らしに慣れてくれるだろうと思っていた。優しくて、こちらの細やかな気遣いに感謝しているように思えた。家の近くに仕事を見つけて、休日にはまめに帰ってこようと思っていた。田舎暮らしに退屈したら漢中に遊びに行けるよう、彼女にバイクをプレゼントした。村からバスで五時間の西安まで、二人で兵馬俑を見に行く計画も立てていた。

村には若い女性を引きつける魅力も、つなぎ止める魅力もほとんど見当たらなかった。小さい店が一軒、洗剤や農薬のようなものを売る何でも屋があるだけだ（農薬は農村でよく自殺に使われるので、『ニューヨーク・タイムズ』紙の記者エリザベス・ローゼンソールは、農薬は「アメリカの常備薬バリアム〔精神安定剤〕の中国版」[5]だと言っている）。

農作業は今でも重労働だ。農地は小さくて機械化できないので、多くの農作業は一〇〇年前と同じ方法で行なわれている。水道のある家は少ない。そして村の若い妻たちが、外での農作業と、家の中での子供や舅・姑たちの世話という過酷な労働をしているあいだ、夫たちは村の外へふらりと出ていったまま、何か月も帰ってこないことが多々ある。

このような状況なら、二〇世紀半ばまで中国では世界で唯一、女性の自殺率が男性より高く、中でも農村部の若い女性の自殺率がもっとも高かったことも納得できるだろう。ただ、村に女性がいなくなった現在、ここにも変化が見られる。自殺率が上昇しているのは農村部の若い男性になったのだ。[6]

ジョウの家族は、息子が絶望のあまり自殺するのではないかと、彼が村の外に出るのを禁じている。母親のシュフェンはこう打ち明けた。じつは、絶望しているのは息子だけではない、「彩礼」のために抱えた巨額の借金をどうやって返そうかと一家で気に病んでいるという。

村にはもっと悪い状況の家もあった。だまされた別の新郎の家には弟がいて、その弟も独身だ。その弟の「彩礼」をどう用立てたらいいか見当がつかないという。その父親は「息子より娘のほうがよかった」[7]と嘆いていた。

私が最初に新和平村の花嫁逃走話に興味をもったのは、そこに悲喜劇的な要素があったからだ。女性の小さな一団が、中国の家父長制度にたいしていくらかでも一矢報いたという点が気に入ったのだ。

私自身も一人の女性として「軽視される娘」という立場にあり、新和平村のような無数の小さな村の問題は、因果応報のように思えた。数百年にわたり女性差別が深く浸透している中国社会が、その報いを受けたのだ、と。

しかし、ジョウの立派な態度には感動した。結婚詐欺に遭って借金を抱え、妻の籍が入っているため再婚もできないという法的に曖昧な状態に置かれるはめになったのに、それでも彼は決して妻を責めなかった。

妻が逃げたことを恨んではおらず、「妻には妻の事情があったんだろう」と言う。じつは、逃げられた後も、何回か妻と連絡がとれていた。向こうから電話してきたのだという。「ごめんなさい、他にどうしようもなかったの、と言うんだ」とジョウは言った。

同じ状況の独身男性みんなが彼ほど寛大というわけではないだろうが、中国に住む独身男性の前には、みずから招いたわけではない寒々とした未来が広がっている。

独身男性が増えて好戦的な国に

若年男性人口が過剰になることで中国の将来がどうなるか、ひいては世界がどうなるかについては多くの説がある。若年男性の増加が社会にたいする抗議行動や暴動を生む土壌になり、アラブの春やインドの女性暴行事件の一因になったことは間違いない。ならば、世界でも男女比のアンバランスが桁違いに大きい中国では、どんな事態が起こるのだろうか。

二〇〇四年、バレリー・ハドソンとアンドレア・デンブールの二人の学者が『光棍』という著書で、中国はその膨大な独身男性人口によってより好戦的な国になるという説を唱えた。

中国では歴史上男性過剰の時代が多くあり、清朝には独身男性人口が極端に増加した地域で二つの反乱が起こった。一つは太平天国の乱だが、もう一つこれに呼応して一八五一年に中国北東部で起きた「捻軍《ねんぐん》（捻匪《ねんぴ》）」と呼ばれる農民軍の反乱が起きた。

この時代は飢饉が相次ぎ、女児の間引きがさかんに行なわれた結果、女性一〇〇にたいして男性約一二九という男性過剰社会になっていた。男性の四人に一人は一生結婚できない状況だったとハドソンとデンブールは述べている（中国社会科学院の人口学者、張翼《チャンイー》によれば、現在中国のいくつかの省では女性より男性が二六〜二八パーセント多くなっている）。

ハドソンとデンブールによれば、独身男性人口が多いことだけで、必ずしも暴力的行動の原因になるわけではない。「光棍がそこにあるだけで火事が起きるわけではない。だが、火の粉が飛んでくれば、それが焚《た》きつけになって炎が燃え上がる可能性があるのだ」

興味深い説ではあるが、この説は多くの社会学者から「推論の域を出ない」「必ずしも正確な予測分析とはいえない」と評されていた。だが発表から一〇年が経った今、この説は若干の信憑性を帯びてきている。

実際、中国は近隣諸国との領土問題で強引な手段に訴えるようになってきた。二〇一二年、中国は日本とのあいだで、不毛の無人島をめぐって小競り合いを起こした。日本名で尖閣諸島、中国名で釣魚群島と呼ばれる小さな島をめぐる論争は激化し、『エコノミスト』誌が「アジアはこの島をめぐって戦争になるのか」というカバーストーリーを載せるまでになった。[10]

二〇一四年、『光棍』の出版から一〇年後、ハドソンとデンブールは『ワシントン・ポスト』紙に論文を寄せ、中国の外交政策のレトリックに「男性的ナショナリズム」がひそかに織り込まれ、「光棍と呼ばれる若い独身男性」の国家への忠誠心を巧妙にかきたてていると論じた。[11]

少なくとも国内的に見れば、男性が増えれば争いごとが増えるという主張には一理ある。二〇〇八年に経済学者の示したところでは、中国では男女比のアンバランスが一パーセント進んだ結果、暴力犯罪と窃盗の発生率が五、六パーセント増加した。中国の若年層における「男性率の増加」によって、若年層の犯罪は全犯罪の増加の三分の一を占めるだろう、[12]と研究者は推定している。

二〇一三年の浙江大学の研究では、中国の独身男性は既婚男性と比べて、自己評価が低く、抑鬱傾向と攻撃性はかなり強かった。[13]

中国人女性が家の外で性的暴力の被害に遭う割合は、中東やインドに比べて低いが、家庭内暴力（ＤＶ）の被害は非常に多い。「中華全国婦女連合会」によると、中国では女性の四人に一人がＤＶ被害を経験しており、それにたいする法的保護もなされていない。

二〇一一年、キム・リーというアメリカ生まれの女性で、著名な中国人実業家の妻が、夫の暴力を警察に訴えたが、結果は無駄に終わった。警察は夫の暴力を事件としてとりあげなかったので、彼女は中国最大のＳＮＳ、ウェイボー（微博）に自分の青あざをアップしたところ、それがメディアに火をつけた。

その後、キムはＤＶによる離婚という画期的判決を勝ちとり、女性の人権の代弁者となった。中国政府がＤＶを禁止する法案を起草したのは、ようやく二〇一四年になってからである。

経済面では、男女比のアンバランスにはプラスマイナスの両面がある。魏尚進《ウェイシャンジン》と張暁波《チャンシャオブォ》の二人の経済学者によると、男女比のアンバランスは起業家精神を刺激し、経済を活性化させる可能性があるという。[14]

彼らの研究によれば、男女比がいびつな地域ではＧＤＰの成長率が高く、民間企業の成長がいちじるしい。一方で、いびつな男女比は過剰な貯蓄につながったと彼らは考えている。息子をもつ親は、息子が少しでも結婚市場で優位に立てるよう貯蓄に励むからだ。研究者の試算では、過去二五年間に増加した貯蓄高の半分は、男女比のアンバランスが原因だとされている。

もしそうなら中国の光棍問題は、政府が目指す輸出主導から内需主導へという経済政策の足枷になる。魏尚進と張暁波の説は主流ではなく、中国人の貯蓄率の高さについてはさまざまな説がある。しかし彼らは、一人っ子政策が、数多くの点で未来の成長を阻みうる人口構造を作り出したことを示す証拠を次々と挙げている。

二〇一四年にオーストラリアで行なわれた研究でも、中国の男女比のアンバランスが過度な貯蓄熱を生み、[15]犯罪率を上昇させているという結果が報告された。残念ながら、男女比の不均衡を是正する政策が功を奏するには数十年の歳月がかかり、その結果一人当たりＧＤＰの伸びは鈍化することになるだろうという。だが、成長の鈍化は犯罪率の低下によるメリットで相殺されるだろう、[16]と研究者たちは結論づけている。

マンションなくして結婚なし

男性過剰社会が中国の経済成長を阻むのか、中国をより好戦的な国にするのか、確たる証拠はどこにもない。しかし男性過剰が結婚不安をいちじるしく増大させ、そんな社会では子をもつ親、特に一人っ子の親が、子供の結婚相手探しに情熱と大金を注ぐのは必定だ。

二〇〇九年には、高額な結納金「彩礼」は、中国都市部ではまだなじみのないものだった。地方では広く行なわれる風習だったが、「都市ではまだ珍しかった」とカナダ人研究者スィワン・アンダーソンは述べている。[17]

だが、そのわずか六年後に、不動産会社の「万科《ワンクェア》」が全国「彩礼」マップを発表した。[18]それによれば、中国でもっとも高額な「彩礼」は上海と天津で、それぞれ一万六〇〇〇ドルと九六〇〇ドル。理想の花婿は不動産も所有しているべきとされることから、この金額はほんの一部に過ぎないということだ。

この「彩礼」マップは各方面から批判を受けた。金額を低く見積もりすぎているという指摘もあった。中国第二の都市である北京の「彩礼」がわずか一六〇〇ドルとマオタイ二本、近年成長いちじるしい重慶では何とゼロとなっており、これではおかしいというわけだ。

それでも、かつては田舎の風変わりな習慣にすぎなかった「彩礼」が、今や全国的に行なわれているという受け入れがたい事実にたいして、受け入れられないと不平を言う者はほとんどいなかった。一九四九年の人民共和国建国以来、結婚がここまで金、価値、投資と直接的に結びつくことはなかった。

欧米人にとっては、結婚がこれほどあからさまな金銭上の取引になることは、理解しがたいだろう。しかし中国では、結婚に親の介在はあって当たり前で、結婚は当人だけの問題ではない。二人はたがいにみずからを相手に差し出すだけではなく、双方の親がこれまで蓄積してきたすべてを差し出すことも往々にしてあるのだ。

限られた数の女性をめぐって競争する息子のために、親はマンションを買う資金を援助して、息子の価値を高める。「鳳凰《ほうおう》を得るために巣を作る」とも表現されるこの行為で大儲けしているのが不動産業者だ（二〇〇三年から二〇〇九年のあいだに中国の住宅価格が三〇〜四八パーセント上昇したのは、男女比のアンバランスが主な原因であるという経済学者の試算[19]もある）。

こうして不動産価格が高騰したために、「房奴《ファンヌー》（家の奴隷）」と呼ばれる人々が大量に出現した。天文学的数字の住宅ローンを抱え、悲惨な状況にあるこれらの人々は、アメリカのサブプライムローンの犠牲者とよく似ている。

私は二〇一三年、「房奴」の一人、ティェン・チーゴンという二五歳の温厚な旋盤工に会った。上海から二、三時間のところにある快適な小都市、寧波市《ニンブォ》（浙江省）に住んでいる。工場勤務で月収は四〇〇ドル。寧波市の平均月収と比べてもかなり低い。そんな息子の婚活力を高めようと、両親は四万五〇〇〇ドルの貯金を残らずはたき、さらに親戚から三万五〇〇〇ドルを借金して、寧波市中心部に二ベッドルームのマンションを購入した。

その借金の月々の返済額は、ティェンと両親の収入を合わせた額の約八〇パーセントに上る。その返済金のせいで毎月のやりくりに四苦八苦の人生だという。暖房をつけることもできず、家具も最低限、日々の野菜は田舎の家の畑で採れたものだけ。宝くじを買うのが唯一の贅沢だ。

ティェンは購入した物件を見せてくれた。その住宅団地はかなり新しく、立派な池、植栽、カルスト地形で有名な桂林を模したロックガーデンもあった。中庭を歩いていると、中産階級の聖歌ともいうべき音、ビデオゲームのピッピッという音や、誰かがピアノでジョン・トンプソンの練習曲を拷問にかけているような音が聞こえてきた。

ティェンは、「鳳凰」を捕まえるための巣に自分の将来を賭けたのだが、その巣は悲しいほど殺風景だった。前の持ち主である離婚したヤッピー夫婦から安く譲り受けた作りつけの設備を除いて、部屋には家具はほとんどなく、寒々しい印象を受ける。母親が、少しでも花を添えようと、刺繍の額や手作りのクッションを飾っている。

そしてティェンの寝室には一メートルほどもあるウサギのぬいぐるみと、鉢植えの竹を置いていた。だが、ぬいぐるみに掛けられたビニールカバーには埃が積もり、竹は、ティェンが一度も水やりをしないので、しおれていた。

愛の巣は手に入れたものの、ティェンは巣をともにする相手を見つける努力をほとんどしていなかった。問題は、相手をどうやって見つければいいか皆目見当がつかないことだ。

寧波は北京や上海のような大都会とは違って、ジムやナイトクラブはないし、リッチなシングルライフというものもない。寧波では今でも洗濯は晴れた日に川でするし、恋愛も昔ながらのやり方で、きっかけといえば知り合いの紹介だ。占星術や占いがいまだに重要視されている。ティェンの友だちの一人は、やっと恋人を見つけたものの、結婚は午年《うま》を避けて先延ばしにしている。占いでは午年には騒動が起きやすく、結婚には不向きな年だから、もっと結婚にふさわしい未年《ひつじ》まで延ばすように占星術師が助言したのだという。しかもそのカップルは結婚してもすぐに妊娠しないようにしなければならない。なぜなら未年生まれの子はおとなしすぎて出世できない、とされているからだ。

現実問題と伝統の両方からかかるこうしたプレッシャーは、ティェンには重すぎた。彼は自分の部屋にこもってゲームばかりするようになった。親戚たちはそんな彼を「宅男《ヂァイナン》」と呼ぶ。文字どおりの意味は「家にいる男」、日本語の「オタク」からきた言葉だ。

私に会う二、三か月前に、ティェンはおじさんの紹介で生涯初の、かつ唯一のデートをした。相手の女性について知らされたのは、二〇代で工場勤務ということだけだった。ティェンはなけなしの財布と相談した結果、コーヒーが三ドル五〇セントで飲み放題のカフェで彼女に会うことにした。カフェインが苦手なのは、この際どうでもよかった。

だが会話は弾まず、ティェンはがっかりしたという。彼女の顔が、「バランスが悪かった」とティェンはぼやいた。しかし、同じ年頃の女性と何を話せばいいかわからなかったというのが本音だろう。姉妹もいないし、職場も男性ばかりだ。

妻に望むものは何かと、私は彼に尋ねてみた。

しばらく黙って考えた後、思いきったように彼は言った。「人柄がいいことです」

それは具体的にどういう意味？　と私はなおも聞いた。

「うちの両親の言うことを聞くこと」。しばらく沈黙した後で、「それから、僕の言うことを聞くこと」とつけ足した。

週末ごとに、ティェンの母はバスで田舎から出てきて、息子のために料理と掃除をする。床を掃きトマトを切る合間に、さりげなくほのめかす。「今が潮時だと思わないかい？」「今なら孫の世話もしてやれるよ」（母親は馬用のムチを作る工場で働いているそうで、それを聞いて私はちょっと面白いなと思った）。

結婚が最重要課題なのは、たんに両親の期待に応えるためではない。両親が元気で働けるのはあと一〇年、とティェンは計算している。両親が退職した後、住宅ローンを一緒に返済してくれるパートナーがどうしても必要なのだ。もちろん、これは未来のティェン夫人にとって必ずしも公平なことではない。夫のローン返済に協力することを期待されながら、結局は家の名義に自分の名前が併記されることはまずないからだ。

妻との共有名義にしないのかと尋ねると、ティェンは「もちろん、そんなことはしない」と断言した。「この家を買ったのは両親と僕なのですから」

コロンビア大学の社会学者レタ・ホン・フィンチャー（洪理达）によれば、妻が持ち家の名義人として名を連ねる割合は、中国の主要都市でも三〇パーセントに過ぎない[20]。七〇パーセントの妻が購入費用の支払いに貢献しているにもかかわらず、だ。

このことは、結婚が破綻し、離婚裁判で夫婦の資産が分割される事態になったとき、大きな問題となってくる。二〇一一年、中国では婚姻法の新しい解釈が出され、夫婦の資産はその資産の名義人にのみ帰属するとされた。名義人はほとんどの場合、夫である。近年の中国国内での莫大な富は不動産価格の高騰が生み出したものだが、中国の女性は、ホン・フィンチャーの試算では二七兆ドルというこの史上最大規模の資産を手にする機会を、以上のような理由で奪われている。

悩める親たちのための「婚活マーケット」

寧波のような小都市では出会いの機会は乏しいが、大都市には機会があふれている。ハイテクを活用した出会い系サイト「世紀佳縁《ジージージャユエン》」や「蓮《リィエン》」もあるし、親が独身のわが子のために公園に張り紙をするというローテクなものもある。

ローテクのほうは、一〇年以上前から行なわれていて、退職した親が同じ立場の仲間と独り身の子供のことを嘆き合うことから始まった。まもなく親たちは情報を交換するようになり、そこから公園での「婚活マーケット」が誕生する。

私が最初に偶然この「婚活マーケット」に出くわしたのは二〇〇六年のことだった。北京の玉淵潭《ぎょくえんたん》公園で桜が満開のころ、公園の一角に人が集まっているのが目についた。興味を惹かれて近づいてみると、手製のポスターが地面に並べてあったり、生垣のあいだに渡したひもに留めてあったりした。

私は、息子のためのポスターを張り出そうとしている一人の男性に話しかけた。息子は二〇代半ばで、名画の複製で生計を立てているという。その作品の写真まで持参していた。「ほらね、才能あるでしょ？」ゴッホの『アイリス』の複製を指して彼は言った。公園で婚活広告を出されている他の多くの独身者と同じく、彼の息子も、親がこうして息子のデート相手を探しまわっていることを知らない。

「あなたに紹介したことを息子が知ったら、息子は恥ずかしがるだろうな」と父親は言った。私はあわてて、もう結婚していますと言った。父親の表情はとたんに暗くなった。そして、ていねいに息子の絵を片づけはじめた。私は尋ねた。息子さんの結婚はそんなに急がなくてもいいのでは？　父親はため息をついた。今、中国で結婚相手を探すのがどれほどの苦労か、彼はよく知っていたのだ。

婚活マーケットを目にして数年になるが、私は婚活広告に一定の傾向があるのに気がついた。男性は二〇代半ばで大学を出ていない。女性は男性より年齢が高く、高学歴の人が多い。その理由は、中国で結婚が許可される年齢に男女差があり（繰り返しになるが女性は二〇歳以上、男性は二二歳以上）、この法令によって男性は自分より若い（そしておそらく学歴の低い）女性を求めるべきだという期待が生まれたからでもあるが、それだけではない。

中国社会に深く根づいた「上昇婚」、つまり女性は社会的地位や収入が自分より上の相手と、男性は自分より下の相手と結婚するという伝統文化にも原因がある。当然ながらこの伝統によって婚活市場はより厳しいものになる。新和平村に住んでいるような独身男性はもちろん、高学歴の女性にも不利に働くため、こんな冗談が言われるくらいだ。「中国には三つの性がある。男性、女性、博士号をもつ女性」

公園の婚活広告に実際どれくらい効果があるかは疑問だが、この現象は、中国での婚活に親が大きな役割を果たすことをよく示している。社会学者の孫沛東《スンペイドン》は著書『誰来娶我的女児?（私の娘と結婚してくれるのは誰?）』の中で、上海の人民公園の婚活マーケットで実際にカップルが成立したのは、六五件のうちわずか三件だけだった[21]と記している。

だが成立率の低さにもかかわらず、孫沛東によれば、婚活マーケットは「ある重要なニーズ」を満たしているという。つまり、一人っ子世代の親たちに、子供の未来にたいする不安を共有する場を提供しているのだ。その一方で、公園の婚活マーケットは、中国の家族構造が崩壊しつつある現状を目の当たりにすることで親たちの不安を強めてもいる。[22]

ホワイトカラー向け婚活イベントに参加

私は、親ではなく独身者本人が積極的に参加している最近の婚活事情をもっと知りたいと思った。二〇一三年、私は「世紀佳縁」が主催する婚活イベントに参加してみた。

「世紀佳縁」はナスダック上場企業（株式コードはＤＡＴＥ）で、登録者一億一〇〇〇万人を超える中国最大の結婚仲介業者の一つだ。私が参加を申し込んだホワイトカラー向けの婚活イベントは、三時間で参加費が約一六ドルだ。参加者は一〇〇人ほどだが、この手のイベントには数万人が参加することもあるから、まだましなほうだった。

私は参加者の中では間違いなく年齢が高めで、おまけに外国人なので、スタッフのシュゥァンに協力してもらい、架空の経歴をでっち上げた。私は彼女の従姉で海外在住、今は北京で働いていて、従妹の結婚相手探しの付き添いで参加する、という設定だ。

受付で身分証明書を提示するように求められたため、あらかじめそんな打ち合わせをしておいて正解だった。生まれた年代を示す名札をつけさせられるので、年齢をごまかそうとしても無駄だ。シュゥァンは「九〇年代」を示す大きな赤い名札。

私の名札はもちろん「七〇年代」、ということは中国の婚活シーンでは3S、つまり「独身(Single)、七〇年代生まれ(Seventies)、投げ売り中(Stuck)」に分類される。まるで姦通の罪を犯したことを示す「緋文字」〔ホーソーンの小説『緋文字』より。一九世紀の北米ピューリタン社会での習慣〕をつけられた主人公の気分だ。主催者側に「七〇年代」の名札は何人くらいかと聞いてみた。「多くはありませんね」と鼻であしらわれ、不審な目で見られた。

案内された宴会場には、椅子がグループごとに一〇脚ずつ、四角形に並べられていた。部屋の隅にはフルーツやソフトドリンク、クッキーなどが置いてあったが、アルコールはなかった。

私は他の参加者の様子をうかがいながら、一つのグループのほうへそっと近づいていった。メンバーは、大きな「七〇年代」の名札を半分髪で隠し、クロックスを履いた女性。携帯ばかり見ている三〇代の男性などだ。

参加者はピンク色の小さな紙を渡され、詳しい個人情報を書くように言われる。名前、趣味、QQのID。QQとは中国でよく利用されているインスタントメッセンジャーだ。これはという相手が見つかったら、このピンクの紙を渡すことになっている。参加者はみんなまわりをちらちら見てから、せっせとピンクの紙に記入している。

司会者がぱっとステージに跳び乗った。一同ほっとしたものの、それもつかのまだった。「みなさん、立ってください！　パートナーのほうを向いて！　パートナーをマッサージしてあげましょう」

私はおそるおそる、二〇歳かそこらの痩せた若者の肩甲骨をさすり、交替で彼も私の肩甲骨をさすった。うっかりして、彼のピシッとアイロンのかかったシャツにしわをつけてしまった。「その調子です！　さあ次はトントン叩いてあげましょう」。司会者が大声で言い、私たちは律儀におたがいの肩を叩いた。

それが終わると、グループごとに何かロマンチックなスローガンを作って、みんなで一緒にそのスローガンを声に出して連呼する、というのをさせられた。いちばん大きな声を出したグループ、またはいちばん独創的なスローガンを考えたグループが（そのどちらなのかよくわからなかったが）、優勝ということだった。

私たちのスローガンは、「永遠の愛の戦士」という何の面白味もないもので、順番がくると、グループのリーダーを買って出たジャン（仮名）という四〇代男性が躍起になって煽ったにもかかわらず、私たちは生まれたての子猫レベルの頼りない声でスローガンを繰り返した。「さあ、みんな、声を合わせて！」ジャンは金切り声をあげた。「永遠の！　愛の！　戦士！」

私たちは弱々しい声でそれを連呼した。

それから自己紹介に移った。誰もがこのうえなく真剣だった。女性はみんな「誠実な人を探しています」と言った。男性はみんな自分が達成した業績を列挙し、強みをアピールした。学位、職業、車、そして何よりも大事な北京の都市戸籍――。

ここには、ただ楽しい時間を過ごしにきただけとか、友だちが欲しくてとか、海辺を散歩する相手を探しにとか、そんな体裁をとり繕うような参加者は一人もいなかった。欲望がむき出しだった。つまり結婚を前提とした交際相手が欲しいという、ロマンチックのかけらもない希望だけだ。

自称リーダーのジャンは、貿易会社を経営していると自己紹介した。他の男性のように給料やマンションの大きさまで詳しく説明はしなかったが、眉を上げながら「私は決してお金に困ることはない、とだけ言っておきましょう」と言った。クロックスを履いた女性は、医者をしているため忙しすぎて出会いがないと言った。相手は自分より年下でもかまわないと言った女性は、グループでは彼女だけだった。

私の順番がまわってくると、ためらいながらたどたどしく架空の自己紹介をした。従妹の付き添いできただけです、と。ジャンの目が険しくなった。「そうですか。でもあなた、真面目な気持ちなんでしょうね？」

その後、別のグループに組み直され、同じことを繰り返した。マッサージ、スローガン、みんなでスローガンを連呼、自己紹介。

へとへとになって会場を出ると、私はシュゥァンに感想を聞いた。彼女はぐるりと目を回した。「学校時代に戻ったみたいだった。何もかも子供じみているわ」と鼻を鳴らした。

この手のイベントがあまりにつまらないので、シュゥァンだけではなく多くの人が婚活イベントへの興味を失っている。その状況をビジネスチャンスと捉えたプリンストン大学出身で当時二六歳のアレックス・エドマンズは、「湊湊吧《コウコウバー》（「ねえ、集まろうよ」の意味）」という会社を立ち上げた。ハイキングやバドミントン大会、食事会など、さまざまな活動を組み込んだ懇親会を「ネットワーク作りイベント」という名前で提供する会社として宣伝している。

顧客には、GE、IBM、マイクロソフト、中国のポータルサイト大手の捜狐《ソウフー》、同じく検索サイトの百度《バイドゥ》などのハイテク企業が名を連ね、これらの企業では社内の「単身倶楽部」――文字どおりの「独身者クラブ」――を通じて、イベントごとに五〇〇〇〜六〇〇〇ドルもの助成金を出している。

「婚活イベントなんて誰も行きたがりません。あれは嫌なものですからね。だから当社ではネットワーク作りと呼んでいるのです。実際は、結婚相手を探す人のためのイベントなのは明らかなのですが」とエドマンズは言った。

「湊湊吧」の顧客企業は、何も慈善事業で社員の婚活に金を出しているわけではない。目的は社員の転職を減らすことだ。既婚社員は離職率が低いため、福利厚生の充実した会社というイメージをアピールして会社の価値を上げるのだ。

「単身倶楽部」は社員にとって魅力的なだけでなく、社員の親たちにも好評で、親たちに安心感を与える。とりわけ実家を離れて働いている一人っ子の親にとってはそうだ。百度では、「単身倶楽部」の活動報告を毎年社員の家族に送付している。『フィナンシャル・タイムズ』紙によれば、親たちはそれに手書きの返事を出し、「もっとイベントを増やしてください」と言ってくるという。[23]

政府による「剰女」啓蒙キャンペーン

どんな文化でも、恋人探しには労力がともなうものだが、行き過ぎると苦痛をともなうこともある。中国ではそのうえに、親の期待が過大であることと、男女比のアンバランスが大きいことから、恋人探しは特に難しくなる。

そう遠くない過去には、中国では見合結婚が主流だったし、生活範囲もごく狭かったので、相手探しに苦労することはあまりなかった。現在では相手探しの機会は増えたが、同時にその苦労も増している。

一人っ子政策によって家族の人数が減り、親族のネットワークは劇的に小さくなったが、両親のそろった通常の核家族が基本という考え方は今も健在だ。欧米では家族の定義は多様化し、同性カップルの家族、他民族家族、子供のいない家族、ひとり親の家族、事実婚家族、養子縁組による家族などさまざまなかたちに進化してきたが、こうした多様な家族のかたちは中国ではまだあまり見られない。

一つには、一人っ子政策が多様な家族のかたちを作る妨げとなっているからだ。たとえば、中国には未婚の母がほとんどいないが、それは結婚証明書がないと、生まれた子供は出生証明書と「戸口（戸籍）」を得ることが不可能に近いからだ。

もちろん、この結婚難という風潮が大げさにとりあげられ、誇大宣伝されているという側面もある。これを商機と見た小売業者は、毎年一一月一一日を独身の日「光棍節」と銘打って、一大ショッピングイベントを行なっている。

一九九〇年に、南京大学の一部の学生が独身の身を慰めるために自分に小さなプレゼントをしたことから始まったこのイベントは、今や世界最大のネット通販イベントになり、その売上げはアメリカの「サイバーマンデー」〔アメリカの感謝祭明けセールの初日〕を上回る数十億ドル規模となった。

二〇一二年には、ネット通販大手のアリババが中国国内で「双十一《シュワンシーイー》（ダブルイレブン）」を商標登録し、アリババのライバル社の広告にこの言葉を使ったメディアを相手に訴訟を起こすまでになった。たとえて言うなら、アマゾンが「バレンタインデー」を商標登録したようなものだ。

中国共産党も、特に女性にたいして、焦燥感を煽るのに一役買っている。男女比のアンバランスから見ると女性のほうに稀少価値があり、結婚に強気でいられると思われるかもしれない。だが実際は違う。中国の女性は早い時期から焦り始める。女性の二〇代後半といえば、欧米では結婚相手としてまだまだ有望とされる年代だが、中国では一気に価値が下がるとされているからだ。

この傾向に拍車をかけたのが、二〇〇七年に政府の後援で行なわれたキャンペーンだ。皮肉なことに、このキャンペーンはそもそも、女性の権利を拡大するために中国共産党が設けた下部組織「中華全国婦女連合会」によるものだった。

「剰女」キャンペーンと銘打ったこの運動は、二五歳以上の女性を食べ残しの余りものと見なし、売れ残り女性という意味の「剰女」という侮蔑的な新語を生み出した。一方で、支援がもっとも必要なはずの男性の独身者を支援する、同じようなキャンペーンは行なわれなかった。

レタ・ホン・フィンチャー（洪理达）の主張によると、「剰女」キャンペーンの本来の目的は、とりわけ教育を受けた女性にたいして、結婚や出産を先延ばしにさせないことだった。中国共産党は、高学歴の女性に「質の高い」子供を産んでほしいと考えているからだ。[24]

一人っ子政策の目的の一つとして挙げられたのが、人の数を減らし、人の質を高めることだった。人口政策当局が一貫して掲げてきたスローガンは「控制人口数量《コンヂーレンコウシュリィアン》、提高人口素質《ティガオレンコウスーヂー》（人口増加を抑えて、人の質を高めよ）」というものだった。[25] しかし結局、政府の思いどおりにはならなかったようだ。

二〇〇七年、中国国務院は、中国ではいわゆる質の低い国民の人口が多いため、このままではグローバル市場で勝ち残ることができないという深刻な問題を抱えていると発表した。そして国民の質を向上させることが、ここで再び最重要課題とされた。[26] 中華全国婦女連合会が「剰女」キャンペーンを開始したのはその直後だったのである。

「儒教ワークショップ」の教え

高学歴女性の結婚と出産を推進しているのは中国だけではない。出生率減少に直面したアジアの多くの国でも、女性の権利拡大に逆行する同様の動きが問題となっている。日本にも、中国の「剰女」に対応する言葉として「行き遅れ」や「クリスマスケーキ（二五を過ぎたら売れ残り）」という言葉がある。

一九九四年、小さな島国シンガポールの初代首相、リー・クワンユーは、女性に男性と同等の権利を与えた結果、女性が上昇婚社会での結婚に不利になったことを嘆く発言をした。[27]「女性には、欧米と同じようにすべての門戸を開き、教育でも仕事でも男性と平等の機会を与えようとわれわれは考えていた」と彼は述べた。

「しかし、文化というものはそう急には変わらないということを、われわれは忘れていた。男性は家ではボスでいたいと思う。男性は自分より頭のいい妻、自分より稼ぎのいい妻は欲しくないと思うものだ」

こうした反動が、革命以前、フェミニズム以前の中国にたいするノスタルジーを呼び起こした。「剰女」キャンペーンから一年ほど経つと、中国各地で、男性にたいする服従を勧める大人向けの教室が数多く開かれるようになった。

「女性の道徳講座」とか「儒教ワークショップ」と呼ばれるこうした教室は、地元政府や学校、教育団体と連携して、中国人に孔子の教えにのっとった「伝統的価値」を教えることを標榜している（これらの儒教ワークショップは、中国文化を海外に広めるために中国教育部が世界各地に設けている「孔子学院」とは別のものである）。

私のスタッフがこの手のワークショップの一つに参加して、講義録をとってきた。それは月に一度の教室で、一日で受講料は三〇ドルちょっとだった。「河北省文学連盟」の連携機関である「伝統文化研究協会」が企画したものだった（こうした協会のトップは地元政府の上級役人が務めることが多い）。

講師のディン・シュエンは孔子と習近平の肖像の隣りに立ち、満席の聴衆の前でこう話した。「夫は妻にとって天です。妻は天にたいする敬意の示し方を学ばなければなりません」

三時間の講義のあいだ、女性が一歩退くことが大切だということばかりが強調された。「強い女性は強い女性に特有の問題を抱えることになります。乳ガンや、他の部位のガンを発症することになるのです。あなたが女性でいたくないと思ったら、神様があなたを女性でなくするのです」というような調子だ。

ディンは、習近平の妻、彭麗媛《ほうれいえん》こそが女性の鑑だと言う。彭麗媛は、蒋介石の妻であった宋美齢以来の、中国でもっとも魅力的なファーストレディと評判の女性だ。もともと国民的歌手だった彼女は、かつては政治家の夫よりも有名で、夫妻はたがいの仕事を続けるために、数十年のあいだ国内で別居生活をしていた。[28]

しかし、ディンが彼女を中国女性の鑑と呼ぶのはそのためではない。「彼女はみずから餅《ビン》〔こねた小麦粉を薄く円盤状に延ばして作る中国の代表的な家庭料理〕を作り、自転車に乗って野菜を買いに行き」、夫が思う存分仕事に集中できるようにして、「夫を世界に名だたる賢王にしたのです」

現代の中国に、時代に逆行するこのような教訓が存在するなど信じがたいことだが、この手のワークショップは社会の急激な変化に疎外感を抱く一定数の人々の共感を得ている。こうした教室に通う女性は、夫の不貞といった家庭内の問題を抱えていることが多い。

こうした教室には男女を問わず関心が寄せられているが、男性の場合は、社会的プレッシャーに加えて、人口構造の問題によるプレッシャーに押し潰されそうなときに、弱まっている男のプライドをとり戻してくれるメッセージに元気づけられるからだろう。二〇一四年九月に行なわれたオンラインアンケートによると[29]、三万人を超える回答者のうち五一パーセントが、このような儒教ワークショップには意義があると答えている。

こうした教室は今、山東、河北、山西、広東、河南の各省にまで広がっている。無料のものから、政府の助成金を受けているもの、一週間の受講料が二〇〇〜三〇〇ドルというものまである。内容に関してもさまざまで、それほど過激でも差別的でもない教室もある。ある女性向けの教室では、家族問題についてカウンセリングをするだけとか、針仕事などの家事を教えるだけの教室もあるという。

スタッフが参加した河北省の教室に似た儒教教室が、少なくとももう一つあった。若い女性工場労働者が多い製造業の町、東莞市《トングァン》（広東省）にある教室で、「夫に叩かれても、歯向かってはいけない」「離婚してはいけない」などという教訓を教えていた。二〇一四年九月、当局は、無許可営業と「社会のモラルを破壊した」[30]という理由で、その教室を閉鎖している。

恩恵を受ける女性、商品化される女性

一人っ子政策の恩恵をいちばん受けたのは、都市部に住む女性だ。中国の主要都市で一九八〇年以降に生まれた女性は、今世紀、前世紀を通して過去のどの時代の女性よりも、十分な栄養と高度な教育を享受する機会に恵まれて育った。

とりわけ親の財産をめぐって争う兄弟がいない一人っ子の女性は「娘を息子として育てる」[31]きわめて実利的な中国式戦略の恩恵を受けたと、人類学者のバネッサ・ファンも述べている。その結果、中国で大学教育を受ける女性の数は記録的に増えた。二〇一〇年に中国で修士号を取得した学生の半数は女性だった。女性の就労率はアジアではもっとも高く、ギャラップ調査によれば[32]、中国では全女性の七〇パーセントが何らかのかたちで雇用されているか、もしくは求職中だ。片やインドではこれがわずか二五パーセントでしかない。

しかしだからといって、中国の一人っ子政策が女性の権利を拡大したわけでは決してない。都市部の女性に恩恵をもたらした一方で、膨大な数の女児が出生時に殺害され、あるいは遺棄され、多くの女児の中絶が行なわれたのだ。

ノーベル賞を受賞したインドの経済学者アマルティア・センの推計によると、出生時の女児

殺害や出生前診断による女胎児の中絶などによって失われた女性の人口は、アジアでは一億人に上るという。そのほぼ半数が中国人だとされている。

近年のいびつな男女比のために、女性の価値はたしかに高くなっているが、それは必ずしも女性が大切にされるようになったということではない。フェミニズムに逆行する風潮に加えて、女性不足は結果として女性の商品化を促し、中国での売春や性産業目的の人身売買はここ一〇年増え続けている。

ただ、その正確な数は取り締まりの緩さと犯罪の巧妙な手口のために把握できていない。二〇〇七年のアメリカ国務省の推計では、中国国内での人身売買は少なくとも年間一万から二万人、仲介業者の利益は年間七〇億ドルとされ、これはドラッグや武器の密売をはるかに超える額である。[33]

一人っ子政策は一部の中国人女性に利益をもたらした一方で、ベトナム、カンボジア、ミャンマー、北朝鮮といった近隣諸国の女性の利益を明らかに侵害している。近隣諸国の女性が拉致され、中国人男性に売られる事例が近年増えているのだ。

多くの場合、女性は強制的に、あるいはだまされて中国人男性の妻にさせられている。新和平村から逃走した花嫁たちとは違い、彼女たちの多くは逃げ出すこともできず、万一逃げ出せたとしても過酷な運命が待ち受けている。中国の法律では、人身売買の被害者でも法を犯した犯罪者として扱われ、被害者のためのシェルターや支援もほとんどない。北朝鮮の女性の場合、捕まったら国外退去となり、その先にあるのは強制収容か死だ。

人権保護団体の「ドゥリハナ協会」によると、中国への脱北者のうち推計五万人から一〇万人もの女性が、一人当たり一五〇〇ドルで売られたとされている。[34]

「相手は人形でも、セックスはリアル」

そんな中国における女性の商品化の例でもっとも不快だったのは、東莞市（広東省）のラブドール工場の取材で目にしたものだ。東莞市は、例の過激な儒教教室が当局によって閉鎖された町だが、その町で、とある製造業者が、とあるユニークな解決策を思いついた。すなわち、中国に女性が足りないのなら、偽物の女性を作ればいい、というものだ。

二〇〇九年、工場経営者ヴィンセント・ハァは、オフィス用家具の製造工場をたたみ、複数のパートナーとともに新しいビジネスを模索していた。大きな需要があって高く売れる商品とは何かと考えた結果、「それはラブドールだ」ということになったらしい。

空気で膨らませた等身大の人形、鋼鉄をつないだ骨格に、ポリ塩化ビニル製の柔らかい皮膚で表面を覆い、できるだけリアルに仕上げた人形、販売価格は五〇〇〇ドル以上という高価なものだ。

二〇〇九年から二〇一〇年にかけて、彼はパートナーたちとともにいくつもの試作品を作った。広州市の大学地区に商品テスト用の施設を作り、モニターには学生を募集した。フォン・ウォングゥァンは、「相手は人形でも、セックスはリアル」という宣伝文句のチラシを見てモニターに参加した学生の一人だ。

フォンは工業デザイン専攻で、たんに禁断の果実を味わいたいからというだけでなく、好奇心から応募したという。「ビジネスモデルとして優れていると思ったんだ」と彼は言った。中国では独身男性が急増しているのだから、ラブドールは儲かるにちがいないと彼も思った。

彼の通う広東工業大学からほど近い、暗くて狭い路地にあるテスト用の施設を探し当てるのに、しばらくかかった。その店の入口は赤いカーテンが掛けられ、「愛情遊戯（ラブゲーム）」というタイトルのヒット曲が流れていた。彼は緊張と不安でしばらく入るのをためらっていたが、思いきってその赤いカーテンを開けた。新しいことにチャレンジしてこそ人を出し抜くことができる、との思いだったという。

それから彼は独身男性の奇妙なクラブに入会した。その名は「Kawaiiクラブ」。Kawaiiは「かわいい」という意味の日本語だ。会員である八人の大学生は定期的に集まり、食事やカラオケをしたり、ハァのためにラブドールのモニターをしたりする。工場主のハァは会社名を「ヒットドール社」と名づけた（そのスローガンは「中国製最高品質ラブドール」だ）。

ラブドールのテストは、はじめのうち、童話「三匹のくま」の歪んだパロディのようだった。モニターであるフォンたちは、身長五フィート（約一五〇センチ）のこの人形の感想を、固すぎるし、冷たすぎる、リアル感がない、と評した。

それを受けて業者側は材料（シリコン、ゴム）、胸のサイズ（CからEEまで）、毛髪（合成繊維、人毛）、人種（アフリカ系、アジア系、白人）など、細部に至るまで実験を重ねた。フォンは、「実際に買って使うわけでもないのに、繰り返し実験に参加して自分たちの意見がフィードバックされているというのは妙な気分だった」と語った。

試行錯誤の末、ヒットドール社の製品は非常に高額になり、その結果、ターゲットは富裕層の既婚者になった。「Kawaiiクラブ」のメンバーは「自分たちにこんな人形を必要とする日がくるとは思っていない。自分たちは本物の女性を見つけることができるはずだ」と信じている、とフォンは二四歳の若者らしく自信たっぷりに言った。そんな彼は大学卒業後、この会社にデザイナーとして入社した。

二〇一一年、ヒットドール社は本格的に製造を開始した。その三年後、私がこの会社を訪問した年には、月間売上げは一〇〜一二体、販路は海外にも広がっていた。ヒットドール社がビジネスとして大成功するかどうかと問われれば、現状では難しいだろう。

その理由の一つに、身長が五フィートある人形の配送の難しさがある。人形は木製の大きな棺桶のような箱に入れて配送される。折り畳んで寝室の収納スペースにしまうこともできない。「本物の女性の代わりになるようにデザインしたので、しかたがないんです」とハァは言った。

広州市の高級大人用玩具店・ブッコーネの店長ナンシー・チォンは、ヒットドール社の商品購入者から、買った数日後に、何とかして人形を折り畳めないかという電話を受けた。

その客は母親と同居していて、その母親が人形をひどく嫌がるのだという。「ついには母親に談判せざるをえなかったそうです。僕は独身でこれが必要なんだ。売春婦を買いに行ったほうがいいっていうのかい、と」

「それで」とチォン店長はまじめな顔で言った。「母親は息子が人形をもつことにしぶしぶ同意したそうです」

二〇一四年、フォンは中国国内にターゲットを絞った低価格モデルのラブドールの開発に力を入れ、手の届きやすい三〇〇〇ドルという価格を設定した。そのぶん外観のレベルは下がり、まつ毛やまゆ毛は本物の毛髪ではなくペイントしたもので、本体も固めで、関節の可動域も小さくなっている。だが薄暗い光の中で見ると、不気味なほど本物の女性そっくりに見える。おそらくそれは東アジアのソフトポルノ界のスターそっくりにデザインされているせいもあるだろう。高級モデル版で人気のあった顔立ちだけは、廉価版でも保持されていた。

「乳首が、とても固いんですよ」とハァは見本の乳首を強く引っ張ってみせながら言った。「本物だと、こんなに強く引っ張る力には耐えられないんです」

中国の伝統としての男女差別

もちろん、ラブドールはごく小さなニッチ市場にすぎない。だが、これは女性不足が生み出した中国の大きな流れの一つだと私は思う。女性不足によって女性とフェミニズムにたいする敵意が増大している。

この敵意は容易にはなくならないだろう。しかし、男女比の不均衡から生じた圧力のおかげで、女児にたいする偏見が徐々に少なくなっていることはたしかだ。

中国の男女比のいびつさは、二〇〇四年の男性一二一対女性一〇〇をピークとして緩やかに解消しつつあるが、それでもまだアンバランスは大きい。社会科学者の中には、韓国や他の男性中心社会のように、いずれは正常な比率に向かうだろうとする主張もある。

たしかに、現在では男の子だけを欲しがる人は減ったようだ。二〇一三年の浙江大学の調査では、ほとんどの人が、男の子と女の子の両方欲しいと答えた。[35] 子供一人だけという条件なら、女の子を望む人が二一パーセント、男の子を望む人が一三パーセントだった。

二〇〇三年にスタートした「關愛女孩《ワンアイニュハイ》運動（女の子を慈しむキャンペーン）」のような公的キャンペーンが、こうした傾向にある程度寄与したものと思われる。このキャンペーンは、女児の価値にたいする意識を改善しようと計画出産委員会が始めたものだが、それでも対策はまだまだ不十分である。

一人っ子政策が、中国で古くからある女性蔑視を助長したことを忘れてはならない。この政策を中止しただけでは、国内のいびつな男女比を解消することはできないだろう。このことが再び私の胸に蘇ったのは、ヒットドール取材の後、自分の祖先の故郷を訪れたときのことだった。

中国で仕事をしているにもかかわらず、私は長年、東莞市から車でわずか二時間の距離にあるフォン（方）家の故郷の村、自力《ズーリー》村を訪れることをあえて避けていた。

自力村への反感は私自身の性別に関する思い出が深く関わっている。祖父のフォン・ウェンシィエンは戦前にいわゆるマラヤに渡ってひと財産を築いた。祖父には一八人の息子がおり、私の父はその一六番目の息子だった。

一族の財産は祖父の死と日本軍の侵略によって消え失せたが、フォン家は一族の血筋を大いに誇りとしている。母がこの家に嫁いで娘ばかりを五人産み、息子は一人も産まなかったとき、一族全員が父のことを「よい妻に恵まれなかった男」と見なしたのは明らかな事実だ。

息子がいないことで両親の立場がどんなに厳しいものであったか、また息子を産めなかった母にどれだけの重圧があったか、とりわけ「春節」などで一族が集まったときのことなど、幼い私にはまだ理解できなかった。

親族が集まると、いとこの男の子たちと走りまわって遊べるのがただたんに嬉しかった。私たちは山賊ごっこをして、武器を振りまわし、山賊になりきって飛びまわり、蹴り合いっこをした。私はいとこのどの男の子よりもやんちゃで騒々しく、自分でも男の子のつもりだった。

でもときおり、祖母のアー・マーが遊びに割って入っては、そのときどきに変わるお気に入りの孫（もちろん、それはいつも男の子だった）を優しく呼び寄せ、お菓子を与え、汗をふいてやった。

私も姉妹たちも、そんな栄誉にあずかったことは一度もなく、祖母には近づかないようにしていた。というのも、小柄で死人のように白い肌の祖母アー・マーは、女の子にたいしてだけ行なうお楽しみとして、ときどき手を伸ばして私たちのお腹を意地悪くつねるからだった。

父は息子がいないという立場に耐えられず、八つ当たりで娘たちを叩いたり、発作的に怒りを爆発させたりした。おそらく後者が一因なのだろうが、父は五七歳のときに脳卒中で倒れ、その後回復することはなかった。

そんなわけで、私はフォン家のルーツをたどることに熱心になれなかった。フォン家にとって女性は一時的な成員にすぎず、結婚したら他家の者でフォン家の者ではないのだ。

だが、その後、故郷の自力村を訪れたいとこたちの話を何度か聞くにつれ、興味が湧くようになっていた。自力村は、中国南部の緑の平原に数千の楼閣が点在する魅力的な風景の村だったのだ。ユネスコ世界遺産にも登録されていた。

これらの「碉楼《ディァオロウ》」という高層の楼閣は、中国人華僑が海外各地で目にしたものをヒントに作りあげた奇抜な建造物で、ムーア式アーチ、コリント式の柱、ビザンチン式ドーム、狭間のある壁面など、さまざまな様式が混在している。こうした文化の入り乱れるデザインの巨大建造物群は、往々にしてけばけばしく成金風になりがちだ。ところがそこは目を見張るほどロマンチックで、トールキンの描く物語やグリム童話の世界に似た素敵な場所だという。

じつは、私の祖父はその中の一つ、「雲幻楼」を建てた人物だった。それを知って私のためらいは消えた。ラブドールの取材後、不快な気分が抜けきらなかった私は、その解消のために、「雲幻楼」への旅が何よりの気晴らしになるのではと期待した。

その楼閣は、細長い箱型の塔で、頂はコリント式の柱を備えた広いテラスになっていて、周囲がよく見渡せた。じつに美しく平和な風景だったが、欄干に設けられた細長い穴は銃眼で、この楼閣が防衛のために建てられたことを思い起こさせる。

海外で財をなして帰郷した中国人にとって、これらの楼閣は富と技術の象徴であったが、ここでの生活が不穏なものであったことの証しでもある。楼閣は、当時この地に跋扈《ばっこ》した匪賊、無法な荒くれ者の「光棍」たちの蛮行から身を守るための砦で、天に伸びる楼閣は避難所でもあった。

祖父は当時の動乱を嘆き、一篇の詩を作って塔に刻ませていた。

天駆ける龍、疾走する虎、大いなる野心を抱き、されど満たされず
ただ海を越えてさまよう人生、虚しい歳月は、空しい山のごとし

楼閣群を訪れた後、私は自力村の人と話をして、村にまだ親戚がいることを知った。最年長の従兄も村に残っていた。私はその家を訪ね、家族の写真を見せてもらった。無駄だとは思いつつ、「お祖父さんに娘は何人いたのかしら」と聞いてみた。

フォン家では男の子の数は数えられていて、私の父は、正確には生まれた順とは違うが一六番目の息子だ。おばが何人いたかは、私はよく知らずにいた。

「一人だよ」。従兄は即座に答えた。

「本当？　たしか二、三人いたと思うんだけど」

従兄は親戚の面々と話し合った。親戚たちが知っているかぎり、祖父には、村で大奥様として知られた一人目の妻とのあいだに娘が一人いた。大奥様は纏足《てんそく》で、国外に出るのを拒んだ。祖父の二人目の妻はマラヤで祖父とともに暮らし、大勢の子供を産んだ。二人目の妻が死ぬと

祖父は三人目の妻をもった。それが私の祖母で、祖父の娘の何人かよりも若かった。祖父は高齢だったが、祖母は四人の息子を産んだ。

親戚との話し合いの結果、従兄は言った。「一人しか知らないよ。その他は数えられていないんだ。海外で生まれているし」

やはり思ったとおりだ。自力村の小さな家族博物館には、フォン家の男たちについて、マラヤ生まれの私の父も含めて、世界各地で生まれた子孫の詳しい記録が残っている。しかし女たちのことは数に入れられていない。一人っ子政策のはるか昔から中国で男女差別という害悪が存在したことの、まぎれもない証しだった。

しかしフォン家では、性別以外の選択の基準があったことを私は知った。フォン家の博物館によると、その血筋は遠く一三〇〇年代の中国北部にまでさかのぼる。一族の歴史家たちによれば、最初のフォン家の祖先は、皇帝の娘と結婚してモンゴル人との戦闘のために南部に移ってきた一人の将軍だとされていた。皇帝の娘であるその女性だけが、女性として唯一フォン家の者として記録に残されていたのだった。

第7章

老いる場所、死ぬ場所

「死生学」とは水鏡を見つめるようなものだ。水面には、自分がどんな種類の人間になっているか映し出される。死を見つめるときほど、われわれがどんな種類の人間になったかを問いかけるのに最適なときはない。

——アラン・ケリヒア著『死ぬことの社会史』

二人では足りない。それは苦しみのもとだ。彼はつねづね二人がちょうどよい数だと考えていた。三人とか四人とか五人とかの家族で暮らすのはお断りだった。しかし、いま家族が多いことのよさに気づいた。誰かが目の前から消えたとしても、独りぼっちにならなくてすむということに。

——ニック・ホーンビィ著『アバウト・ア・ボーイ』

社会の高齢化で失われる「創造力」

常春の雲南省昆明市、七月のある日、卵とハニーウォーターのいつもの朝食を終えたマ・クェァ医師は、時間どおり午前八時二五分に病院の回診を開始した。回診を始めるや否や「病院内に動揺が走った。看護師から三人の患者が危篤状態に陥っていることを知らされた」と彼は日誌に記録している。三〇分後、三人全員の死亡が告げられた。

回診をはじめて一時間が経過するころには、死亡した患者数は四人に増えていた。

そしてマ医師は、大泣きしている患者を思わず慰めていた。日誌にはこうある。「激しく泣いて、涙が彼女の耳の中に流れ込んでいた」

ここまでの話で、マ医師がとんでもないヤブ医者だとか不運な医師だとか思われたかもしれない。誤解のないように説明すると、じつはマ医師は、中国ではもっとも有名なホスピスである昆明市第三人民医院緩和ケア科の部長である。

彼が患者を治療することはない。彼の仕事は患者の痛みを和らげることであり、また末期患者が最期の日々を穏やかに迎えられるよう手を貸すことだ。病気を治すことを学んできた医師にとって、これはかなり難しい仕事だったにちがいない。

私の想像では、彼がこの仕事を選んだのは、心理療法に引かれたためでもあるだろうが、人間が末期に死とどう向き合うのかというテーマに深く興味を引かれたからだと思う。マ医師は長年にわたって大量の観察記録を書いており、緩和ケア分野のサミュエル・ピープス〔一七世紀英国の海軍大臣。当時の社会を詳細に記録した日記で知られる〕といえるだろう。その観察記録の内容はコミカルで皮肉に満ちているが、時には苦悶も見られる。

長年、彼は中国の高齢化と死には独特な性質があるという持論を展開してきた。最近の中国に蔓延する物質主義によって人々が宗教心を失い、そのために子供は不必要で苦しい延命措置を願い、死に大きな苦痛がともなうようになった。そして中国特有の伝統的な考え方のせいで、子供がいない場合はさらに大きな苦痛を感じるという。

高齢化の問題は、経済的なものではない、とマ医師は考えている。「これから高齢期を迎える私と同世代の人たちは、蓄えもあれば年金もある。それよりむしろ、若者の数の極端に少ない国というのは創造力を失ってしまうのが問題だ」と指摘する。「夢や希望に満ちあふれた社会とはほど遠いものになっていく」

これは一人っ子政策を実施している国なら当然の、じつに明白な事実だ。私がマ医師を訪ねたのも、その点を話し合いたかったからだ。

中国老人だけで「世界第三位の人口大国」に

世界最大の人口をもつ中国が同時に膨大な高齢者人口をもつことは、およそ驚くに値しない。だが、世界が人口問題を抱える中で、突出して中国だけがもつ特徴的な事実がある。

それは高齢化する人口の多さではなく「高齢化するスピード」だ。もちろん、中国人の老化が他の民族より早く進むというわけではない。問題なのは高齢者人口と労働人口の比率だ。つまり、中国では退職人口の増えるスピードが速く、近いうちに労働人口を追い越してしまうということだ。

今のところ、中国では労働人口対退職人口の比率は五対一で、経済政策担当者は楽観的でいられる。退職者を養うのに十分多くの、生産可能年齢の納税する就労者がいる。しかし、あと二〇年と少し経てば、この魅力的な五対一の比率が一・六対一に転じ[1]、中国経済にとって口蹄《こうてい》疫《えき》に勝るとも劣らない恐怖となる。

このことは税収の縮小、消費支出の減少、そして全産業における生産性の低下を意味する。高齢者が増え若者が減るという、人口構成のこうした変動は、世界中のどこでも見られる現象だ。なぜなら、一世紀前とは違って、今や寿命が延び、さまざまな理由で子供を多く産まなくなったからだ。

とはいえ、欧米では高齢化社会への移行に五〇年以上かかっている。その結果、欧米各国は、来るべき高齢化社会に備えて経済的、社会的な両面で備えをする時間的余裕があった（それらの準備でもまだ不十分だと主張する人は多いだろう）。ところが中国では、高齢化社会への移行は一世代、約三〇年で起こるとされているのに、財源は何も準備されていない。

高齢化がこのように急激に進行するのは、二つのことが同時に起こっているためだ。一つは寿命が延びたこと、もう一つは出生率が低下していることだ。前者は一人っ子政策とは無関係だが、後者は全面的にその政策のせいだ。一人っ子政策ゆえに、高齢化社会への移行はまるで「津波」が押し寄せてくるように、恐ろしいスピードで襲いかかり、とてつもなく甚大な影響を及ぼすことになるだろう。

二〇二〇年代半ばには、毎年高齢者人口が一〇〇〇万人ずつ増え、労働人口が七〇〇万人ずつ減ることになる。すでに膨れあがった年金受給者によって年金に不足が生じ始めている。[2] その不足は二〇一三年には一八兆三〇〇〇億元に達し、その額はGDPの三〇パーセント以上を占め、今後さらに段階的に上昇していくことになる。中国の三一ある省・自治区・直轄市の半数は退職者の年金が払えなくなり、[3] 中央政府からの救済が必要となるだろう。

一人っ子政策がもたらすとされるすべての悪影響の中で、これはわれわれが実際に目にすることになる現実だ。中国の男女比率のアンバランスがこの国をより好戦的な国へと変えるのか、あるいは国内でより一層大きな混乱を招くことになるのか、それはわからない。

小皇帝たちが中国を悲観的かつ唯我主義的で、リスクをとらない国にするのか、それも定かではない。一人っ子政策がどれほど中国の将来の経済成長を阻む要因になるのか、それにも確証はない。

ただ一つたしかなのは、疫病の大流行や戦争でもないかぎり、中国の現在の膨大な就労者たちが高齢者になるということ、つまり二〇五〇年までに中国人の三人に一人が六〇歳以上になるということだ。『高齢化の衝撃』の著者であるジャーナリストのテッド・フィシュマンはこう記している。「中国人の高齢者だけで国を作るとしたら、インドと中国に次ぐ世界第三位の人口大国となるだろう」[4]

豊かになる前にやってきた「老い」

私の生家では、母がリビングルームに陶器製の三人の神を祀《まつ》っていた。「福・禄・寿」の三神で、「福」は幸運、「禄」は財運、「寿」は長寿の神である。とはいえ、高さが約一五〇センチもある特製の紫檀の祭壇に祀られた観音菩薩像や仏陀の像、そして先祖代々の位牌ほどの重要な存在ではない。

子供のころ、あふれんばかりの生花や線香や果物で飾られたこの祭壇は、体罰とつながっていて、私の頭上にのしかかるような感じがあった。何か悪いことをすると、いつもその罰を受けた後、耳をぐいと引っ張られてこの祭壇の前に跪《ひざまず》かされたからだ。

当然、私はこの祭壇にあるものすべてが嫌いになった。線香の匂い、ご先祖様、そして観音様の穏やかな微笑みさえも。それに比べて小さな福・禄・寿の像は、見るとほっと癒やされた。像の大きさは私の前腕ぐらいで、ちょうど子供の指先から肘までの長さだ。にこやかに微笑む三像は別々の木製キャビネットに入れられ、それぞれ小さな台座にちょこんと鎮座していた。これらの像の前では跪く必要がなかった。生花が供えられることはなくとも、この世の願望すべての顕現としてそこに祀られていた。

福と禄はどちらもゆったりした長いローブをまとい、黒いひげを蓄えた男神で、区別がつかないほど似ているが、長寿の神である寿だけは簡単に見分けられる。額がまん丸で禿げ頭という特徴ある姿だからだ。頭にぴったりの赤い帽子をかぶせたら、中国版の温和なサンタクロースとして通るだろう。

現代中国において、これら福・禄・寿の中でおそらくもっとも崇敬されていないのが寿だ。長寿というのは、現代では少数の不運な人以外は心がけしだいで簡単に達成できそうに思える。中国の今の平均寿命は七四歳、第二次世界大戦時の平均寿命が三九歳だったことからすると格段に伸びた。

福が表す幸運は、一瞬しかめぐってこない短命のものだが、それでもなお熱烈に求められる。禄が表す財運も、巨大な高齢者層にたいする社会保障があまり期待できないことを考えれば、幸運と同様に手に入れたいものだ。

寿については、禄の財運がともなわなければ、誰も望みはしないだろう。にもかかわらず、中国では禄のない寿をもつ人が増えることはほぼ確実だ。

中国は「未富先老《ウェイフーシェンラオ》（豊かになる前に老いる）」という古い諺どおりになる――。エコノミスト、学者、政治家だけでなく、市井の人々すら、この悲観的な見方をして、あきらめと黙従を口にする。

この繁栄の光が消えようとしていることに、誰も怒りを表そうとしない。怒ってみても、「対牛弾琴《たいぎゅうだんきん》（牛にたいして琴を弾いて聞かせる）」という諺どおり徒労に終わる、もうもとには戻せない、避けられないと感じているのだ。

高齢者向けビジネスの難しさ

鄧小平の経済改革によって五億の国民が貧困線から引き上げられたが、一億八五〇〇万の退職者のおよそ四分の一が今も一日一ドル以下の生活をしている。[5]中国の高齢化は先進国が抱える問題でもあるが、中国は先進国の繁栄にまだ到達していない。世界第二位の経済大国になったとはいえ、その一人当たりのＧＤＰは韓国の六分の一に過ぎず、米国の九分の一でしかない。

もちろん、中国の高齢者増加にビジネスチャンスを見出す人もいる。王燕妮《ワンイェンニー》はモトローラ社の取締役だったとき、中国でも全米退職者協会「ＡＡＲＰ」や英国の「サガ・グループ」のような会社を設立しようと思い立った。

その内容は、裕福な中産階級の退職者向けにダンス、旅行、コンピュータ学習といったさまざまな生活スタイルのサービスを提供するというものだ。孫を溺愛する祖父母を対象に現代の子育て法を教えるクラスまで構想していた。

王燕妮はこの事業計画によって、ＩＮＳＥＡＤ（経営大学院）の最高の起業家構想をもつ学生に授与されるローランド・ベルガー賞を受賞している。

彼女はこの事業を「青松《チンソン》」〔青松康復護理集団〕と名づけた。「名前には松の字を入れたかったのです。なぜなら、中国語で松はソンと発音し、『リラックスする（放松《ファンソン》）』という言葉と同じ音をもつからです。後期高齢者を思わせる『ゴールデン・サンセット』のような、月並みで気の滅入る名前だけはつけたくなかったのです」と王は語った。

王燕妮は三〇代半ばだが、涼しげな顔立ちと蜂蜜色の肌のせいで見た目は若い。落ち着いた態度と常識的な発言から実年齢より上に見られる。つねに学級委員長に選ばれるような、完璧な優等生女子といった雰囲気の人だ。

実際もそのとおりで、愛情深い大家族の中で育ち、経済学を専攻し、ふさわしい結婚相手にめぐり会い、将来を嘱望されるモトローラ社の取締役となったのち、ＩＮＳＥＡＤへと進んだ。ＩＮＳＥＡＤの教授陣が彼女にベルガー賞を与えたのは、彼女のビジネス計画が完璧だったからではなく、有能な王燕妮ならその計画を必ず実現できるという確信をもったからだった。

二〇一三年に私が王燕妮にはじめて会ったのは、彼女のオフィス近くのベジタリアン向けレストランだった。そのときの彼女は、ほとんどすべてをなしとげ、彼女の「死ぬ前にやっておきたいこと」リストにはチェックのついていない項目がもうあと数個だけ、という感じだった。それは子供を作ること、そして「青松」の事業を育てることである。

王は「青松」の事業の基本コンセプトを、考えうるかぎり堅実なものにした。中国では、退職から末期疾患に至るまでの期間がおそらく世界のどの国よりも長い。男性の退職年齢は六〇歳、そして女性は何と五〇歳。中国は今現在、どの国よりも退職が早い。

王は退職後の有り余る余暇を過ごすための、さまざまなリクリエーションを提供することにした。こうして二〇〇四年、彼女は「青松」を設立した。年会費は約一万元（一六〇〇ドルを少し上回る程度）に設定し、二〇〇八年までには、収益が一〇億ドルに達するとの予測を立てた。

ところがこの事業は大失敗に終わる。設立二年の時点で会費を数回値下げしたが、それでも会員は二〇〇〇人しか集まらなかった。

「内容は気に入っても、お金を出すほどではなかったのでしょう。こうした活動は『あれば楽しい』程度のことで、どうしても必要なものではなかった」と王は振り返る。

中国の巨大な高齢者市場に目をつけた他の起業家たちと同様、王はある惨めな真実に直面していた。つまり、市場はたしかに巨大だが、中国の退職者たちの財布の紐が思いのほか固いということだ。

中国の高齢者がいちばん望むこと

米国の退職者たちは戦後の好況時代に繁栄を謳歌し、老後を楽しむのは当然と感じている。そんな米国人とは違い、日中戦争から始まり次から次へと訪れた危機に翻弄されつづけた中国の国民は、蓄えが乏しい。

しかも、基本的に考え方が違うと王は指摘する。「中国人はできるだけお金を貯めて子供や孫たちに残してやりたいと考えるのです」

そこで、彼女は振り出しに戻って「中国の高齢者がいちばん望むことは何か」と自問した。

答えは驚くほど簡単で、世界のほとんどすべてで共通することだった。つまり、できるだけ長く自分の家に住み、みずからの生活スタイルを変えずに自立した生活を維持したい、それが高齢者の望みだった。

そして、もっと肝心なのは、親が金の大半を注ぎ込んで育てた子供たちの多くも、親がそうするのを望んでいるということだ。というのも、家族を養護施設に入れるのは、中国の儒教社会では今なお世間から後ろ指を指されることになるからだ。

中国の高齢者在宅ケアは、その大部分がまだ民間ベースで行なわれており、政府からの支出と加入者の保険料が財源となっている他の国々とは異なる。中国の保険会社の中には高齢者介護保険の商品を本格的に展開しようとしているところもあるが、対象とするのは四〇代や五〇代で、多くはまだ実用に至っていない。現時点で在宅介護が必要な六〇代半ば以上の人々は、自腹でその費用をまかなっている。

王燕妮は二〇一〇年、「青松」を訪問介護サービスを提供する「青松老年看護服務」として再出発させた。一回の訪問費は、わずか一六ドルからせいぜい一二〇ドル程度までの低価格に設定した。欧米の標準からすると、ばかばかしいほど低い料金だ。

青松ではスタッフが戸別訪問をし、投薬モニタリングをし、リハビリの管理などを行なう。欧米の場合と違い、スタッフは訓練を受けた看護師やセラピスト（療法士）で、場合によっては医師も派遣されるが、料理や掃除などは行なわない。

青松の事業は急速に拡大し、二〇〇九年に二万人だった会員数は、ビジネス再出発から二年後には二倍以上の五万人となり、二〇一五年にはその数が一七万人にまで跳ね上がり、青松は上海にも進出した。二〇〇九年には収支ゼロだったが、今では利益を出せるようになったと王は言う。彼女は今、この青松をフランチャイズ展開させて全国に事業拡大するという目標を掲げている。

ただ、世界制覇を狙っているかというと、そうではない。一回の派遣コストをできるだけ低く抑えて、量で勝負する作戦を王はとっている。大勢の派遣職員を動かしながら、一貫したサービスを提供しつづけるには高い経営能力が必要だ。好都合なことに、青松のビジネスモデルはインフラにほとんど費用を必要としないため、これほどまでの急成長が可能だったのだろう。「もともとロケットを飛ばすほどの大仕事ではありませんから」と冗談交じりに彼女は謙遜した。彼女は控えめではあるが非常に野心的で、政府の財政支援を求めてロビー活動を行ない、青松の事業を郊外にまで拡大したいと考えている。ゆくゆくは会員数五〇〇万人が目標だ。「世界中で高齢化が進んでいます。中国がこの問題にたいする優れた解決策を見出し、それを世界に示すことができると思いたいのです」と彼女は言う。

その解決策がどんなものであるかは、まだ明らかではない。なぜなら青松のビジネスモデルは、相対的に安い人件費と大量の訓練されたスタッフ、高い人口密度に依るところが大きく、これは中国ならではの条件だからだ。

青松のスタッフである看護師が実際に訪問介護を行なう現場に何度か同行させてもらい、この点について少し学んできた。

退職後の人生、光と陰

夏のある日、私は看護師のガオと地下鉄の朝陽門駅で待ち合わせた。経費削減のために青松の看護師は公共交通機関か自転車を使って、それぞれの現場へ向かう。乱雑に広がった、人や車でごった返す北京のような街を、公共交通機関や自転車を使って移動するのは至難の業で、時間管理が上手でなければ仕事にならない。

二五歳のガオ看護師は小麦色の肌をした江西省の農村出身者だ。青松に勤めて三年になる。訪問先は駅近くのエレベーターのない五階建てのアパートだ。患者（仮にチェンと呼んでおく）は七三歳の元公務員で、早期発症型のパーキンソン病と2型糖尿病を患っている。二年前に腰を骨折し、それ以来ずっと車椅子の世話になっている。この建物にはエレベーターがないので、ほとんどアパートから出ない。

アパートに入る前に、ガオ看護師は青松のロゴの入ったミントグリーン色の仕事着を素早く身に着け、やはりグリーン色の看護師用帽子をかぶりピンで止めた。それから、靴にビニールカバーをかぶせて、同じものを私にも履かせた。

チェンと彼の妻が住んでいるのは、広々としたワンベッドルームのアパートで、日当たりのよいバルコニーがついていた。彼らの一二歳の孫が居間でコンピュータゲームに興じている。チェンの話し方はゆっくりだが、冗舌だ。血圧を計っているあいだ、チェンとガオはチェンの娘のことや、都会では今や息子より娘のほうが欲しがられるといったことを話していた。チェンは私に彼の姪のことを話してくれた。彼女はいい仕事に恵まれて、シンガポールにアパートをもっているが、未婚なので、それが彼女の母親の悩みの種になっているとのことだった。

ガオが患者の扱いに長けていることは見ていてよくわかった。チェンの手のリハビリを介助しながら快活におしゃべりしている。彼が車椅子に座った状態で彼の胴体の上部をマッサージし、それからベッドに移して、脚と手を上げ下げするリハビリを行なった。彼は息をはずませ、その訓練が終わるころには汗をかいていた。「もっと頑張って、あなたならできるはず」とガオは励ます。

老いを迎えるのは、それほど悪いことではなさそうに思えてきた。チェンの妻は今なお健康で、夫の世話の手伝いはできる。近くには子供たちや孫たちが住んでいる。階段の昇降は不便ではあるが、それさえなければ、このアパートは北京の中心の便利なところにあり、病院や店、それに地下鉄にも近い。

さらに重要なのは、このアパートのビル全体がチェンの働いていた「単位（職場組織）」に割り当てられた共同住宅であることだ。住人全員が知り合いで、まるで都市の中にある村のようだ。みながたがいの事情をよく知っているので、ガオがこのビルに入っていくと、通りかかった隣人が彼女に「また、マッサージにきたのかい」と挨拶をするほどだ。

私たちはバスに飛び乗って、次の患者のところに向かった。その道中、ガオ看護師は自分の仕事について詳しく教えてくれた。以前彼女は病院で働いていたが、そこでは毎日何百人もの患者の世話をしていたという。

「たいへんな仕事でした。私は病気の人を助けたい一心で看護師になったのですが、働いてしばらくすると、患者さんをたんなる肉体としか思えなくなったんです」

大病院で順番を待つ長い行列は中国特有のもので、自分の代わりに列に並んでもらう人を雇うのが日常茶飯事となっている。今は、彼女が一日に世話をする患者はわずか六人。多くの患者は、彼女がこの八か月間介護してきたチェンのように、常連だった。患者の家族と知り合いになり、それぞれの個性を熟知し、少しでも治癒や進歩が見られると誇りに思えた。

患者の孫の結婚式に招待されたり、「春節」には「紅包《ホンパオ》（赤い祝儀袋）」に入ったお年玉をもらったりする。夜勤や休日出勤は過去のことになった。病院勤務に戻ることなど想像できないと彼女は言う。「私は定期的に患者さんを診るこの仕事が気に入っています。患者さんの状態を改善させる自信があります」。彼女は微笑みながら言った。

ガオ看護師の訪問介護にはじめて同行してみて、中国の都市で暮らす高齢者について抱いていた私の認識が間違っていないことを再確認できた。平日の午前一〇時から正午のあいだに公園を散歩すれば、中国の都市で過ごす退職後の人生とはそんなに悪くないものだという印象を受けて公園を後にすることだろう。

定年退職が早いために、余暇の時間は十分にある。そのため、各地の公園は魅力的なさまざまな活動を楽しむ年金受給者であふれる。ダンス、太極拳、剣術、凧揚げなどなど。中でも特に私のお気に入りは、歩道の上で筆と水を使ってする書道、一種の高齢者の落書きだ。乾くと消えて跡が残らない。

友人の父親が一度私を公園に誘い、柔力球（ロウリーボール）をするのを見せてくれた。太極拳とラクロスを一緒にしたようなスポーツで、高齢者のあいだで人気がある。中心にゴムを張ったラケットを使い、相手に砂の入った柔らかなボールをパスし、それを受けとった相手はイスラム神秘主義の旋舞のようにクルクルまわってからボールを投げ返す。ボールゲームというよりダンスのようなもので、このスポーツは一九九〇年にある大学教授によって考案され、中国内に限らず今や何十万もの愛好者がいる。

また、あまりに多くの高齢者たちが公共の場でダンスの練習を行なっているので、各地方政府は巨大なCDプレーヤーが出す騒音を規制しようとしている。地元メディアが「踊るおばあちゃんたち」と呼ぶこの手に負えない集団にたいして、騒音に悩まされる近隣住民たちは暴言を浴びせたり、水を入れた風船を投げたり、時には排泄物をかけることさえあったが、ほとんど効果はない。

「おばあちゃんのスクエアダンス」は競技スポーツにすらなっている。朝鮮半島に近い黒竜江省佳木斯《ジャムースー》市では、大勢で白いミニーマウスの手袋をはめて、手と腰の動きをそろえて踊るという、新たな振り付けが創作され、全中国熟年チアリーディング競技では、その振り付けに似た踊りがたくさん披露された。

公園やIKEAのカフェテリアもまた高齢独身者の人気スポットとなっている。北京の天《ティエン》壇《タン》公園は、親たちが成人した独身の子供たちの結婚相手を求めて広告を出す場所になっていたが、今やシルバー世代がみずからの相手を探す場所にもなっている。

仲介業者の一人であるトン・デェァンは、毎日曜日に公園に持参する分厚い広告フォルダーを見せてくれた。費用は五元（約八〇セント）で、六〇歳から八五歳までの会員が交際相手募集広告を載せている。通常は、年齢、血液型（性格がわかると考えられている）、星座に加えて、きわめて重要な北京戸口の有無も掲載されている。

戸籍の種類を強調するのは、若い独身者が相手を求める場ではふつうに見られるが、すでに家族を育てた高齢者にとってそれほどの重要性があるとは思いもしなかった。たしかに、よくよく考えると、医療保険は戸籍の種類と連動しており、都市戸口であれば農村戸口よりも補償が優遇される。

不愛想な結婚仲介業者のトンは離婚経験者で、彼自身も新しいパートナーを探している。彼の一人娘はアメリカに住んでいる。六〇歳を超えての再婚が、最近では社会的にも受け入れられるようになってきたと彼は言う。「一人寂しく死ぬことを望む人なんているものか」

こうした活気あふれる自立した中国の高齢者像は、外から見れば魅力的でかつ中国では一般的なものと思われがちだ。だが、中国の高齢化には隠された側面もある。青松のガオ看護師に同行して、重い糖尿病と早期発症型の認知症を患う一人暮らしの八〇代の女性を訪問したことがあった。

ガオの患者のほとんどは治療費を自己負担しているが、この女性への青松からの週一回の訪問介護費用は地元政府が支払っていた。

われわれが建物に入るや否やテレビの大きな音が聞こえた。ガオはドアを叩き、「おばあちゃん、おばあちゃん、私よ、ガオちゃんがきたわよ」と叫んだ。

返事がない。

そこでガオは電話をとりだし、「彼女はちょっと耳が遠いのよ」と私にささやきながら電話した。やっとドアが開いた。暗闇の中から老婦人の白い顔がぬっと現れ、無表情に私をながめた。彼女はくるりと背を向けると、足を引きずってテレビのところへ戻っていった。その後ずっと彼女の目はテレビから離れることはなかった。

テレビではタイのメロドラマが放映されていた。「彼女のお気に入りなのよ」とガオは言った。スクリーンでは流産、昏睡状態の患者の目覚め、そして倒産といった事件が早い展開で次々と起こっていた。ガオは老婦人の腕と脚を揉みながら、おしゃべりをしようと努力していたが、それもしだいに消えていった。

食事内容、毎日習慣にしていること、運動のパターン、お通じはあるかなどの質問を続けるのだが、返事はなかった。

合間に画面が次々と切り替わり、若い人たちを対象にしたコマーシャルが映し出された。粉ミルク、キャンディ、携帯電話、車などだ。残念ながら、中国のマーケティング担当者には高齢者は広告効果のない購買層に思えるのだろう。成人用おむつの広告さえ見たことがない。成人用おむつの世界一大市場として、中国は今や日本や米国を追い越そうとしているにもかかわらず、だ。

彼女の部屋は一階にあった。まるで洞窟のようだ。テレビの画面がキャンプファイヤーの役目をして、その光が彼女の無表情な顔に反射していた。部屋の空気はムッとして、煙草の煙の臭いが充満している。

壁は茶色にくすみ、水染みがあった。絵画などはなく、架かっているのは二年前の古いカレンダーと額に入ったスタジオ写真だけだ。人工の青空と修正された表情の体裁のいい一枚の写真。中年の女性二人と男性一人、全員がこぎれいな髪型で、曖昧な笑みを浮かべている。彼女の家族にちがいないと思った。

ガオがそっと、そのことには触れないようにとささやいた。「誰も訪ねてこないのよ」と彼女は言った。

台所の食卓には食事の食べ残しの小さい丸いパンとオレンジが置いてあった。オレンジの皮はきちんと四等分されている。パンの空き箱はルービックキューブのような小さな正方形に折り畳まれ、その正方形はこれ以上小さくできないほど小さく、まるで一折り一折りにアイロンをかけたようにしっかりと折り目がついていた。この女性が暗い部屋で何時間も座ったまま、空き箱を折ってはまた折り重ねている姿を私は思い描いた。

一時間の訪問だったが、まるで永遠かと思うほど長く感じた。建物から出ると、あたかもプラトンの言う「洞窟の囚人」のように、慣れない太陽の光に目がくらんだ。

ガオ看護師の明るい顔さえかすんで見えた。

「一週間で彼女が会うのは、あなただけなの？」と私は思いきって尋ねた。

「いいえ、でも彼女が他の人に触ってもらえるのは、このときだけよ」と彼女は悲しそうに言った。

国ができないことは家族がやれ

米国の外科医アトゥール・ガワンデはその著書『死すべき定め』でアメリカの終末期医療について述べている。ホスピスで受ける介護は人間としての尊厳や自立能力を失わせるもので、そのような介護を望む人はほとんどいないという。

アメリカには以前NBCで放映された連続ホームコメディ『ゴールデンガールズ』に描かれたような、かくしゃくとして独立した生活を送る理想の老人像があり、また豪華な高齢者用コミュニティから、介護付きホームまで、多すぎるほどの老人介護サービスが整っているが、それでもガワンデは「結局、介護施設に入らないですむかどうかは、子供が何人いるかにかかっている」[6]と結論づけた。これは中国にとって耳の痛い話である。

共産党が犯した最大の破壊行為は、中国の家族構造の破壊である。毛沢東は革命を成就させるためには、人民に家族より国の利益を優先させなければならないと考えた。

それから五〇年のあいだ、共産主義は強固な氏族社会を誇っていた中国社会の基盤を崩すべく攻撃を続け、文化大革命では若者たちを焚きつけて親に歯向かわせ、祖先崇拝を抑圧した。共産党が一九八〇年代に一人っ子政策を本格展開させたとき、それがとどめの一撃となった。

今や、離婚率の上昇と迫りくる高齢者層の激増に直面した中国指導部は、かつて破壊のかぎりを尽くした家族制度を復活させる必要性を痛感している。

一九九六年の全国人民代表大会で、子供は高齢の親を扶養する義務があるとする法律が可決された。次いで中国政府は二〇一三年、子供が年老いた親を頻繁に訪問することを義務づける法律を制定した。そうした法律を遵守させるのは難しいが、こういった法律を制定することで国民に明確なメッセージを送ったのだ。つまり、国ができないことは家族がやれ、ということだ。

残念ながら、破壊行為の中には修復困難なものもあるようだ。介護施設一つをとっても、ガワンデの住むアメリカでは子供がいれば施設に入らなくてもすむかもしれないが、中国では子供がいなければ、介護施設にすら入れない可能性がある。一人っ子を亡くした「失独」家庭は、こうして二重の苦しみを体験する。

多くの介護施設が「失独」夫婦を受け入れないその理由は、「失独」夫婦には万が一の際に施設での治療に許可を出し、支払いを保証する子供がいないからだ。この種の差別は墓場にまで及ぶ。

「失独」夫婦の中には、霊園業者が墓地を売ってくれない、[7] 自分たちの墓地だけでなく、亡くなった子供の墓地さえも売ってくれないと訴える人々もいる。売り手にすれば、将来の維持費を負担する人が誰もいないことを懸念してのことのようだ。

「失独」父母は、現在のところ一〇〇万人とされ、その数は増加している。[8] 彼らは数々の要求を列挙した長文の嘆願書を政府に提出した。そこにはより多額の補償、養子縁組での優先権、それに加えて老齢年金、医療費、墓所割り当てなどの要求が記されていた。

その主張には、いくらかうなずける部分もある。政府は一人っ子政策の違反者から強引に法外な罰金をとってきたのだから、法律を守った一人っ子家庭が、その跡継ぎである一人っ子を失い重要な経済的安定も失った場合は、その資金で補償すべき、という論理だ。

その主張は、困難な状況で下される「ソロモンの判決」のように見事な解決策ではあるが、何と痛々しい考え方であることか。

中国政府は若干補償金を上げて応じたものの、他の要求に関してはあまり進展がない（「失独」父母にたいする国家補償制度が始まったのは比較的最近で、二〇〇七年からだ。現在、月額一六～五〇ドルの補償金を受けとっている）[9]。

「失独」家庭は、たとえば、彼らの特殊な事情を考慮してくれる老人ホームを要求している。理由の一つは面会日にある。「他の入居者に家族が面会にきているのを見ると……ただただ耐えられない」と、ある「失独」夫婦は言う。

二〇一四年に広州市の地方議員が、一人っ子政策違反で集めた罰金の一部を社会保障費として「失独」家庭のために使ってはどうかと提案したが、一蹴された。当局は罰金の使い道はすでに決まっているというのだ。

農村で頻発する老人虐待事件

中国都市部での高齢化とはどういうものか、結婚仲介業者のトンやガオ看護師たちの話から、ある程度把握することができた。だが、それは中国全体からするとその半分に過ぎない。厳密に言えば、六割程度である。

残りの農村部の住民の実態は、はるかに気が滅入るようなものだ。というのも、中国では都市部と農村部の格差が大きく、まるでロンドンとチベットのラサほどの隔たりがあるからだ。どんな基準から見ても、中国農村部の高齢者は教育レベルが低く、経済的にも決して裕福ではない。そのうえ、彼らには家族の支援すらないようだ。中国でかつてこのような人種隔離ならぬ老人隔離の時代があっただろうか。老人は農村に閉じ込められ、都市は健常者だけのものとなっている。

高齢者虐待の悲惨な話はほとんどが農村でのことだ。その一つに、一〇〇歳の母親を豚小屋に住まわせていた農民チェン・ショウティェンの話がある。六部屋もある家に住むチェンが地元のテレビ局に語るには、大きな雌豚と一緒に、離れの軽量コンクリートの建物の一角に住むのを望んだのは母親本人だという。[10]

他にも、虐待するわが子を提訴して有名になった九四歳のジャン・ジェアファンの話がある。村人たちは、彼女が暗い部屋に閉じ込められ、つねられ、平手で叩かれて、豚の餌を食べるよう強要されていたと証言した。

嘆かわしいのは、このような話が中国の農村部ではごくふつうであることだ。彼女は栄養失調だったが、結婚が早かったため子供たちもすでに高齢で、彼女と似たような悲惨な状況にある。子供たちも、その子供たちの支援に頼って生きているのだ[11]。

こうしてみると、中国全体の自殺率が急激に低下する中で、農村で暮らす老人の自殺者数が上昇しているのも納得できる。

都市部の住民はほぼ全員が年金を受給しているが、農村部の年金受給者は都市部の四分の一程度にすぎない。そのため多くの農民は体が動かなくなるまで働かなければならない。医療などめったに受けることはなく、ほんの原始的なものだけだ。

「裸足の医者」が不可欠な場所

「赤脚医生《チージャオイーション》（裸足の医者）」と呼ばれる六〇代後半のシャオ・フェアビーほど、そのあたりの事情に詳しい人物はいない。この「裸足の医者」というのは一九七〇年代に大量かつ短期間に養成された農村の医療従事者たちのことで、乳幼児死亡率の減少や伝染病の蔓延を防ぐのに重要な役割を果たしてきた。

彼らの働きによって、中国は天然痘や小児麻痺の撲滅に成功した最初の国々の一つに名を連ねることができたほどだ。

しかし、中国が一九八〇年代に改革開放政策を実施すると、公共医療サービスへの資金供給の多くが打ち切られ、「裸足の医者」たちの経済基盤が奪われた。医療費も高騰し、多くの郷村医は淘汰されていった。シャオはすたれる運命にある最後の砦で、倒れるまでこの仕事を続けるつもりでいる。

シャオが仕事を続ける理由は単純だ。四〇年以上も村の医療の仕事に携わってきたにもかかわらず、彼女には年金受給資格がない。さらに重要なのは、もし彼女が辞めると、四川省の山間部にあるこの小さな集落では後任が見つかる見込みのないことが彼女にはわかっているからだ。

「後釜なんて見つかるかどうか」と彼女は言う。

私がシャオに会ったのは、盤石《シュエンシー》という村〔四川省達州市盤石郷〕にある彼女の診療所だった。診療所は採石場の近くにあり、採石場の切り立った崖はその下にある水田に今にも崩れ落ちてきそうだ。過去四〇年ものあいだ、シャオは険しい山道を暗闇の中、苦労しながら登り降りして往診にまわっていた。一回の夜の往診料は一ドルにも満たないという。

昼間は、彼女はいつも診療所にいる。私が彼女に会った日は、銀色の花柄模様のブラウスを身に着け、きれいに磨かれた革靴を履き、インフルエンザの患者に点滴をしていた。壁には中国の二人の医聖の絵が架かっていた。中国史上初の臨床医学百科事典を著した孫思《そんし》邈《ばく》（唐代）と、中国古来の薬物学の集大成である『本草綱目』を編集した李《り》時《じ》珍《ちん》（明代）の絵だ。

といっても、シャオは中国伝統医薬をまったく使わなかった。調剤室の一角には、漢方薬を収める一〇〇個以上もの引き出しが並ぶアンティーク調の戸棚があったが、普段使わないために空っぽのまま埃をかぶっていた。

　シャオによると、漢方は複雑で、高価で、現代のニーズに合わないという。代わりに使うのは、前面ガラス張りの戸棚に収納しているビタミンCの注射剤、パラセタモール、ペニシリン、アモキシシリンなどだ。新しい患者が麦わら帽子であおぎながら、暑いねと言って入ってきたが、その患者にも西洋医学の薬を出した。

「ここは暑すぎるね！　扇風機ぐらい置いてよ」と患者は大声で言った。

　そして診察用長椅子の端に座って、点滴を受けている患者に優しく「どうしたの？」と話しかけた。

　点滴の患者は目を開けた。「インフルエンザでね」とつぶやいた。

　シャオは二人目の患者に二日分の鎮痛剤を一錠ずつていねいに白い紙に包んで渡した。患者が代金として約八〇セントにあたる五塊（元）札〔中国では貨幣の単位を話し言葉と書き言葉とで使い分け、口語では「元」を「塊・クアイ」と呼ぶ〕を出すと、シャオはお釣りを渡した。

　シャオの全盛期には助産も接骨もワクチン接種も行なったが、このところ一〇年以上も予防接種は行なっていないという。現在、助産師として働くのは、家畜の出産のときだけだ。人間の患者といえば、ほとんどが六〇歳以上の高齢者で、高血圧や糖尿病や認知症などの典型的な慢性病を抱えている。彼女には、それらの病気の治療法や薬についての知識はほとんどなかった。

二〇〇八年にシャオの近親者の一人がガンを患った。入院を許可されて一週間入院したが、予想が外れてすぐには亡くならなかった。入院費用が彼の家族には負担できないほどかさんでいったため、退院して自宅に戻ることになった。

シャオは片手に油紙の傘を、もう一方の手に懐中電灯をもち、夏の雨で滑りがちな険しい山道を、這うように登って一日二回往診した。抗生物質と鎮痛剤を混ぜた薬の点滴療法を続け、湿った綿の玉を唇に叩くように当てて水分を与えた。彼は今もまだ生きているんだ、という彼女の顔はとても誇らしげだった。

最近になって農村部の住民に、ごく少額ではあるものの、医療費補助が出るようになった。中国は国民皆保険の導入にいまだ至っていないが、医療保険制度の整備はスピードアップされている。

中国の医療保険制度である「医保」は、米国の高齢者・障害者向け公的医療保険制度であるメディケアの中国版で、二〇〇八年に公布され、同時に農村部居住者にたいする同等の医療保険制度も開始された。この制度は地方政府別に異なり、盤石では全住民が年間七〇元（一〇ドル強）を支払う。しかし、この制度は還付率が低く、自己負担率が高すぎると多くの盤石の住民は不満を述べている。

とはいえ、過去二〇年のあいだに社会主義の基礎構造を解体して、過剰なほどの資本主義的な利潤追求型の健康保険制度を導入していたことを考えると、今回の制度は大きな進歩だといえる。なにしろ盤石の住民は重い病気にかかっても、今なら医療補償が受けられるのだ。

ところが、この制度は戸籍に連結しているため、もし高齢者が遠くの都市部に住む子供たちと同居した場合には、保険の適用を受けられない。また、医療機関までの交通費や時間という基本的な問題がある。僻地に住む貧しい高齢者には高い壁だ。

たとえば、鎮痛剤の処方箋は通常一度に一～二週間分までしかもらえないため、盤石に住む高齢者はバスで二時間もかかる最寄りの大都市、達州《ダーチョウ》まで処方箋をもらいに行かなければならない。それには交通費もかかれば体力もいるとシャオは言う。

シャオは毎日、朝五時に診療所を開ける。夕暮れになると往診に出かける。夜中は書類処理に充て、診療所に隣接する部屋で床に就くのが午前二時になる。三人の子供たちは彼女に引退するか、あるいはスケジュールをもう少し緩めるように言ってくるという。

「辞めたら他に何ができるというの？」と彼女は当たり前のように言って、テーブルに腰を下ろした。自分のつやつや光る革靴に目をやって、「何、私が裸足ですって？」とでも言いたげに足をぶらつかせた。

親の「脱神秘化」

外から見ると、中国では「孝」の概念が高齢者社会保障制度の代わりを務めており、比較的伝統的な農村ではその傾向が強いと思われるかもしれない。だが、人類学者の閻雲翔《イエンユンシィアン》〔UCLA教授〕によると、孝という概念は実質的にはすたれてしまったという。

閻教授は一〇年以上を費やして、中国北部にある小さな農村で実地調査を行なった。彼の説明によると、親の権力の基盤は「恩情」、つまり生命を授けてくれた親にたいして、子供は決して報いることのできないほどの恩がある、という概念だったという。村の親族関係や先祖崇拝のような宗教祭祀は、親の地位をより強固にしていた。

しかし、共産主義や一九八〇年代の物質主義が根底からこれらの信仰を破壊したため、閻教授の言う親の「脱神秘化」につながった。「人間の生殖は神秘であるという考えは、もはや若い村人たちには受け入れられていない」[12]と彼は記している。

おそらく、今日親の力が崩壊した最大の理由は経済的なものだ。いつの世も財産相続にたいする期待があるからこそ、高齢者への虐待を思いとどまらせることができた。しかし、土地改革と集団農業化によって今の農村の老人たちは子供に遺す財産をほとんどもっていない。

盤石の老人の中でいちばん安心して暮らしているのは、孫の世話をしている人たちだとシャオは語る。「孫の世話をすることで自分が役に立っていると実感できる。孫を世話しているかぎりは、子供たちが家に仕送りを続けてくれるのがわかっているのよ」と彼女は言う。

彼女はまた、祖父母が孫の世話のために都市に呼び出されている例もいくつか知っていた。「みんな苦労しているわ。知り合いもいないし、都会は汚いし」と彼女は言う。「今や子供のほうが支配者で、親は子供を怒らせないように気を遣ってばかり。昔は親が死ぬまで子供は親に従わなければならなかったけど、今はもうすっかり変わってしまったわ」

突然、ベルが鳴った。少年が診療所に駆け込んできた。

「おばあちゃん、戸棚を開けて！」と彼はあえぎながら言った。

シャオは南京錠の掛かった引き出しを開けた。

緊急事態かと思った。切り傷か、それとも下痢だろうか。

中を引っかきまわして、少年がとりだしたのは棒付きキャンディだった。彼は汚い紙幣を彼女に渡した。続々と子供たちが入ってきた。とたんにシャオはお金を集めるのに大忙しとなった。薬剤棚ではなく、キャンディ用戸棚に鍵がかけられているのに私は気づいた。

「あらまあ、ずいぶんいろんな仕事をするのね。病人の診察にお菓子屋さんまでも」と私は感嘆した。ほめたつもりだったが、シャオはきまり悪そうに目をそらした。

「人々を癒やすのが私の仕事」と彼女はつぶやいた。

減速する経済、間に合わない社会保障

私が中国高齢化の暗い実態を厳しく指摘するのは、中国が一人っ子政策の緩和だけではなく、高齢化問題の改善のためにすべきことが山のようにあるからだ。退職年齢の引き上げや、ぶざまな年金制度の改革などがそうだ。すでに実施されたものもあれば、今後実現しそうなものもある。

中国の社会保障制度が急ピッチで整備されつつあることは間違いない。二〇一一年の農村部年金制度では受給対象者は農村人口のわずか四分の一だったが、二〇一三年には二分の一とな

り、二〇一五年には四分の三が受給できるようになった。

医療保険にしても、本格的に改革に乗り出したのは二〇〇九年になってからだが、「医保」のほうは急速に発展してきた。過去五年のあいだに保険の掛け金は急速に上昇したとはいえ、自己負担金は大幅に減少した。[13]

それでも、諸手を挙げて喜べるほどではない。高齢になって多少とも満足できる生活を送るには必要なものが二つある。一つは、年とって働けなくなったときに快適な生活と医療と必需品を得るための金銭、そしてもう一つが、心の支えとなり介護をしてくれる家族、もしくはその代わりになる人たちだ。今の中国農村部にはそのどちらも確保されていない。

中国の老人たちが不安のない快適な老後を過ごすには、中国経済が好調を維持し、高齢者医療保障と年金をまかなうのに必要な資金を生み出していかなければならない。ところが中国経済は減速しつつあり、高齢化はさらに中国経済にとって強い逆風となる。

米国の戦略国際問題研究所（ＣＳＩＳ）の報告書によると、この状況はまさに「自転車操業」だという。中国の高齢化問題の解決にはさらなる経済成長が不可欠なのだが、その達成には一層の困難が立ちはだかっている。

ＣＳＩＳの報告では、三〇年以上にわたる経済改革時代には、中国の年次ＧＤＰ成長率は、労働人口の拡大によって、通常（人口拡大がない場合）よりも平均一・八パーセント高くなったが、二〇三〇年代には労働人口の縮小のために年次成長率は〇・七パーセント縮小していると予測する。[14]

家族に関しては、中国の施策は不十分なうえに遅きに失した。一人っ子政策は緩和されて二人っ子政策になったが、赤ん坊が成人して仕事に就くまでには時間がかかる。一人っ子政策緩和という大きな転換をもってしても、今後二〇年間に山積する問題を解決することはできない。

一人っ子政策は中国の介護者数をいちじるしく減少させ、その人数のみならず質をも低下させた。現在の中国では、女性の数のほうが少ない――ということは嫁の数も少ない。実際に舅や姑の介護を担当するのは、この嫁たちなのだ。

世界最低ランクの「死ぬ環境」

昆明市（雲南省）はおそらく、生きる場所としても死ぬ場所としても中国ではもっとも快適な都市の一つといえるだろう。

ベトナムとミャンマーの国境に近い中国南部に位置しているが、それらの国々と比べて蒸し暑くないのは、ちょうど米国西部のタホ湖の標高と同じで、海抜六〇〇〇フィート（約一八〇〇メートル）の高地にあるからだ。この標高のおかげで、中国の他のほとんどの省都が悩まされている公害とはまるで無縁だ。私が最近訪れた中でも昆明市は、主要都市なのに空は青くて当たり前という唯一の都市であった。

マ・クェァ医師の勤務する昆明市第三人民医院の「緩和ケア科」という部門が有名なのは、ホスピスとして中国でもっとも古く、規模でも最大だからだ。

一九八六年、中国でもっとも有名なこのホスピスが開業した当初は、ベッド数六床、医師数二名、看護師数一名の小規模施設に過ぎなかったのが、今や病床数は七〇床で、二〇一五年に新しい病棟が建設されれば、その数は四倍以上になる予定だ。中国では緩和ケア用ベッド数の平均は一〇床だから、桁外れに大きな規模だ。

しかし中国でホスピスの第一人者であっても、それは鶏群一鶴《けいぐんいっかく》でしかない。『エコノミスト』誌の調査部門であるエコノミスト・インテリジェンス・ユニット（ＥＩＵ）が格付けした「クオリティ・オブ・デス（死の質）」ランキング〔各国の終末期医療の質を評価し「どの国で死ぬのがいちばん幸せか」を順位づけ〕では、終末期ケアの質、費用、利用状況、その他のほぼすべてのカテゴリーで、中国は最下位に近いのである。

ホスピス病棟は総合病院の中に組み込まれており、一見してホスピスとはわからないようにうまく工夫されている。運と財――三神の中でも「福」と「禄」――を崇《あが》める文化において、死を語ることはタブーとされ、ほのめかすだけでも中国人の嫌悪感を引き出してしまうからだ。たとえば四という数字が「死」と同じ音（スー）であるために嫌われるといった具合である。

ホスピス周辺の近隣住民が激しい抗議の声をあげることは知られている。たとえば、一九九〇年代後半に、北京市の松堂《ソンタン》ホスピス（松堂關懷醫院《ソンタンワンファイイーユエン》）の近くの住民が病院の窓を打ち壊し、真夜中に一〇〇名近い終末ケアの患者を無理やり街路に引っ張り出した[15]こともあった。

マ医師はきゃしゃながら精力的な人で、中国少数民族の回族（フゥェイ族）出身である。フゥェイ族とは中国最大の少数民族の一つで、イスラム教徒である。いにしえのシルクロード上にあった昆明市にはかなり多くの回族が住んでいる。彼らのほとんどは、もはや厳格なイスラム教義の実践者ではない。最近、習近平政府がラマダンのような行為を禁じているので、厳格ではなくなったほうがよいといえるだろう。

マ医師はもともと神経外科医として教育を受けたが、「中国にはあまりにも外科医が多すぎるので、この分野で有名になるのは難しい」と思い、ここぞ先駆者的仕事ができるチャンスと感じて、ホスピス医療に転じた。そして思いどおりに名を成し、毎日記録している日記を『天国の門で』というタイトルで出版する予定でいる。

マ医師のホスピスには、聖書にもある天国の門を象徴するのにぴったりの部屋がある。それは遺体が安置される部屋で、ホスピス病棟の中で人の出入りの多いひときわ目立つ場所にある。この部屋は中国神話に由来して「蓬萊山《ほうらいさん》」と命名されている。蓬萊山というのは、ギリシャ神話のオリンポス山に相当する山で、苦痛や病のない酒食あふれる桃源郷に、不老不死の仙人たちが住む伝説の場所である。

といっても、ホスピスの「蓬萊山」には神聖さをうかがわせるものはまるで見当たらない。祭壇らしき壁のくぼみがあり、どの宗教にも通じるような宗派不明の神の絵が飾られ、両側にはそれぞれ悲しげな対句が立てられている。

月と春風はいずこにあるや、知る由もない
桃の花は川に散り、去りゆく

私が覗き込むと、白い布でくるまれた遺体が見えた。病院のスタッフが遺体はイスラム教徒なので、イスラムの儀式にのっとり白い経帷子《きょうかたびら》で覆っているのだと私に教えてくれた。この「蓬萊山」では、道教の儀式や仏教の読経が行なわれることもあるそうだ。

病院にこの部屋が存在する合理的な理由はない。病院内には別にちゃんと霊安室があり、遺体は近親者が引きとりにくるまでそこに安置されるからだ。マ医師によると、「蓬萊山」にはそれなりの存在理由があるのだという。

「ある日、患者が亡くなる。しかし突然の訃報に近親者がどう対処してよいかわからず途方に暮れる。そんなときにしばらく安置しておくための場所なのです」と彼は言う。「中国には系統立った信仰体系はありませんが、生きている者に安らぎをもたらすさまざまな埋葬の習慣があるのです」

もちろん、この部屋には実用的な面もある。地元の葬儀屋にこの部屋を貸し出しており、ホスピス科の重要な収入源になっているのだ。中国の病院のほとんどの診療科（ガン科、小児科、その他もろもろ）は利潤追求型の組織として運営されており、各科の収入は行なった診療行為の件数に左右されるといってよい。その収入をもとにボーナスがはじき出され、基本給並み、またはそれを上回る額になることが多い。

しかし、ホスピス科では終末ケアの患者にたいし診療行為を行なうことはほとんどないため、ボーナスは限られる。このことがホスピス科のスタッフを集めるのを難しくしている理由だと病院管理者は言う。「蓬萊山」はホスピス科の財源確保に役立てられているのだ。

また、「蓬萊山」という部屋を設けた結果、これまでタブー視され隠される存在だった死というものに、目立つ場所が与えられるようになった。

私がマ医師や同僚の医師たち、または患者たちと会話を交わしながら気づいたことがある。その一つは、高齢者が、自分がどんな治療を受けるかを、自分ではほとんど決めていないことだ。

医師はだいたいにおいて患者の病状を家族にまず伝え、その情報を患者に伝えるかどうかは家族に一任する。もちろん伝えない選択もある。患者の家族が病状の詳細を患者に隠したいと望めば、医師はたいていの場合それに従う。時には不本意ながら同意する。「私たちは罪のない嘘を言うだけです」と一人の医師は言った。

患者の子供たちは患者本人が望まない、また必要としない無駄な治療や手術を施すよう医師を説得することもあり、大方そちらのほうが多いようだ。英国在住の公衆衛生学者のチェン・ホンが中国のガン患者の終末期医療の研究を進めてわかったことは、医者が「かなり強引に」患者の苦痛を長引かせることになる治療を行なっているということだった。

「直腸ガンの患者を担当したことがあります」とマ医師からも聞いたことがある。「患者は便に血が混じっていることに気づいていました。でも患者の娘さんが、本人には告知しないでほしいというのです。父親にはガンだと知らせたくない、ただの痔だと言ってくれと頼まれました」

「数か月が過ぎ、患者も自分が快方に向かっていないと感じているようでした。血便が続いていて、治療に不信感を抱くようになりました。自分が適切な治療を受けていないと思って、治療に協力してくれなくなりました」

マ医師は最終的には娘を説得し、告知に同意させた。患者には何とかうまく伝えようと努力したという。

「患者に真実を受け入れる強さがあるかどうかたしかめようと、まずは患者に話しかけて様子を見ることにしました。『いいですか、あなたはもう七〇歳ですよね。それくらいの歳になるとみなさんいろいろな病気にかかります。ガンになることもあるのです。最初の私の診断は誤診だったかもしれません。ガンの疑いもあります。あなたご自身はガンかもしれないと思ったことがありますか』。すると患者はこう答えました。『ガンだったとしても私は平気です。私には子供が二人いて、一人は香港に、もう一人は昆明市に住んでいます。二人とも仕事も家族もあって幸せに暮らしているので、今私に何があっても大丈夫ですよ』と」

「とはいえ、本当に覚悟ができているとは思えませんでした。だから二日目に患者のところへ行き、再検査しましょうと言いました。ガンが見つかったと彼に告げたのは三日目のことです。そのころならガンの告知を受け入れる心構えができていると思ったのです。ところが告知した三〇分後に彼は意識不明に陥り、再び意識をとり戻したのは一五日も経ってからでした。それから一週間後に彼は亡くなりました」

私はマ医師に、そんなドラマチックな出来事が本当にあったんですかと改めて聞いてみた。彼は間違いなく本当のことだと答えた。たしかに自慢できる話ではないと言い、「医師としてあれは失敗でした」と認めた。

中国で、患者より家族の意思が優先されるという特異な状況が生まれたのには、いくつかの理由がある。その一つが経済的な理由だ。医者が患者の成人した子供たちの意見に従うのは、治療費を支払うのが子供たちだからだ。中国の高齢者の世代は、中国の好景気を享受できた子供たちの世代に比べて相対的に貧しい。

さらに嘆かわしい解説をすると、死の床では、過去の遺物となったはずの孝行心が頭をもたげてくるようだ。「すべては面子、つまり体裁の問題だ」と、ある北京の病院の運営管理者は言う。「子供たちは、できるだけのことはやったと示さなければ体裁が悪い、つまり面子を失う。だから、たとえそれが不必要で苦痛に満ちた治療になっても、医師に最後まであらゆる手を尽くすように強く要求するのです」

マ医師の見解はまた別だ。過去三〇年以上ものあいだ、中国が資本主義実験を実施した結果、物質主義文化が生まれたせいだという。

「最近の中国人はみな物質主義者です。私は違うが、多くの人がそうなりました。そのため、死についての教育が実施されなくなりました。物質主義者は自分の目に映るものだけを信じ、目に見えないものは否定します。彼らには宗教心がないのです」

私自身がマ医師の意見に賛成かどうかと聞かれれば、正直よくわからない。中国の文化では死に結びつくものはすべて忌み嫌う。建物には四階がなく、そして時には、一三階のない西洋の迷信にならって、一四階もないことがあり、エレベーターではよく戸惑う。中国では、古着、白い花、時計を贈ることなど、死と悪運につながるものすべてを嫌う。

マ医師が言うように、これらの習慣は「死についての教育」の実施をたしかに妨げている。私の家族も、死に関する話が出ると必ず、いつも簡潔な「チョイ」という言葉を言って打ち切る。「チョイ」とは広東語で、「口を閉ざせ」という意味だ。

なぜ死を忌み嫌うのかについては、物質主義文化だけでは説明できない。中国人の死後の世界観にそのルーツがあると私は考えている。大まかに言って、ほとんどの漢民族の信仰は、道教、仏教、儒教が混ざり合ったもので、そこに民族宗教と先祖崇拝も大きく影響している。

そうして作りあげられた一般的な死後の世界は、現生と似た世界とされている。つまり、死後の世界にもお金と衣食住の苦労があり、官僚主義や序列も変わらずに存在し、そして多かれ少なかれ永遠の輪廻転生の中でせっせと働かねばならない。イスラム教やキリスト教の教義と異なり、そこには「永遠の安らぎ」といったビジョンはまったくない。

北京市内に、道教の説く死後の世界観を垣間見る最適な場所がある。それは道教寺院である東岳廟《とうがくびょう》だ。東岳廟をとり巻いていた細い路地「胡同《フートン》」はとうになくなって摩天楼になってしまったが、東岳廟は八〇〇年以上も昔から同じ場所に立ち続けている。

東岳廟にはさまざまな部屋があり、各部屋には死後の世界を描いた焼き石膏の絵が架かっている。その一つ一つの部屋が死後の世界の役所を象徴していて、全体を見ると死後も続く官僚制度の身の毛もよだつ未来図となり、そこで死者は生前の所業を裁かれ、そしてなみいる超自然の神々をなだめなければならない。

死者の魂が住む地下の世界には、司と呼ばれる担当部局が数多くあり、死者の登録文書を保管する局、契約文書を作る局、功績を記録する局などがある。さらに個人の運命を決める局、財産の没収、冤罪の検証、窃盗の取り締まり、自然保護（死後の世界で自然保護が重要になると知っていた人などいるだろうか）などの各部局がある。

中でも私個人のお気に入りは「一五種類の暴力死」を執行する局だ（死んだ後で再び殺されることの詳細については私の理解を超えるのだが）。一五種類の死の様子を赤い塗料と石膏を使ってここまで詳細に描き出せるかと思わせるほど細かくむごたらしく描いた絵が陳列されている。このように死後の世界があまり魅惑的とは言いがたいがために、中国人が死を語ることを嫌悪し、延命に思いきった手段をとろうとするのも無理はない。中国でよく口にされる諺のとおり、「好死《こうし》は偸生《とうせい》に如《し》かず」、潔い死よりも、生をむさぼるほうがよいのである。

私の父の葬儀のときは、棺にドライアイスを入れてベランダに堂々と安置した。弔問客はまず受付をする。そこには近親者が大型の帳簿を前に座り、「白金」――白い封筒に入れ、葬儀の費用の一部として贈る見舞金――について記帳する。遺族である妻と娘たちは、目の粗い綿布のチクチクする頭巾を頭に留め、死後の世界で父が安寧に暮らすための費用として紙製のお金「冥銭《めいせん》」を燃やす。

毎年「清明節」と「重陽節」になると、父の遺灰を収めた地下墓室を訪れる。そこでは、葬儀・法事用品の店で購入した冥銭を燃やして灰を足す。これら冥銭には、道教の神話の天帝である玉帝の絵とともに、文字どおり「冥土銀行（冥都銀行）」や「法幣」などと印刷がされている。

先祖を敬うための祭事に加えて、われわれはまた「鬼月」の儀式を行なう。その供え物は自分の一族だけでなくすべての霊に捧げられる。「鬼月」の一か月間は地獄の門が開け放たれ、霊たちがこの世に舞い戻ってきて食べ物を求めて自由にこの世を徘徊すると信じられている。これらの霊〔鬼子、クィツ〕たちは、もはや彼らのために供え物をして敬意を払ってくれる人がいない不幸な霊たちなのだ。

それゆえ「鬼月」にまつわる迷信が多い。鬼子を刺激しないように、「鬼月」には結婚や事業の開始を控える人が多い。子供のころ、私は母親と「鬼月」の前に葬儀・法事用品の店に行くのが好きだった。というのも、店の中はまるで玩具のような紙製の家や車や人の模型であふれていたからだ。子供の私はそれらに手を触れて遊びたくてたまらなかったが、当然絶対に許してもらえなかった。そんなことをしたら、とんでもない不幸が訪れると信じられていたからだ。

これらの供え物は時代とともに変化していった。紙製のルイ・ヴィトンのハンドバッグ、紙製アイフォン、そしてもちろん死後の世界で何でも買うことができる紙製アメックス・ブラックカードまである。そして紙製のバイアグラ、贅沢な別荘、カラオケ店で接客する「カラオケ嬢」[16]といったものまであり、これらについては「悪質な生贄的供え物」として、二〇〇六年に中国民政部が法律で燃やすことを禁止した。

これらからわかるとおり、ほとんどの宗教や文化では死後の世界に財産はもっていけないと強調しているが、中国人はかたくなにもっていけると信じている、それも子孫がいるかぎり永遠に、子供の数は多ければ多いほどよいという考え方だ。

子孫を残さずに死ぬことは「断子絶孫《ドゥアンズージュエスン》」と表現され、罵りの言葉としては最悪の部類に入る。なぜなら、それは永遠に「餓鬼」となることを意味するからだ。

変わりゆく家族のかたち

昆明市のホスピスには、私がこれまで多く見てきた中国の介護施設と同じ独特の生活臭がある。豚骨のスープと即席麺、ときおりトイレから漂う尿の臭い、それに煙草の煙のムッとする空気などが入り混じった臭いだ。

病室は二人部屋でシャワーはない。したがって患者は浴用スポンジで身体を拭くか、可能なら家に帰って入浴する。ベッド間の間隔は狭く、人ひとりがやっと横向きに通れるほどの幅しかない。

部屋の狭さを補うために、階ごとに座って休憩できる広い共用部分がいくつか設けられている。そこには筏《いかだ》のような木製の椅子やビニールの剝げかかったソファがあり、ラベルをきれいに剝がした小さな缶詰の空き缶が灰皿の代わりに置いてある。入居者や見舞客はここに思い思いにやってきて、喫煙したり縫物をしたり携帯電話でおしゃべりしたりするのだ。

そうした休憩コーナーの一つで、黙々と靴底に花柄の刺繡をするリー・ジャイーと出会った。

彼女の母親がアルツハイマー病とパーキンソン病を併発して七か月前から入院しているという。

　リー・ジャイーは、長くふさふさした黒髪にまるで化粧っ気のない穏やかな顔の三五歳の女性だ。かたわらには、五歳になる娘のチンシュェ（チンシュェはLittle Stream＝清溪）が前歯の抜けた笑顔で座り、愛嬌のある妖精のようだ。お下げ髪に小さなティアラをちょこんと載せている。二人はホスピスの訪問者の中ではいちばん若い。

　ジャイーは妊娠中で、四か月目に入っている。最近実施された「単独二子政策」を利用して二人目を出産する。一人っ子政策が緩和されて、夫婦のどちらかが一人っ子の場合第二子が認められる政策だ。

「たまに、もうかなりの歳なのになぜ二人目が欲しいのと友人に聞かれることがあるわ。でも、年寄りの介護はたいへんなストレスで、今は地域社会からの援助も期待できない。私が育った時代のように近所付き合いがないから、この子が……」と隣りで何かしゃべっている娘に手をやりながら、「一人ではたいへんな思いをするだろうと思って」と言った。

　ジャイーの母親は八年前にパーキンソン病と診断された。慢性的運動障害で治療法はない。中国はすでに世界のパーキンソン病患者数の四〇パーセント以上を占め、[17] 二〇三〇年までにはその割合がおよそ六〇パーセントにまで増加すると見られているが、これほど大量の患者数を抱えていても、この病気はまだ中国では目新しく、中国語の病名すらつける暇がなかったほどである。そのためパーキンソンは「帕金森《パージンセン》」と音だけで漢字が振り当てられた。漢字の意味はそれぞれ「ハンカチ」「金」「森」である。

ジャイーにとって当初、この病気はさほど手がかかるものではなかった。それまで両親はジャイーの子育てを手伝ってくれていた。毎日夕方になると孫の清溪を保育園に迎えに行き、夕食を作ってくれた。祖母がパーキンソン病の症状でよろよろするようになると、清溪はその手をしっかり摑んで支えてあげることを覚えた。

そのうちにジャイーの母親はよく転ぶようになった。住まいがエレベーターのない七階建ての三階だったので、母親は怪我を避けるため一日中ベッドを離れなくなり、上海オペラを聞いたりメロドラマを見たりして過ごすようになっていった。

二〇一三年の冬には、もはや両脚を動かすことができなくなり、トイレには誰かが抱えて連れていかなければならなくなった。そのうちに床擦れができ、七八歳になるジャイーの父親の手には負えなくなった。

そこで介護施設や病院をいくつか見てまわり、最終的にもっとも経済的な病院として昆明市第三人民医院を選んだ。月々の医療費は約三〇〇〇ドルで、その九〇パーセントが中国版メディケアの「医保」でカバーできる。私立の介護施設など他の選択肢は、費用が三倍かかるうえに保険がきかない。そのうえどの施設も数か月の順番待ちになっていた。

素早い手つきで刺繡糸を返しながらジャイーは言った。

「私は運がよかったと思う。病気の両親を抱える人は多いのに、こうした施設を利用することができない人や、その存在すら知らない人もいるから」

ジャイーの両親は、二人が働いていた「単位（職場組織）」に割り当てられた共同住宅で彼女を育てた。彼女はのどかな環境だったと記憶しているが、そんな世界はもはや存在しないことはわかっている。

彼女はなぜ第二子を産む気になったかその理由を話しながら、都市化や近代化がどれほど近隣住民の絆をズタズタに切り刻んでしまったか、繰り返し何度も口にしていた。家族のサイズもまた大幅に縮小してしまったと嘆いた。彼女の両親は二人とも六人の兄弟姉妹がいて、「国宝」という意味の名前をもつ夫のグゥォバオは五人の兄弟姉妹の中で育っている。

ところで、中国語には親族血縁関係を明確に表す言葉が数多くあり、家族関係の定義をきわめて正確に表現する。たとえば、「おじ」という言葉は、その人が父親の兄であるなら「伯《ボォ》伯《ボォ》」であり、弟なら「叔叔《シュシュ》」であり、母親の兄弟なら「舅舅《ジウジウ》」となる。

娘の清溪もジャイーのお腹の子にとってたんに「きょうだい」とは表現されない。英語では姉と妹もシスターで十分だが、それに当たる中国語はなく、彼女はつねに「姉」を意味する「姐姐《ジエジエ》」と呼ばれ、その地位は一生変わることなく、決して「妹」を意味する「妹妹《メイメイ》」にはならない。

執拗に家族の上下関係に重点を置く中国語から見ても、中国がいかに上下関係と組織を重要視するかがわかる。ところが、この細かすぎる序列化が崩壊しているのだ。清溪が自分の子供をもつころには、これら家族を細かく分類する言葉の多くはラテン語のように古典語になってしまうだろう。

週末に私はジャイーにまた会った。彼女は母親への差し入れに卵豆腐をもってきていた。ホスピスの食事は、たいていスープか米粥で、栄養が足りないような気がしていたという。彼女はプルプルする黄色の豆腐をスプーンですくって、反応のない母親の口に運んでいた。

彼女の母親は大量の毛布の下で小さな膨らみのように見えた。うつろな目はかつてテレビが置かれていたあたりをさまよっていた。入院したときに、母親の好きなメロドラマを見られるようにとベッドの足元にジャイーがテレビを据えつけたのだが、入院してすぐに母親はどんな刺激にも反応しなくなった。

「だから、もうテレビは外したの」とジャイーは肩をすくめた。

その日の彼女は黒色のジーンズをはき、傍目には妊娠中とは見えない。

過去数年間は母親の介護でたいへんだったと彼女は語った。「父親はもう高齢だから、私以外世話する人もいなくて」とジャイーは言う。「それもあって、私の娘には同じ思いをさせたくないの。これから生まれてくる弟か妹が当然親の私たちより長生きするだろうから、彼女にとっては、弟か妹との家族関係がいちばん長いものになるはずよ」

この一年間、子供の世話とホスピス通いで疲れ果て、髪は抜け、娘にまで八つ当たりするようになったという。それで結局、仕事を辞める決意をした。仕事を辞めても、貯金と夫の給料で何とか二年間は乗りきれるとの計算だったが、それ以降はどうなるかさっぱり、と彼女は肩をすくめた。

こんな境遇にもかかわらず、中国には計画出産は必要だとジャイーは考えている。「膨大な人口のせいで、社会保障が行き届かないから」と言って最後に、「人・太・多（人が多すぎる）」

とつけ加えた。計画出産に関する私の質問にたいして、ほとんどすべての中国人が口にした言葉と同じだった。

こんなジャイーの考え方は、中国に実際に住まない人にはなかなか納得できないものだろう。だが現実は、都市部の中国人の大多数が計画出産を支持している。都市部に住み、混雑する地下鉄から難関エリート校への入学まで、至るところで自分の居場所を確保するための戦いを経験すれば、理解するのはたやすいはずだ。

だが、私がジャイーに強制妊娠中絶といった計画出産職員たちがとった施策を支持するかと尋ねると、思わず手で自分のお腹をかばって「もちろん支持しない」と断言した。「強制なんて決して許されない。人間のすることとは思えない」

ジャイーの高校の同級生三〇人の中で、第二子をもったのはほんの三、四人だけだと彼女は言った。ほとんどのクラスメートは公務員なので、法律に違反すれば職を失うリスクがあったからだ。「今、多くの友人たちが私のことを羨ましく思っていると思う」と彼女は言った。

清溪が彼女の膝に上ってきて、甘えるように母親の腕を嚙んだ。ジャイーは優しく娘とじゃれ合いながら、一本調子で歌うように話しかけた。「誰がママのお世話をしてくれるのかな。あなたがママのお世話をしてくれるかしら」

お腹の中の彼女のきょうだいの上に乗っかって誇らしげに、清溪はこっくりとうなずいた。

第8章

運命の糸

中国はその信頼性と確実性を確約したのだ。長く煩雑な手続きになるかもしれないが、手続きさえすめば子供をもつことができる。そしてその子が連れ戻されることはないと。

――ジェフ・ギャメージ著『中国の亡霊たち』

中国人養子の経歴調査会社

中国から養子を迎えたら、その子のルーツをたどるにはどうすればいいか。

ブライアン・スタイはその方法を知っている。五〇代半ば、もじゃもじゃの白髪頭のスタイは、芸人のように客の心をつかむ話術に長けた男性だ。

ある土曜の朝、ミネソタ州セントポールのホールに入ってきた少人数の養父母たちに、彼はこんな謝辞を述べた。「アメリカの養父母団体の大多数の方が無関心な中、みなさまにはこうしてわざわざ足をお運びいただき、それだけでも感謝に堪えません」

スタイは養父母団体の異端児だ。元モルモン教徒の彼が中国の養子縁組制度の腐敗を声高に訴えることを嫌う人は多い。よいことをしたと信じている多くの養父母にとって、スタイの主張は不都合なものだからだ。スタイはさながらＯＰＥＣ会議にいるアル・ゴア〔元・米国副大統領。地球温暖化問題の論客〕のように嫌われ危険視されている。

「ブライアン・スタイには、とにかく気をつけて」。中国人を養子にしたジャーナリストの知人は言った。「あの人、非難の的だから」

彼を偽善者だと言う人たちもいる。中国人の娘を三人も養女にしておいて、なぜ制度を非難しているのか、と。非難活動によって利益を得ているという批判もある。それはある程度、事実だ。二〇〇二年から、スタイは中国生まれの妻ランとともに、中国人養子の経歴調査を専門に行なう小さな会社「リサーチ・チャイナ」を経営している。

スタイは会場をざっと見渡すと、子供の人身売買に関与していると思われる孤児院のリストを公表すると宣言した。「自分が養子をもらった施設の名がリストに載っている人も、今この中にはいらっしゃるでしょう。しかし、個人攻撃と思わないでください」。彼は言った。

スクリーンが映った。隣りにいたヘザー・ボールは唇を嚙みしめた。彼女の娘の孤児院がリストにあったからだ。彼女はしばらくのあいだショックに耐えていた。それから肩をすくめると、悲しげな様子でつぶやいた。「どうしたらいいの?」

人道的行為か、人身売買か

中国人養子を迎えることは、一般に考えられているように、親に望まれなかった数多の子供たち(ほとんどは女児)を赤貧と孤児院暮らしから救う、人道的な行為なのか。それとも、中国人の国際養子は、じつは中国政府も認可し、さらに支援までしている国際的な乳幼児売買なのか。

この二〇年で海外へ養子に出された中国人の子供は一二万人に上る。[1] 一人っ子政策の副産物であるこの海外養子縁組という制度は、一人っ子政策のもっとも国際的な側面である。そして、中国から大量の海外養子が送り出されたことによって、人種や家族、国際養子縁組の是非にたいする国際社会の見方は大きく変化した。

健康で低年齢の養子への需要が供給をはるかに上回っている養子縁組の状況において、中国人養子は非常に評価が高い。少なくとも、かつてはそうだった。中国には養父母の求める条件のほとんどすべてがそろっていた。健康で低年齢の子供が数多くおり、手続きは政府によって効率的に行なわれ、他国と比べて開放的だったのだ。

中国で海外向け養子縁組制度がスタートしたとき、養父母の資格を認められた中には、独身者、高齢者、さらには同性カップルも含まれていた。これは他国ではほとんど認められない条件だった。

一人っ子政策は、あらゆる場面でよいイメージを植えつけた。そのため国外の人々は養子に出される女児たちは望まれない子供で、自発的に手放されたと信じていた。中国の孤児院はあふれ返っており、環境も劣悪だった。養父母たちは、信頼できない選択肢が多い中で、中国こそもっとも道徳的な選択だと考えた。グアテマラやエチオピアからの養子とは違って、乳幼児売買、または生みの親の貧困につけこんだと言って非難されることもなかった。

一九九二年、中国政府が国内の孤児院に収容された子供たちを国際養子縁組の対象にするようになると、国際養子縁組の数は急激に上昇した。ピーク時の二〇〇五年までには、毎年約八〇〇〇人の乳幼児がアメリカ人の養子となるようになった。[2]

養子となる乳幼児の数がいちじるしく減少した現在でも、中国からの国際養子の数が他国を圧倒的に上回っていることに変わりはない。[3]二〇一四年でもその数は二〇〇〇人を超え、中国に次いで国際養子の多いエチオピアの約三倍にもなる。

しかし二〇〇五年、その明るいイメージが一変する事件が起きた。湖南省の六つの孤児院が、乳幼児売買で訴えられたのだ。欧米向けの養子縁組斡旋機関として最大規模の施設だった。

当初はこの報告を否定していた当局だったが、最終的には八五人の乳幼児を売買したとして、労働者のドゥァン・ユァンネォンとその家族を拘束した。

孤児院で働いていたドゥァンの母親によれば、はじめのころは、捨てられた子供を見つけてくれば数ドルもらえるという程度のことだった。だがそのうちに、もっと多くの子供を見つけてこいと言われるようになった。というのも海外養子の需要が急速に増えたため、孤児院は養父母にたいし寄付金とは別に、養子縁組一件につき三〇〇〇ドルの斡旋料を請求することにしたからだ。

「孤児院はますます子供を欲しがるようになりました。私の報酬は一人一二〇ドルになり、次は二五〇ドル、二〇〇五年には五〇〇ドルにまで上がりました[4]」。ドゥァンの母親は言った。一家は乳幼児を粉ミルクの箱に入れてこっそり連れ出し、一度に四人を列車で運んだという。広東省から湖南省まで六〇〇マイル（約九六五キロ）の長旅だ。ニューヨークからノースカロライナ州シャーロットまでの距離にほぼ等しい。

刑期を終えたドゥァンは、ラジオ局「マーケットプレイス」の記者スコット・トンに、じつは報道されたよりはるかに手広く乳幼児売買の仕事をしていたことを打ち明けた。そして一〇〇〇人以上の乳幼児を孤児院に売った記録を見せ、孤児院はそれら子供全員について書類を偽造し国際養子縁組を行なっていたと証言した。「私が見た書類では、少なくとも一人はアメリカ人の養子になったと書かれていました」とは、私がトンから聞いた話だ。

中国当局は湖南省の事件を特異なケースだとしたが、二〇〇九年、新たな不祥事が発覚した。貴州省の計画出産担当の役人が、一人っ子政策違反で生まれた子供を奪いとり、孤児院に売ったと『ロサンゼルス・タイムズ』紙が報道した。[5] 二〇一一年には、ニュースサイト「財新網《ツァイシンワン》」にも同様の事件が掲載された。[6] この事件で実際に売買された子供たちは、最終的にアメリカ人やオランダ人の養子となったと記されている。

貴州省[7]と陝西省[8]では他にも乳幼児売買事件が起き、養子縁組の制度全体に疑問が生じた。

蔓延する乳幼児売買

不正行為がどこまで蔓延しているのかを明確に突き止める方法はない。この制度で恩恵を受けている人々、つまり中国政府から養子縁組斡旋機関、さらに養父母たちに至るまで、その誰もがこれらの不正事件はごくごく稀なケースであるの一点張りなのだ。

セントルイスに拠点を置く養子縁組斡旋機関「チルドレンズ・ホープ」で中国部門を担当しているメロディ・チャンは、中国の国際養子縁組制度に欠陥があることを認めている。しかし、彼女が指摘するのは、この制度のおかげで、中国の孤児院で死んでいったはずの多くの子供が救われてきたという点だ。「当初、施設の環境は本当にひどかったのです」とチャンは言う。

中国が養子縁組市場に参入したことで、欧米からの援助が増加し、孤児院の環境は大きく改善された。たとえばバークレーに拠点を置く基金「ハーフ・ザ・スカイ」は、孤児院の環境改善のために一五年間で五六〇〇万ドルを投じている[9]。

だが、養子縁組斡旋機関の誰もが楽天的なわけではない。二〇〇九年、オランダ最大の養子縁組斡旋機関「ワールド・チルドレン」の所長アイナ・フートは、湖南省の事件に抗議して辞職した。さまざまな疑惑に思い悩んだフートは、無駄とは知りつつ中国、オランダ両国の当局に回答を強く求めた。二〇〇七年、彼女は一か月にわたる調査を行なうため中国へ飛んだ。

フートは、乳幼児売買の慣行は「私たちが思っている以上に蔓延している」という確信をもって帰国した。養子縁組業界の関係者が彼女に語ったところによると、計画外出産の子供を生まれる前から見つけて確保しておいた助産師には報酬が支払われる。また、孤児院が、養子となった子供たちについて、中央の養子縁組機関や養父母に報告している以上の情報をもっていることも多いという。

彼女は他にも中国の当局者から個人的に、湖南省の人身売買事件の被害者のうち少なくとも二人が最終的にオランダ人の養子になったという話を聞いた。しかし、中国政府からもオランダ政府からも、この件に関する調査をしてもらうことはできなかったという。「彼らにとっては、すでに終わった話なのです」

髪はブロンド、日焼けした肌に陽だまりのような笑みをたたえ、話し方も柔らかなフートは、その容姿から活動家らしさは感じられない。彼女はソフトウェア分野で成功した起業家であり、大学の経営者でもあった。

「ワールド・チルドレン」に加わったのは二〇〇二年、はじめての子供を死産した直後だった。その衝撃的体験から、フートは「次のステップは世界を少しでもよくすることだ」と決意したという。当初はみずからの養子縁組を計画していたが、養子縁組の内部事情を知るにいたって、待機者リストから名前を削除した。

「内情を目にして衝撃を受けました。養子縁組の多くは養父母の利益のためで、子供たちのためではないということがわかったのです。誰にでも子供を望む権利はあります。でも、子供をもつ権利はないのです。子供には両親をもつ権利がありますけどね」

みずからの信じるところを公表したフートだったが、その代償を支払うはめになった。二〇〇九年に辞職してからの五年間、彼女にはずっと仕事がなかった。内部告発者として有名になったから、誰も自分を雇いたがらなかったのだ、と彼女は思っている。二〇一四年、彼女はようやく人身売買の被害者を救済するオランダの非営利組織「CoMensha」の代表に就任した。

養父母の九五パーセントが知りたくない事実

養子縁組の世界においては建前上、国内での養子縁組が優先されている。これを「補完性原理」と言うが、中国が加盟しているハーグ国際養子縁組条約にもこれが最善の実施事項として公式に記載されている。

にもかかわらず、一人っ子政策によってこの原則がないがしろにされている。規定以上の子をもうけた家族が、その子を養子だと言ってごまかすことを避けるため、中国の養子縁組に関する法律では、国内で養子縁組する親たちが明らかに冷遇されているのだ。

国内で養子縁組を希望する夫婦の前に立ちはだかる壁は、国際養子縁組よりはるかに高かった。たとえば、一九九二年当時、養父母の年齢制限は、外国人なら三〇歳以上なのに国内では三五歳以上とされていた。さらに、養子とした子供は養父母の子供の数に入れられる。つまり、養子をとった中国人は、みずからの血を分けた子供をもつことができないということだ。

サムフォード大学の法律学教授、ディヴィッド・スモリンをはじめ多くの倫理学者は、ハーグ国際養子縁組条約の掲げる高い理想はあまり守られていないと言う。[10] ハンプシャー大学アジア研究の教授、ケイ・アン・ジョンソンはもっと単刀直入だ。ジョンソンは私と中国における子供の人身売買について議論していたとき、不意に言った。「買い手って誰だと思う？　中国から養子を迎える人は、みんなそうなのよ」

この定義では、彼女自身も買い手ということになる。ジョンソンは一九九〇年代前半、中国から養子として娘を迎えた。当時は内情を何も知らず、中国の孤児院には孤児があふれ、国内だけでは養子縁組が追いつかないのだと信じていた。

その後、彼女は中国の養子縁組システムの実態を知ることとなる。中国国内で養子縁組を望む人は、闇市場で仲介業者に金を払う以外に方法がない。そのため、養子縁組は人身売買だとして不当な扱いを受けている。一方、ジョンソンのような欧米の養父母たちは、政府が管理する正規のルートを介しているにもかかわらず、闇市場よりはるかに高い金額を支払っている。

「中国の養父母が『買い手』と呼ばれて蔑まれているのに、どうして私たちだけが『養父母』と見なされるのかしら」と彼女は疑問を投げかける。

（国外の養子縁組は中国民政部の養子縁組局「ＣＣＡ」が管理しているが、国内の養子縁組を扱う同等の機関は存在しないようだ。そのため、私が取材した中国国内の養子縁組を望む親たちは、主に個人的なコネや人脈を使うしか方法がないと教えてくれた）。

今ジョンソンはこうした仕組みを強く批判している。中国の養子縁組制度の不備のせいで国内での養子縁組が成立しにくいために、中国では女児は欲しがられないという誤解が海外に根強く残っている。正式ルートがあれば、女の子の養子でも国内で温かい家庭を見つけられたはずだ、と彼女は主張する。[11]

私が取材をした中で、国境を超えた養子縁組についてもっとも厳しく批判しているのは、他でもないこのシステムの受益者である養父母たちだ。彼らはこの制度を「壊れたシステム」と呼んでいる。スタイもこの矛盾についてこう述べている。

「身をもって体験しないかぎり、この摩訶不思議な世界の真相はわからないものです」

「養父母の九五パーセントは知りたくない事実でしょうし、知ったところで何かをしようとは思わないでしょう。わざわざ波風を立てる必要はないってね」

フィクションだった「感動のエピソード」

一九九五年、敬虔なモルモン教徒の家庭で育ったスタイは当時三六歳、ユタ州リーハイに住んでいた。その町は、一九八四年のアメリカ映画『フットルース』の舞台となったダンスが禁止されている田舎町のように、保守的で、小さな町だった。

多くの若いモルモン教徒同様、彼も海外布教活動をする宣教師として、二年間をドイツで過ごした。ブリガム・ヤング大学で経営学の学位を取得したが、卒業後、いくつかの事務職を経験したことで、若い理想主義は消えていた。

「組織の歯車になるなんてまっぴらでした。金時計をもらって退職するまで働き、自分が抜けても会社はまわり続ける。自分の存在が何の変化ももたらさないのです」

スタイが人生の新たな目的と天職に出会ったのは、当時の妻ジェニーンが教会から戻ってきて、中国の孤児を養子にしてはどうかと言いだしたときだった。当時、一人っ子政策によって中国では多くの女児が捨てられているとの報道でもちきりだった。

その二年前、ＢＢＣの番組「死の部屋」が放送されて物議をかもした。中国の孤児院における非人道的で残酷な行為を詳細に描いたドキュメンタリーだった[12]。続いて発表されたヒューマン・ライツ・ウォッチのレポートには、中国の孤児院は子供たちが死ぬために送られる場所に過ぎないと記されていた[13]。

人口増加ゼロ運動を強く支持するスタイは、子を産まずに養子をとるという妻の提案に飛びついた。そして一九九七年、彼らは八か月の女児を連れて中国から帰国し、「メイキナ」と名づけた。ハワイ語でメイは「美しい」を、キナは「中国からきた」を意味する。三年後、養父母団体が、メイキナのいた孤児院に冷蔵庫を贈るための寄付金を集めたとき、スタイはその寄付金を中国に渡しにいく役を買って出た。

中国滞在中、彼はメイキナの発見者として記録に記載されている二人の女性の一人と会った。スタイによれば、その女性は、非常に細かく当時の状況を語ったという。

「ある朝、彼女は同僚と徒歩で仕事に向かう途中、雑踏と騒音の中で赤ん坊の泣き声を聞き、声の主を探すと、段ボール箱に入った生後二日の小さな赤ちゃんを見つけたと言いました。その赤ちゃんは田舎っぽい服を着ていて、寝ている横には空の哺乳瓶といくらかの現金、そして出生情報を記した赤い紙切れがあったそうです[14]」

スタイはそれまで知らなかった事細かな情報を多く入手できたことに感激した。もしそうなら、メイキナを路肩に捨てた生みの母は、ベビー服を着せて現金を添えるくらいの気持ちはあったということになる。

彼は中国民政部の近くのメイキナが見つかった場所を何度も訪れ、光景をイメージしようとした。泣いている赤ん坊、いぶかしむような通行人、静かに悲しみに暮れる母親が物陰から見つめている姿――。スタイは、それは「奇跡のような」体験だったと言う。彼は養父母団体の他のメンバーにこの感動を伝えた。

中国人の養子を迎えた養父母たちの多くは、子供の出生についてほとんど情報を与えられていない。スタイの経験談は、多くの人々が抱えていた、もっと知りたいという欲求を刺激した。そして何人かが彼に協力を求める手紙を送った。

その後、約三〇組の家族が、中国への往復の交通費としてそれぞれ一三五ドルの寄付をして、スタイは再び中国を訪れた。これが彼の会社「リサーチ・チャイナ」の起源だ。

メイキナ発見の話を振り返ってスタイは笑った。「あんな話を鵜呑みにしたなんて、信じられませんよ」。一〇年後、彼の二番目の妻ラン・スタイはメイキナの発見者として記載されていたもう一人の女性を見つけ出した。その女性は、すべてが作り話だったことをしぶしぶ打ち明けたとランは言う。

「本当に申し訳なさそうな様子でした。彼女は養子縁組を手助けするために、記録に名前を載せることを承知したと言っていました。実際に赤ちゃんを見つけたことは一度もないそうです」

それは、スタイが繰り返し語っている、事実発覚の瞬間だった。セントポールの養父母団体の集会でも、彼は来場者に向かって皮肉な口調で語った。

「彼女は孤児院が用意したサクラだと思います。彼をいい気分にさせろ、とでも言われたのでしょう」。ここで一呼吸置くと、来場者がクスクス笑った。「彼女はそのとおりにしたわけです。一〇年間、私を最高にいい気分でいさせてくれたのですからね」

きっかけは「発見情報料」

二〇〇〇年、二人目の養子縁組の手続き中にスタイ夫妻の最初の結婚は破綻した。離婚原因の一つは、彼がモルモン教を脱会したことだとスタイは言う。彼はシングル・ファーザーとして養子縁組を進め、二人目の子供を「メーガン」と名づけた。

多くのアメリカ人養父母と同じく、スタイが最初に立ち寄ったのは広州市の沙面島《シャミィエン》だった。アメリカ領事館はこの島で、海外からの養子と養親が一緒に暮らすことを許可するビザを発行している。沙面島はアヘン戦争時代に外国人居留地が設けられ、風格あるアールデコ調の建築物が立ち並ぶ歴史ある人工島だ。

今では、アメリカ向け養子縁組の拠点としてその名を知られている。沙面島の五つ星ホテル、「ホワイト・スワン・ホテル（広州白天鵝賓館）」は、部屋の天井から床までの大きなガラス窓からよどんだ珠江を存分にながめることができ、「コウノトリホテル」という愛称で呼ばれている。

宿泊客のうち養子縁組の家族が相当数を占めていたため、ホテル側は三フロアをそうした客の専用として提供しており、特別のおみやげとして、金髪の西洋人の母親が小さな中国人の乳児を抱きかかえている「お家に帰ろう、バービー」という名のマテル社製の特注人形をプレゼントしている（最近イーベイでは、このバービー人形に三〇〇ドルの値がついていた）。

新たに父となったスタイは、小さなメーガンを沙面島のとある量販店に連れていった。売っているTシャツやシルク製の洋服のほとんどがピンク色という店だ。そこで、後に彼の二番目の妻となるランと出会う。

ランは、よく日に焼けた細面で、長く優美な指をしており、旅行者に安い雑貨を売ったり、アメリカ市民になったばかりの子供のペン画を描いたりしていた。娘の養子縁組手続きには数か月を要し、そのあいだにランとスタイのメールのやりとりが始まったという。

その年の後半になってスタイは再び広州を訪れた。ランに会うこととメーガンのさらなる情報を収集するのが目的だった。じつは、メーガンの養子縁組手続きで支払った手数料や寄付の中に四二〇元、当時の金額でおよそ五五ドルの「発見情報料」なる項目があることに気づいた。

調べると、発見情報とは国際養子縁組に出す子供のために中国の孤児院が掲載しなければならない新聞広告のことだとわかった。彼は広州に着くとすぐに、より詳細な情報を得ようとした。多くの地区の新聞社をまわった後、スタイとランは該当の広告を掲載している小さな新聞を発見した。

その新聞社には部屋いっぱいの古い記事原稿があったが、スタイはその中からついにメーガンの発見情報を見つけ出した。そこには、彼女の発見場所と、彼がそれまで見たことのなかった生後四か月のメーガンの写真という非常に重要度の高い情報が掲載されていた。

こうした発見情報広告を集めて売るのが、「リサーチ・チャイナ」の主な収入源となった。スタイとランは二〇〇四年に結婚し、二人は中国中の古い新聞を買い集めはじめた。多くは非常に安価（数セント）で手に入れることができた。

二人はその広告に大幅な利益を載せ、一件七五ドルという額で、アメリカやヨーロッパの養父母たちに販売した。「はじめの数年間はとても儲かりました」と言う。そして夫妻は三番目の娘、メイロンを養子に迎えた。

孤児院の過半数が人身売買に関与？

「リサーチ・チャイナ」は、二〇〇四年にはサービスを多角化しており、孤児院別の報告書や、分析報告書まで提供するようになっていた。その作成にあたって、スタイは発見情報広告から抜粋した情報を使っていた。

発見時の年齢、性別、健康状態、発見場所など、発見情報広告に掲載されている情報を使い、そこから結論とパターンを導き出したのだった。

セントポール（ミネソタ州）での集会で、スタイは図表やグラフをふんだんに用いて、自分が発見したことの一例を披露した。中国の通常の孤児院、つまり乳幼児人身売買に関与していないという意味での通常だが、それらの施設の場合は、さまざまな年齢、性別、能力の子供たちを広範囲に受け入れており、発見された場所も多様な地域に及んでいるとスタイは言う。

それにたいし、乳幼児売買事件に関与した湖南省の六つの孤児院は、過去にさかのぼってデータを分析してみると、通常とは異なる共通の特徴が見られるという。

これらの施設が受け入れていたのはほとんどが女児で、非常に月齢の低い乳児であり、発見場所もほんの数か所に限られていることだ。女児で低年齢という特徴は偶然というより市場の需要を示している。そして発見場所については、各施設の所長たちが証拠を周到に隠蔽するのを怠ったことの表れだった。

スタイによれば、これら六つの孤児院は、五年間に合計二二〇二人の子供を発見したとしているが、男児はたった一七人しかいなかったという。その中の一つ、湖南省長寧《チャンニン》市の孤児院では、保護された孤児の四〇パーセントの発見場所がたった二か所に集中していた。

新聞広告の分析結果から、スタイは中国の孤児院の半分以上が乳幼児人身売買をしていると見ている。養父母なら誰もが耳を塞ぎたくなる話だ。

障害児についてさえも例外ではない、とスタイは来場者の質問に答えて言った。中国人の障害児を養子に迎える順番待ちをしている茶色いブラウスの女性から、障害をもつ子供たちは望まれない子として捨てられたという確証はありますか、との質問が出たときだ。スタイはためらいがちにこう答えた。

「障害児なら問題ない、とは言いきれません。中国という国はいつでも方針をコロコロ変えることは、何度も思い知らされていますからね」

彼のデータによれば、二〇〇〇年から二〇〇五年までは、中国の孤児院が障害をもつ孤児を保護したケースはほとんどない。だが今や障害児は保護された孤児の半分を占めている。二〇〇五年は、湖南省の事件を受けて養子縁組が急減するという、中国の養子縁組にとって節目の年だったからだ。

「二〇〇五年以前はたんに障害児の寿命が短かったということでしょうか」。スタイは言う。「それとも二〇〇五年以降、障害児も養子縁組の対象になりうることに気づいた孤児院が商売を始めただけなのでしょうか」

その後、質問した女性の不安を和らげようと、スタイは説明を加えた。中国では障害児を不運の兆しととらえるため、彼らの未来は非常に暗い。たとえ人身売買であったとしても、障害児の養子縁組を非難することはできないと思う、と。

スタイの主張を立証することは難しい。他に中国全体の孤児院の収容者のデータを分析している人物となると、私には思い当たらない。スタイのデータのほとんどは新聞に掲載された「発見情報広告」からの情報であり、それらは情報源として不完全である可能性がきわめて高い。

さらにスタイのデータには、海外養子縁組の対象とならなかった孤児院の子供たちは含まれていない。発見情報広告を作る必要がなかったからだ。スタイもこうしたデータ上の不備についても認めている。

「是非とも私たち以外の誰かに、詳細にわたる独自調査を行なってもらいたいものです。私たちの活動は第一歩に過ぎません。しかし、私たちの発見が正しいことは、中国内部から次々と伝わる人身売買の話から立証されています」

スタイの調査は、「倫理にかなった手段で、健康かつ年齢層も幅広い子供たちといくらでも養子縁組ができる、というかつての中国養子縁組に抱いていた夢を雲散霧消させてしまうほど、不安を煽る事後分析だ」とサムフォード大学法律学教授のディヴィッド・スモリンは指摘する。[15]
「スタイを信じずとも、数々の数字や人々の話に真実が示されている」

養子の子供たちに共通する喪失感

中国人の乳幼児を養子に迎えた欧米家庭は、さまざまな懸念と直面することになる。白人中心の社会で、中国人である養子の子供たちが順応できるかどうか。ただ女の子であったがゆえに捨てられたという事実とどう向き合うのか。養子という事実を知って、混乱や疎外感を感じたりはしないか。

その不安への答えを探して養父母が注目したのは、はじめてアジアから養子としてやってきた第一波の養子たちだ。一九六〇年代を皮切りに、約二〇万人の韓国人（このときもほとんどが女児だった）がアメリカの家庭に養子として迎えられた。

そのとき養子になった子供たちの中には、ルーツである祖国について一切の文化的知識が与えられないまま育てられたことに、強い怒りを感じていると公表した者がいた。彼らは、養父母の家庭が「人種偏見は存在しない」という前提で自分たちを育て、人種差別にたいする心構えを教えてくれなかったことに腹を立てていたのだ。

一九九六年、『ボストン・グローブ』紙に掲載された記事「ジュリア・ミン・ゲイルの謎」は、中国人養子を迎えた家庭が直面する問題を浮き彫りにしている。台湾から白人家庭の養子となり二四歳となった女性、ジュリア・ミン・ゲイルの特集記事だ。

白人である養父母は中国語を話すことのできる研究者だったが、彼女は中国語とは無縁で、自分は白人の兄弟姉妹とまったく同じと思うように育てられた。彼女は自分自身を赤毛でそばかすのある女の子だと信じていたという。記事には「いつか肌の色が白くなるといいな、とずっと思っていました」という彼女の言葉が掲載されている。

中国人と養子縁組した家族は、わが子がこのような問題に苦しむことのないよう、子育てに中国的要素をとり入れる予防策を講じた。いわば一時しのぎの処置である。中国人養子を迎えた家族の団体[16]（ＦＣＣ）は、全米に一〇〇〇以上の支部をもつ強大な組織であるが、「春節」や「中秋節」といった中国の文化的イベントや、中国語講座などを毎年開催している。

世界的大国として権勢を誇り、ソフト面での力の拡大を切望する中国にしてみれば、このような試みは大歓迎だ。ＦＣＣが企画するイベントの多くは、孔子学院からの支援を受けて行なわれた。孔子学院は、中国文化を海外に発信する目的で設立された、中国教育部に属する機関だ。抜け目ない中国政府は、これを外交上のチャンスと見て、養子とその家族のための「里帰り旅行」への支援も開始した。

その効果のほどは？　中国語を流暢に話せるようになった子供は少なく、二つの文化をもつ違和感を解消できた子供もほとんどいなかったという結果だった。この試みは主に心理面で効果を上げたという研究者たちもいる。養子となった子供たちに、自分の違いが周囲に受け入れられ、認められているという安心感を与えることが目的だったから、それなりの成果はあったという。

だが安心感という点でも、それを感じた子供は多くない。「二つの文化のいいとこどりなんてラッキーだね、と人は言います。でも、私たちの多くはそうは思っていません。結局どっちつかずで、完全にどちらか一方にはなれないのですから」。養子のグレース・ニュートンはこう打ち明ける。「とても大きな文化的喪失感というものが、私の皮膚に移植されたように、身体で感じるのです[17]」

私が話を聞くことのできた養子の多くは葛藤を経験していた。彼らは自分が養子縁組制度によって幸運を得た事実は認めている。その制度のおかげで、ほとんどの場合、温かく裕福な家庭を得ることができたのだ。しかし同時に、彼らの多くが養子の抱える喪失感を知ってほしいと感じており、それゆえにしばしば養父母との対立も生まれるという。

ニュートンが中国人養子縁組を自分の問題としてはじめて感じたのは、大学で国際養子縁組をテーマにしたクラスを受講したときのことだった。養母はニュートンがそのクラスを選択したと聞き、「受講した後で、どうか養父母である自分たちのことを『植民地帝国主義者の白人』だと思わないでね。半分冗談だけど、半分は本気で言っているのよ[18]」と心配したという。

講座で誘拐や人身売買の事件について聞いたニュートンは、泣きながら母親に電話した。そのことで二人のあいだに亀裂が生じたという。「両親は、倫理的なよい行ないだと信じて養子縁組をしました。まったくの善意の行動だったのです」。ニュートンは言った。

受講期間が終盤に近づくころには母親との関係は回復した。それでも、「私の認識が変わるのを見ることや、私たちを家族として結びつけた制度にたいして私が疑問をもつことは、母にとって辛いことでした」と彼女は言う。そのクラスが終わるころ、ニュートンは「養子縁組にたいする自分の批判は、両親にたいする批判ではないことを母親は理解した」と語った。

多くの養子の思いを代弁して彼女は言う。

「愛する誰かを亡くすことはとても辛いことですが、人はその人との思い出を大切に守って生きていけます。しかし、ほとんどの養子の場合、最初の家族がどこかに今もいるのですから、思い出にできない曖昧な喪失感を抱えてしまうのです。そして、つねにこんな思いに駆られてしまうのです。生みの親は自分のことを今も思っているのだろうか。いま何をしているのだろうか。もし養子にならなかったら私の人生はどんなだっただろうか」

DNA調査というパンドラの箱

韓国人養子たち同様、中国人養子たちも成長とともに自分の出生について調べるようになるだろう。韓国人養子たちは韓国政府に働きかけ、韓国との二重国籍を認めさせ、非公開だった養子縁組の記録の閲覧を求めて成功した。中国人養子たちも同様に、政治的・社会的な勢力になることもありうる。

今のところ、生みの親探しに興味を示す中国人養子は少ない。最年長の養子でもほとんどが一〇代後半で、まだ学校や大学、恋愛問題に心を砕いている年頃だからだ。専門家によれば、養子たちが出生に関心をもつ時期は、二〇代前半と自分が親になったときの、二つの時期がピークだという。

かつてと違って、今は新しい強力な手段がある。ＤＮＡ鑑定だ。それは、中国という巨大な干し草の山の中から、生物学上の針を見つけ出すという大きな可能性を秘めた手段ではあるが、同時に危険をはらむ諸刃の剣となるだろう。

私はその可能性のいくつかを実際に、スタイ夫妻とともに目撃することができた。セントポールに滞在中、スタイ夫妻はある女性と出会う。その名を仮にジェーンと呼ぶことにする（彼女は名前や自分の生い立ちについてあまり詳しく公表されるのを希望していない）。その数週間前、ジェーンは中国から一通の手紙を受けとった。差し出し人は、ジェーンの養女の実の父親の代筆をしていると書いていた。

父親と名乗る男性は一人っ子政策違反の罰を逃れるために、娘を養子に出したのだという。私が実際に見た手紙にはこう書かれていた。「私の叔父とその妻は、その後ずっと、一四年間にわたり彼女を探し続けていました」。ジェーンの住所については「政府の関係者」から入手したという。

ジェーンはＤＮＡ鑑定キットを中国に送った。彼女はこの事実を娘に知らせるか否かひどく悩んだ。だが最終的には知らせないと決めた。娘はそれでなくとも不安定な一〇代の真っ只中にあって、自分の中国人としてのルーツを知ることになど「まったく興味を示していなかった」からだ。

ジェーンは苦心の末、「世界ＤＮＡの日」〔毎年四月二五日に祝われる記念日。一九五三年のこの日、ＤＮＡの構造に関する論文が発表された〕を祝うという口実をでっち上げ、疑うことを知らない娘を含む家族全員のＤＮＡを集めた。「そんな記念日があるなんて知らなかったでしょう？」彼女は笑いながら言った。後日送られてきた結果には、検体は一致しなかったとあった。

二年前、スタイ夫妻はＤＮＡ鑑定を使った実父母探しの事業を始めた。手始めに彼らは、ある孤児院が乳幼児人身売買を行なっているとされる「多発地域」を特定した。そして次に、その孤児院から養子を迎えた養父母たちの団体のいくつかと連絡をとった。これらの情報を突き合わせれば、地域を絞って調査ができる。養父母と孤児院の従業員から話を聞き、ＤＮＡサンプルを回収すればいい。

養父母ははじめに二七五ドルを支払い、スタイ夫妻が実の親を見つけたときはさらに二〇〇ドルを支払う。彼らは前述の方法で調査を五、六回行ない、一二人の実の親を突き止めたという。しかしラン・スタイは自分の知るかぎり、養父母が実際に実の親と接触したのは、三、四件に留まるという。それ以外はおそらく情報をパンドラの箱に入れ、将来のために保管しているのだろう。

スタイは現在、アメリカを拠点とする大規模なＤＮＡ鑑定機関に中国人の検体を送り、そこで得た情報を保管する小さなＤＮＡバンクを作っている。

「以前は調査対象のすべての親たちから検体を集めて、一致しなければそれを処分するだけでした」。スタイは言う。「そこで、検体を預けて保管したらどうだろうかと思いついたのです。

保管しておけば、いつかどこかで、アメリカに暮らす養子の誰かが調査するときに利用することができる。そして実の親が見つかることだってありえますし」

検体一つあたりの保管費用は一〇〇ドル以下だ。スタイは検体の収集や採取キットにかかる費用を寄付でまかなっている。

中国の養子縁組制度に関する不正行為への懸念が高まることで、スタイのビジネスが利益を上げることはたしかだが、その額はたいしたものではないようだ。

記録によれば、「リサーチ・チャイナ」のブログに年間二〇ドルの会費を支払っている購読者は約一〇〇〇人。他に、ランのペン画、孤児院を映したＤＶＤや写真、翻訳サービスといった小さなサービスの販売が行なわれているだけ。

「リサーチ・チャイナ」のフルタイム従業員はランのみだ。スタイ自身は昨年、別のフルタイムの仕事に就いたため、家族は以前よりよい保険に入ることができたという。「私はこのたいへんな仕事を頑張りつづけることに少々疲れてしまったのです」。スタイは言った。

子供を誘拐する地方役人たち

二〇一一年、調査報道を行なうというニュースサイト「財新網」は、湖南省で一人っ子政策に違反して生まれた子供たちを誘拐していた計画出産担当の役人について報じた。誘拐された子供たちは、最終的に邵陽《シャオヤン》の孤児院に収容された。そのうち何人かは海外の養子となっている。

四年後、私は子供を奪われた親たちの一部と面会した。どの誘拐にも、ある共通点があった。まず、いずれのケースも両親が子供の側《そば》にいないときを狙われていた。両親は子供たちの世話を祖父母に任せ、遠方へ出稼ぎに出て長時間労働をしていたのだ。次に、連れ去られた子供たちの出生届にはみな不正があった。ほとんどが一人っ子政策違反か、婚姻関係外で生まれた子供であったことから、彼らは格好の標的となったのだ。実際、こうした子供たちの誘拐が、中国の法律上犯罪と見なされるのかさえ定かではない。事件に関わった役人の中で、降格や異動の処分を受けた者はいるが、刑事責任に問われた者が一人もいなかったことはたしかだ。別の地域の計画出産担当の役人に話を聞くと、たとえこのような行為をしても罪に問われないことは誰もが承知していると言った。

ヤン・リービンのまるまる太った娘、リンは婚外子として生まれた。二〇〇四年、四〇歳だったヤンは、妊娠した一〇代のガールフレンド、チェン・ジーメイを連れて帰郷した。チェンが結婚可能年齢に達していなかったため、彼らは結婚することができなかったのだ。そのうえ、チェンの母親が結婚に猛反対だった。「母親より一つ年上の男と結婚するなんて、と怒られました」。そう振り返るヤンは、疲れた目をして、くぼんだ頬は切り立った崖のようだった。

リンが生まれると、二人はヤンの両親に世話を任せ、職を求めて南部の工業地帯へ出た。出発前、二人は写真館での撮影のために必要な費用をかき集めた。真っ赤な花の咲き乱れる背景幕の前に座ったヤンは、二〇歳も若く見えた。

膝の上に乗せられた赤ん坊のリンは、厚過ぎるダウンジャケットのせいで、ぽっちゃりした腕が前にピンと伸び、小さなミシュラン・マン〔タイヤメーカー、ミシュラン社の企業キャラクター〕のようだ。その足にはピンクや、黄色、青、茶など、色とりどりの鮮やかな手作りの靴が輝いていた。綿入りの上着を着た母親は、子供を守るように身を寄せている。

それが、三人で撮った最初で最後の家族写真となった。両親の留守中、子供は役人たちに連れ去られた。読み書きのできないリンの祖父母をうまく言いくるめて、子供を養子縁組に出すことを承諾する書類に拇印を押させた。後に役人たちはヤン自身が子供を手放す書類に署名したと主張した。だが当時ヤンは中国南部におり、書類に署名することは不可能だったことを証明した。

それでも娘をとり戻すことはできず、リンは邵陽（湖南省）の孤児院に姿を消した。「彼らは私に、娘のことは忘れろ。二人目の子供を作る許可を出してやる、と言いました」とヤンは言った。

ヤンの話を知ったブライアン・スタイは、みずからの養父母ネットワークに情報を求めた。邵陽の孤児院から養子を迎えた家族はいないかと問い合わせたのだ。これにたいして、イリノイ州の夫婦から返事がきた。彼らが養子縁組をしたタイミングや状況、そして送られてきた写真を検証した結果、スタイはイリノイ州の少女がリンだと確信した。少女にはリンと同じ母斑《ぼはん》があったとスタイは言う。

こうしてスタイは、イリノイ州の養親夫妻とメールでのやりとりを始め、電話でも話をした。当然ながら夫妻はショックを受けていた。はじめのうち、養母は非常に協力的だったとスタイは言う。しかし、スタイがDNA鑑定を提案すると、怖気づいた夫妻は連絡を絶ってしまった。スタイからこの夫妻の身元を聞き出すことはできなかったが、私からの手紙を送ってもらった。手紙には、実の親かもしれない人たちにもし何かメッセージがあれば、私から中国に住む二人に伝えたいと書いた。しかし、返事はこなかった。

二〇〇九年、ラン・スタイがヤンと面会した。ランは、リンだと思われる少女の写真を彼に見せた。ヤンのDNA検体も採取した。「本当に嬉しかったです。だいぶ大きくなっていますが、あとは私がもっている写真そのままでした」。彼は言った。その写真は四歳の少女を、ヤンの目からは「大きな別荘」にしか見えない場所で撮影したものだった。「アメリカではみんなこんな暮らしができるのですね」と言って、歯の隙間からプッと煙草のカスを吐き出した。

彼自身の人生はうまく運んでいなかった。内縁の妻チェンとのあいだにはチェンジエーという名の息子が生まれた。しかし三年後、チェンは夫と子供を置いて家を出たという。「貧しい暮らしに耐えられなかったのです。娘を探し出せるということも信じなくなっていました」

もし娘が見つかり、彼の子供に間違いないと証明されたらどうするか、尋ねてみた。

「とり戻します」。ヤンは即答した。

「でも彼女ももう一〇歳ですよ。中国での暮らしになじめないかもしれません。中国語も話せないのですから」と私は言った。

「それなら少なくとも年に一度は訪ねてきてほしいです。私が行ってもかまいません。それから、少しは中国語を勉強して、私とも話ができるようになってほしいです」。彼は言った。

彼の言うことを想像してみた。強い訛りと煙草を吐き出す癖のあるヤン。つねに子供を人生の中心に置くタイプの親ではないと、本人も自覚している。事実、息子のチェンジエーも祖父母に育ててもらっていた。

そして、ざっと聞いたところでは、ヤンの幼少期もかなり辛いものだったようだ。学校から帰った後のきつい農作業、よく姿を消す父親は何年も定職に就いていなかったという。部屋いっぱいのバービー人形をもっている一〇歳のアメリカ人少女が、そんな生活にはたしてなじめるだろうか。

私が話を聞いた邵陽の孤児院関連の実の親たちはみな、理想的な両親とは言いがたかった。彼らは遠く離れた町まで出稼ぎに行かなければならず、子供の面倒はほとんど見ていなかった。独自の戸籍制度によって、中国には身分を厳しく分ける「カースト制」が存在する。都市戸籍がなければ、子供を都会に連れてくることはできない。都会で教育や医療を受けさせることも許されないのだ。

イゥアン・ミンサンの第三子が祖母の手から奪われたときの話は、腹立たしいかぎりだ。祖母が孫を病院から連れ帰ろうとすると、計画出産担当の役人に突然拘束された。役人たちは祖母が乳児の面倒を見るには「年をとり過ぎている」という理由で、子供を手放す書類に署名するよう求めたという。

イゥアンの母親がそれを拒むと、「彼らは、両腕を横に広げたまま立つように母に言いました。そして、腕を降ろしたら殴るぞと脅したのです」とイゥアンは言った。結局、母親は署名に応じてしまった。

「娘さんのお名前は？」

名前はなかった、と彼は答えた。娘は一歳を過ぎていた。

「いつ誘拐を知ったのですか？」

事件から半年後、家に電話をしたときはじめて知ったという答えだった。聞き間違いかと思い、もう一度尋ねた。六か月後だと彼は言った。事件があったのは二〇〇三年、出稼ぎ労働者にとって携帯電話はまだ手の届かないものだった。

誘拐を知ったイゥアンは、急いで家に戻り娘をとり戻そうとした。すると一人っ子政策違反の罰金として一万六〇〇〇元（二〇〇〇ドル）を支払うよう請求されたが、イゥアンはこれを拒否した。その後出稼ぎに戻ったが、役人たちは彼の家族に嫌がらせを続けた。他の子供たちまで奪われることを恐れたイゥアンの父親は、イゥアンに罰金の一部だけでも支払うよう懇願した。しかたなく五〇〇〇元（約五五〇ドル）を支払うと、嫌がらせは止んだ。

「幸せな暮らし」で犯罪を正当化できるか

この話で、矛盾する二つの思いが私の脳裏をよぎった。まず一つはイゥアンのような人々の子供たちが無惨に連れ去られ、その犯人である役人は何の罪にも問われないことへの怒りだ。私は弱い者いじめは大嫌いだ。こんな非道なことをする出産計画担当官たちは、地方最大の犯罪集団だと言ってもいいと思う。

その一方で、地球の裏側で養子を慈しみ育てている養父母と話し、養子たちを実際に見た私としては、被害者である子供たちはむしろ幸せになれたのではないか、と思わずにはいられなかった。

この考え方は、まさに一部の養父母たちが自己の正当化に使う言い訳と同じだ。米国中西部の新聞社で重役をしている女性と話をしたことがある。彼女は一九九〇年代前半、中国から二人の娘を養子に迎えた。娘たちの出生については謎であることを彼女は認めている。

そして二年前、クリスマス用に美しく飾りつけをしているときのことをこう語った。「娘を見て考えずにはいられませんでした。もし養子になっていなければ、彼女はこのクリスマス飾りを飾る側ではなく、工場で作る側だったかもしれない、と」

養子を迎えるということは、宗教を信じることに似ていて、そこには特定の信念や原則、信条がある。その中でも、中国人養子縁組の団体に共通するのが、「紅線（赤い糸）」の言い伝えだ。中国の伝説に、子供が生まれると見えない赤い糸が伸びて、その子の人生で重要になる人々と結びつけてくれるという話がある。運命や必然性を説くこの言い伝えは、養父母たちの共感を得た。この子はこうなる運命だったのだ、と。

宗教的なニュアンスで養子縁組を語る養父母たちの話はいくつも聞いたことがある。養子縁組を行なうには、こうした理屈を超えた信心が必要なのだろう。カーリン・エバンスは著書『中国の迷える娘たち』で、養母のキャロル・ソップの発言としてこう書いている。

「彼ら（中国当局）が言ったことを疑い始めたら、娘にはたしかな過去がないという神話を永続させることになります。信じるに足る過去がなかったら、安心して未来を生きることができません」[19]

『フィラデルフィア・インクワイアラー』紙の敏腕記者、ジェフ・ギャメージは、養子である中国人の娘と自分は無作為に結びつけられたとは思えないと言う。[20]彼の著書『中国の亡霊たち』の中で、中国の役人が白人である彼と養女の顔が似ていることを利用したのではないかと推測している。

「私の娘ジン・ユーの写真と子供時代の私の写真を並べたら――私は角刈りで、娘は坊主頭だが――ほとんど同一人物ではないかというほど似ていると思うでしょう。口も、頬も、それに耳も、そっくりなのです」

しかし養子縁組が運命で決められているとするなら、裏を返せばその子が捨てられたのも運命ということになる。グレース・ニュートンは「途切れた赤い糸」というタイトルのブログで痛烈な指摘をしている。

「生みの母親たちも同じく、子供を手放さなければならない運命だったということになる。そして、捨てられた子供たちは、元の家族も、国も、文化も、それまで知っていたすべてを失う運命だったということになるのだ」

人として超えてはならない一線がある。どんな理由があるにしろ、子供を盗むことは悪だということだ。

ヤン・リービンの物語は意外な展開を見せた。生みの母親であるチェンが、ヤンはその子の父親ではないとラン・スタイに告白したのだ。彼女がヤンの村についていったのは、妊娠がわかって、わが身を守らなければならなかったからだという。

私が以前彼と会ったとき、彼はすでにこの事実を知っていたが、何も言わなかった。後に私はなぜ黙っていたのかと聞くと、「あの子は私の娘です」とかたくなに言いはった。「あの子と母親の面倒は、あの子が生まれる前から私が見ているんです。親になるのに血のつながりは必要ないでしょう」

二〇一三年、スタイはチェンのＤＮＡ検体をアメリカのＤＮＡ鑑定機関に送った。イリノイ州の子供の検体がないため、将来その子がみずからの出生の真実を知ろうとしたとき、はじめてそれが使われることになる。「この検体はデータバンクでその日を待つことになります」とスタイは言った。

このように保管されているＤＮＡ検体の一つひとつが、人生や物語や信念を打ち砕く可能性をもった不発弾になるのではないかと思わずにはいられない。

第9章

国境を超える子供たち

金持ちは富を得て、貧乏人は子供を得る、
これほどたしかなことはない

――リチャード・A・ホワイティング作曲、レイモンド・B・イーガン、ガス・カーン
作詞　Ain't We Got Fun

北京で不妊治療を受ける

卵子を採取された後、私はたまらない尿意で目が覚めた。看護師は「四〇分間は立ち上がらないで」と、トイレに行くことを許してはくれなかった。私はしばらく横になって、受精の様子を想像しようとした。カエルの卵やキャビアのような大量の卵、可能性に満ちた多数の丸い卵がゆっくりと吸い出されていくところを思い描いた。卵子を採取されて身体は空っぽになっても、心は満たされるはずだった。ところが満たされたのは別の場所で、これまで正常だった排泄の制御能力が失われるような、差し迫った欲求に襲われた。

「お願い、トイレに行きたいの、どうしても」。懇願すると、看護師はしぶしぶ「おまる（差込み便器）」をとりに行った。腎臓のようなかたちをした容器を掲げて言った。「二〇元だよ」

信じられない思いで、私は彼女を見た。それから入院用ガウンを着ている自分の姿を。こんな身なりの私がどこに現金をもっていると思うのだろう。しかし、それが中国医療の現実だった。現金前払いでなければ、何もしてもらえない。それがたとえ、三ドルほどにしか見えない便器であっても使うことはできないのだ。

それまでに受けたすべての診察、検査、注射も、現金のみの前払い制だった。中国紙幣の最高額は一〇〇元（当時のレートで約一五ドル）なので、私は使い古しのトートバッグの中にレンガほどの現金の束を入れてもち歩いていた。その姿は犯罪映画の取り立て屋のようだった。
その現実もばかばかしいものだったが、自分がこの国で不妊症の治療を受けていることに比べればまだましだろう。一人っ子政策で子供を減らそうとしている国で、子供を授かる治療を受けるなんて愚の骨頂だ。より多くの子を望むなら中国を離れるのがふつうだ。世界最多の人口を抱える国に、わざわざ子供を増やしに行ったりはしない。

流産から九か月後、私は体外受精のため北京の私立病院にいた。体外受精のような身体に負担のかかる治療を、しかも中国という、何かと不便の多い国で受ける気になるとは、自分でも意外だった。

しかし、流産によってすべてが変わったのだ。私はもはや自分の母性に疑いも迷いも感じていなかった。私は子供が欲しい、だが生殖能力に問題がある。そして私が今住んでいるのは中国なのだから、そこで治療を受けられる場所を探すしかない。

(養子縁組という方法については、それまでに知った事実から慎重にならざるをえなかった。それに加えて、当時、養子の待機期間は五年に延びていた。不妊症治療をするほうがまだ容易な選択肢に思えたのだ)

巨大な人口を抱える国であるせいか、不妊症治療の選択肢は驚くほど少なかった。私の暮らしていた北京で治療が受けられるもっとも有名な病院は、北京大学第三医院だった。一九八八年、中国初の試験管ベビー[1]はこの病院で生まれている。世界初の試験管ベビーから一〇年後のことだ。

しかし、この病院の順番待ちリストは長かった。一九八三年から今日までのあいだに、中国の不妊率は三倍になり、先進国と同等の一〇パーセントにまで上がった。一三億の人口の一〇パーセントとなれば患者数は相当なものになるが、不妊治療を実施している機関は少なく、需要にまったく追いついていない。

そんなとき、友人から私立の家恩《ジャエン》医院を紹介された。アメリカで教育を受けた中国人医師が創立したという家恩医院だが、その印象はあまりよいものではなかった。

その小さな白いビルは、大学が密集しているため「大学区」と呼ばれる北京市海淀《かいでん》区に、ひっそりと立っている。受付フロアの大部分を会計カウンターが占めていて、ブロンクスのガソリンスタンドで見た防弾カウンターのようなガラスの向こう側に、会計係が座っていた。

トイレは昔ながらのしゃがむタイプで、検尿のために飛び散る尿を採取するのは、走る車の中で針に糸を通すくらい至難の業だった。トイレの中では、アンモニア臭をごまかすために線香が焚かれていた。それでも、医院の私設車道には黒いアウディが何台も停まっていた。アウディは中国のトップ官僚やエリートたちのお気に入りの車である。

一人っ子政策が実施される中国で不妊症の治療を受けるには、特有のハードルがある。私がそろえたのは、就労ビザ、パスポート、雇い主からの手紙、そしてもっとも重要な結婚証明書。これら書類の束を抱えて家恩医院を訪ねた。

私たち夫婦は夫の故郷であるメリーランド州で結婚したが、その結婚証明書には金色に輝くスタンプが押され、本物の重厚感があった。だがカラープリンターを使えばいくらでも偽造はできるし、中国では見破られる心配はないだろう。

とにかく結婚証明書は手続き上、絶対に欠かせない。結婚していない独身女性は体外受精を禁止されているからだ。一人っ子政策の下では、先進生殖技術は婚姻関係にあるカップルのためだけに存在していた。

家恩医院の患者たちを見ても、一人っ子政策の歪んだ影響を感じとることができた。そこには、私と同様に二〇代、三〇代をキャリアアップに捧げ、妊娠可能期間も終わりに近づいている女性たちもいたが、患者には若い人が多く、年齢が原因の不妊問題とは無縁のように思えた。じつは、彼女たちは一人っ子政策をかいくぐる手段として、双子や三つ子を産むためにここにきていたのだ。多胎出産は単胎出産と同様と見なされ、キャリアを危険にさらすことなく、より多くの家族を望む人々の抜け道となっている。

私が話を聞いた天津中学校の教師は、子供は二人欲しいが、一人ずつ産めば仕事を失うことになると言った。彼女は双子を身ごもり、お腹の子が幸運の「鳳凰と龍」の組み合わせ、女の子と男の子であることを切望していた。

私は家恩医院での時間の多くを、会計カウンターで現金の束を支払って過ごしたような気がする。その額は時に、信じられないほど安かった。医師によるカウンセリングは、特に院長の劉家恩博士にお願いする場合は別だが、費用はわずか二〇元、私が必死で欲しがった便器の値段と同じだった。

便器の一件の後、私は術後の朦朧《もうろう》とした状態でベッドに横たわっていた（便器代は、急いで呼び出された夫がしかたなく支払った)。病室には、私のほかに二組のカップルがいて、彼らもまた卵子採取後の回復中だった。そのうち一人の女性はイベントプランナーで、その夫は中国最大のテレビ局、中央電視台(CCTV)で音楽プロデューサーをしていた。

その男性がアメリカで見たドキュメンタリーについて語る声が、頭がぼんやりした私にも聞こえてきた。それは、あの悲惨な「大躍進」に関する番組だった。毛沢東が農場に原始的な溶鉱炉を多数建設し、農業国から工業国への大躍進を目指して国民を奮い立たせようとした政策だ。その政策によって二〇〇〇万人以上の餓死者が出たが、中国人の多くは大躍進政策のもっと恐ろしい側面を知らされていないという。

「人々は赤ん坊を食べていたんだ」。芝居がかった口調で、中央電視台のプロデューサーは言った。沈黙。病室内には懐疑的な雰囲気が漂った。彼はこう続けた。「本当だよ。ディスカバリーチャンネルでやっていたんだから」

うつらうつらしながら、人食い人種や家族、赤ん坊をむさぼるような国の行く末などに思いをめぐらせるうちに、私はいつのまにか眠りに落ちていた。

中国で双子が急増した理由

一人っ子政策の国で、生殖医療が大ブームになった。中国では、体外受精その他の不妊治療を行なう医療機関として公的に認可されたものは、二〇〇一年には五件しかなかったが、急激に増加して今や二〇〇件を超える勢いだ。[2] 無認可の病院も入れれば、その数は計り知れない。排卵誘発剤、クロミフェンの販売数も激増し、ネット販売価格は一箱一ドル五〇セントまで値下がりした。

中国における双子の出生数はこの一〇年のあいだに倍以上となり、八九人に一組の双子が生まれるほどまでになった。[3] この数値は三〇人に一組というアメリカと比べるとまだ低い。

しかしハーバード大学と北京大学の経済学者グループの研究によれば、アメリカで双子の出生率が上昇したのは、主に女性の出産年齢が上がったことが理由だった。これにたいし中国では、増加した双子の少なくとも三分の一が、一人っ子政策が理由で生まれたという。[4]

つまり、中国の女性たちは一人っ子政策をかいくぐるために、不妊治療薬を使用したり双子ではない子供を双子と登録したりすることで、意図的に「双子」の母となっているというのだ。

たとえば二〇〇〇年、雲南省の役人は三〇〇余りある村から七〇〇組の「偽装双子」を摘発した。[5] 計画外出産にたいする罰金が高い省では、取り締まりの緩い省に比べて双子の出生数が多いことも研究者によって明らかにされている。少なくとも一つの推計では、上海の新生児五〇人に一組が双子だったという報道[6]もあった。

二〇一〇年には、広州市（広東省）の成功した女性実業家が、一か月のあいだに八人の子供の母となり、生殖能力の限界と、国家人口計画出産委員会の許容範囲に挑戦した。

不妊治療で多胎妊娠をし、さらに代理母二人を使って計八人の母になったのだ。マスコミは彼女を「八胞胎《バーバオタイ》母親」つまり「中国のオクト・マム」〔オクトは「八」を意味する。二〇〇九年に第八子を産んだ〕と呼んだ。地元ではこの母親が不妊治療や代理母、診察料、一一人のベビーシッターなどにかけた費用は一六万ドル近いとも報じられた。

この家族が訪れた写真館がインターネット上に彼らの家族写真を載せ、それが広がってこの事実が表沙汰になったのだが、これにたいし世間は、まさかという驚きで騒然となった。

「何ということでしょう。一つの家族に子供八人とは……ほとんどの人がたった一人しか子供をもたない計画出産のご時世ですからね。この違いはあまりに大きすぎますね」[7]。中央電視台の解説者は言った。「もうニュースというより、作り話のように聞こえるほどです」

この家族はマスコミの目を逃れるため身を隠した。二年後、広州市計画出産委員会はこの件に関する捜査は終了し、この夫婦には相当額の重い罰金が科されると発表した。

「男児確約サービス」を打ち出す業者

中国では、代理母出産に関する法律は未整備だ。衛生部は、医療機関や医療従事者が代理母出産に関わることを一切禁じている。当然ながら、これによって仲介業者たちによる闇商売が蔓延している。

中国国内の代理妊娠仲介業者に関する公式な統計はない。しかし広州を拠点とする信頼のおける新聞、『南都周刊《ナンドウヂョウカン》』は、中国で過去三〇年に代理母から生まれた子供はおよそ二万五〇〇〇人と報じた。現在、代理母に支払われる費用は三〇〇〇〇ドルから六〇〇〇〇ドル程度で、アメリカの約一〇分の一だ。

一人っ子政策を策定する時点で、生殖サービス産業が誕生するなど想定外のことだったため、この業界はこの政策の厳しい規制の対象外となってしまった。結果として、生殖産業は完全な無法地帯と化した。

中国の代理母仲介業者の中には、男児を確約するサービスを臆面もなく打ち出す者すらいる。それはつまり代理母に女性の胎児を中絶させるということだ。ある仲介業者は地元メディアに、男児を得るために五人の代理母を使った顧客がいたと証言した。[8]「本当に厄介です。女の子だとわかるたびに、代理母を変更しなければならないのですから」

しかし、代理母にたいしても生みの親たちと同様、計画外妊娠にたいする取り締まりは有無を言わさず実行される。二〇〇九年には、広州の共同アパートに暮らしていた三人の代理母が計画出産当局に連行され、中絶させられた。[9]「私は中絶なんて嫌だと泣きました」。シァォ・ホンという名の若い女性はロイターにこう語った。当時彼女は四か月の双子を身ごもっていた。「それでも彼らは私を引きずっていき、お腹に針を刺したのです」

生殖医療の進歩は、裕福な中国人に一人っ子政策からの抜け道を与えただけでなく、さらなる格差社会を生み出した。金持ちはさらに金をもち、貧乏人は子供をもつ。これは中国以外の国では自明の理かもしれない。だが中国では、金持ちがどちらも簡単に手に入れる。富も、多くの子孫も。富裕層や有力なコネをもつ者たちは、進んで罰金を支払い、政策の抜け穴を利用して国内でも国外でも不妊治療を受けることができるようになった。

ではもたざる者はどうかといえば、じつはかつての中国では、貧しくとも二人以上の子供がもてた。ところが一人っ子政策以降、極端にもてる者と極端にもたざる者にのみ恩恵が集まる仕組みになった。

つまり、農村部に暮らす最貧困層は、より容易に一人っ子政策の免除を得られ、都市部の最富裕層は、口先だけの同意で抜け道を利用できるということだ。結局、この法律でいちばん厳しい規制を受けているのは、決して豊かではない中間層ということになる。この中間層こそ貧しいうえに、法律がもっとも厳格に適用される人々なのである。

オクト・マムの一件後、中国版ツイッターのウェイボー（微博）には「お金があったら、法律は関係ないの？[10]」という書き込みがあった。他のユーザーからも「中国の法律は金持ちの法律だ。罰金を支払えるのだから、金持ちは欲しいだけ子供をもてる」[11]と書き込まれた。この書き込みには、後期中絶を強いられた工場労働者、フォン・ジィエンメイの写真が添えられていた。

生殖に憑りつかれた人たち

そんな中国の実態を象徴するような世界を、マーガレット・アトウッドのディストピア小説『侍女の物語』に見ることができる。ハーバード大学を連想させる大学を舞台にしたこの近未来小説では、環境汚染によって人間の生殖能力が失われる世界が描かれている。そこでは女性は商品であり、子供を作るため愛人をもつ習慣が復活している。

現代中国は深刻な汚染問題に直面しており、この問題が不妊にも影響を与えつつある。[12] 科学者たちは「どのように」影響を与えるのかを完全に解明できていない。もっと端的に言えば、「どのように」ではなく、「誰に（男と女のどちらに）」影響を与えるのか、である。たとえば二〇一三年、中国政府のシンクタンクである中国科学院は、大気汚染と女性の不妊の関係について五年にわたる研究[13]を始めたと発表した。

しかし一方では、汚染は女性ではなく男性に影響を与えているとする説もある。二〇一三年、いくつかの新聞が、上海は「精液危機」に直面していると報じた。[14] 上海の主な精子バンクの精子のうち世界保健機関（ＷＨＯ）の基準を満たしていたのはわずか三分の一だった[15]というのだ。深刻化する環境汚染が中国人男性の精子の質の低下と関連があるという研究結果[16]が、多数発表された。

わざわざ計算するまでもなく、事態は明らかだ。中絶されたり、間引きされたり、捨てられた女性が六〇〇〇万人以上、[17] そして不妊の状態にある女性が四〇〇〇万人[18]とすれば、中国において生殖機能に問題がない女性は、アトウッドの小説と同じように、ますます稀少価値のある商品になりつつあるのだ。

女性の商品化は代理母だけではなく、中国における愛人文化の復活にも見ることができる。愛人文化は共産主義体制の始まりとともに消滅していたが、資本主義化によって蘇った。今や役人といえば愛人とたくさんの子供、というイメージが自然に浮かぶほどになった。そして、愛人としての価値はその美貌だけでなく、若さによる生殖能力の高さで評価される。

愛人絡みの話は、汚職役人に関する暴露記事で繰り返し報じられている。かつて湖南省徳《デア》山鎮《シャンヂェン》の都市建設局主任だったジョン・ビーフェンは、みずからの愛人によって関係を暴露された。[19]

愛人が湖南省の公式電子掲示板「紅網《ホンワン》」に書き込んだ内容によれば、ジョンはどうしても息子が欲しくて、結婚紹介所を通して彼女と出会ったという。そして、男の子が生まれたら五〇万元（約八万ドル）、女の子なら中絶して、その補償に一万六〇〇〇ドルが支払われることが約束された。「二〇一四年二月、彼に会うために家を訪ねると、奥さんに殴られました」と彼女は書き込んだ。ジョンは共産党を追放された。

郴州市《チェンジョウ》（湖南省）の副市長、雷淵利《レイユエンリー》は、九人の愛人をもち、それにかかる費用のために公金を横領したとして逮捕された。費用の中には、愛人とのあいだにできた息子のための投資ファンドの設立費もあった。横領と収賄の罪によって雷は死刑判決を下されたが[20]、後に懲役二〇年に減刑された。

子供を作るためのこうした試みは、中国だけで行なわれているものではなく、また中国だけの問題でもない。なぜなら、こうした中国人の子供がアメリカで生まれるケースがしだいに増えているからだ。

中国人カップルが米国での代理母出産を決めた理由

二〇一〇年、上海出身のトニー・ジィァンとその妻「ジェニファー」（夫妻の要望により仮名）は、アメリカ人の代理母によって娘を一人得た。その後、双子の息子も生んでもらった。アメリカは国内で生まれた子供に自動的に市民権を認める数少ない国の一つであり、夫妻の三人の子供たちはみなアメリカ市民である。

しかし市民権が欲しくて代理母による出産を選んだわけではない、とジィァンは言う。ジィァン一家のように裕福であれば、もっと簡単に外国の市民権を得る方法が他にいくらでもあるからだ。「市民権が目的なら時間がかかりすぎます」と彼は指摘する。アメリカ生まれの子供が両親のアメリカ永住権取得の保証人になれるのは、その子供が二一歳になってからだ。

またアメリカは、国外居住のアメリカ人にも納税を義務づけている数少ない国でもある。「それならカナダのほうが節税になります。正直に言って現時点で、アメリカの市民権に大金をかけるだけの価値は、中国人にとってはありません」

ではアメリカが、もっと限定していえばカリフォルニア州が、なぜそれほど魅力的なのかといえば、トップレベルの生殖医療と、代理出産で生まれた子供の実親にたいする法的保護が確立されている点である。どちらも中国では望めない条件だ。

結婚した当時、トニーとジェニファーは多国籍企業でマーケティング業務をしており、高収入で出張も多い典型的なヤッピーだった。二人の実家はどちらも大家族ではない。三六歳のトニーは一人っ子政策が始まる少し前に生まれ、姉が一人いる。ジェニファーは一人っ子政策の第一世代で、兄弟姉妹はいない。早く子供を作ってほしいという家族からのプレッシャーは強かったが、二〇〇八年、ジェニファーは通常より子宮が小さいという診断を受ける。それはつまり、臨月まで妊娠を継続することが、ほぼ不可能だということを意味した。

「少しがっかりはしましたが、そのときはまだ父親になる準備ができていませんでした」。ジィアンは言った。「でも妻はすっかり落ち込みました。自分の責任だと、何もかも自分のせいだと思い込んでいました」

私が上海でトニー・ジィアンに会ったのは、彼が婦人科医療の世界に飛び込んでから数年後のことだった。彼は流行の、身体にぴっちりした赤いセーターと、革のパンツを身に着け、大きくて高価そうな時計をはめていた。深海ダイビングやアルプス登山にも耐えうるものだろう。忙しいジィアンには、それを楽しむ時間も意思もないだろうが。

ジィアンは現在、生殖コンサルタントを行なうＤｉＹｉコンサルティングという会社を経営している。アメリカで卵子提供者や精子提供者、代理母、体外受精などを望む中国人は急増している。彼の仕事はそんな中国人相手に仲介を行なうことだ。きっかけはもちろん自身の経験だ。彼は遠回しな言い方はせず、分析するように冷静に、その経緯を語った。

ジィアン夫妻は中国国内で何度も代理母による出産を試みた。二年を費やし、費用は三万ドル近くに上った。しかし、何の成果も得られなかったという。代理母の一人は、何の断りもなく姿を消し自宅に戻ってしまった。他の二人は妊娠しなかった。はじめのうちジィアンは「金さえ払えば子供は手に入る。不妊であっても他に克服する方法があるのだから簡単だ」と思っていた。「でも中国で試してみて、そう簡単なことでないと気づいたのです」

中国とアメリカの体外受精には大きな違いがあるという。中国では不妊治療の医療機関はつねに満員、そのため医者と患者の関係は事務的で、設備も原始的で清潔とは限らない（ジィアンは「男性トイレでマスターベーションしなければならないんですよ」と言った）。

彼は海外での選択肢を調べた。アメリカの他に、ウクライナ、インド、バンコクも考慮した。アメリカでの費用は、体外受精、代理母、最終的に赤ん坊を彼の元まで連れてくる仲介業者、これらをまとめておよそ一二万ドルと見積もられた。インドの三倍だ。しかしアメリカのカリフォルニア州などでは、生物学上の親の権利が法によってしっかりと保障されている。インドやタイでは、代理母から生まれた幼児が、法の未整備のために無国籍状態のままになるという恐ろしい話がたくさんある。また、「二〇年前の中国と同様に外国人の場合は足元を見て、二、三倍かそれ以上の金額を請求する」というウクライナも候補から外した。

そこで残ったのがアメリカだった。それは彼らにとって最後のチャンスで、「私たちは感情的にも金銭的にも、それ以上の失敗をする余裕はありませんでした。そのため、最高の場所、最高の手段で試すしかないと思ったのです」

ジィアンの両親は妻の不妊を理由に、遠回しに離婚を考えるよう促していた。ジィアンはそれを妻に話すことはなかったが、それでも「妻は感じとっていました」と言う。

ジィアンはアメリカの仲介業者から三人の代理母候補を紹介された。三人のうち二人はジィアンが選んだサンタモニカ・クリニックに近いカリフォルニア州南部在住だったが、代理母として彼が選んだのはアマンダ・クライワクルーツキーという女性だった。

住まいはサンフランシスコのベイエリア、短時間とはいえ飛行機移動の必要な距離だった。ジィアンがアマンダに惹かれたのは、彼女が白人であり、また夫が警察官だったからで、どちらも信用度を上げる条件だ。「警察官になりすますのは重罪ですから彼女の話は嘘ではないと思いました」。彼は言った。「それに、私は文化的には白人系を信用するたちなのです」

私はジィアンがあまりにもあけすけに白人を選んだ理由を人に話すことに、違和感を覚えた。アメリカ人でも彼と同じように考えて決断する人もいるだろうが、白人の代理母がよいと公言することはないだろう。中国では、漢民族が圧倒的多数を占めているため、人種の違いにたいする「政治的正しさ」という感覚が、全体的に希薄なのだ。

ビバリーヒルズで代理母の仲介業を営むリサ・チヤは「他のお客様は代理母の素性についてあまり気にされないのですが、中国の方は学歴や人種の違いを気にされます」と認める。中国人が希望するのは、大卒の白人もしくはラテン系で、アフリカ系アメリカ人は敬遠される。「とにかくアフリカ系アメリカ人以外で」というのが中国人の決まり文句[21]だという。

私にもなじみがあるこうした偏見を生み出した一因に、白い肌を好む文化がある。中国人にとって美しいとはすなわち、肌が白いということなのだ。辛い農作業から抜け出し、室内での仕事を目指す上昇志向の国民にとって、日焼けしていない白い肌は成功の象徴でもある。

以前、アフリカ系アメリカ人の友人が、北京のスパで美白トリートメントを強く勧められ、怒って店を飛び出したことがあった。彼女がどうして怒ったのか、店の経営者はまったくわからなかった。中国語で言う「バイ（白）」「フー（福）」「メイ（美）」を誰もが欲しがるのがふつう、そう信じていたからだ。

ジィァン夫妻が代理母探しの過程で、このような人種偏見に遭わずにすんだのは幸運としか言いようがない。クライワクルーツキーは代理母の依頼を同時に三組のカップルから受けていたが、中国人はジィァン夫妻だけだった。彼女はジィァン夫妻に惹かれた点についてこう語った。

「どれだけ自分の子供が欲しいかという話だけでなく、これまで実らなかった試みについても話してくれたことだと思います。これが最後の挑戦、という覚悟に胸を打たれました」

彼女は二度の代理出産を経験した友人からの勧めで、代理母になろうとしていた。息子を出産した経験があり、お産はとても軽かった。その子はこのころ、よちよち歩きくらいになっていたが、妊娠期間はとても楽しい時間だったという。

「世間がいちばん疑問に思うのは、割り切れるのかということでしょう。お腹の子は遺伝子的にはわが子ではないと、つねに肝に銘じておかなければなりません。生まれた子は自分に似ることはないのだ、と。私にとっていちばん大切なことは人助けなのです」

代理母の動機、依頼者の動機

二〇〇九年のクリスマスシーズンに、ジィァン夫妻はサンフランシスコから二時間ほどの郊外にあるクライワクルーツキーの自宅を訪ねた。彼女は夫妻が代理母の依頼主であることを隠すことなく知人に紹介し、あちこちを案内してくれた。「彼女はとても親切でした」とジィァンは言った。

この訪問によって彼は、クライワクルーツキー一家が間違いなく中流階級であることを確認して安心した。彼は言う。「彼女がよい家に住んでいるのを見て、たんに金だけを目当てに代理母をするのではないと思いました。とはいえ、楽しいというだけで妊娠したがる人なんていないのもたしかですが」

クライワクルーツキーには報酬として、この市場の標準価格である三万ドルが支払われる予定だった。その額は費やされる労力と時間を考えれば決して法外な額ではなく、私が直接多くの代理母たちから聞いた話によれば、報酬は動機の一部でしかないという。

時に報酬が目減りすることすらある。クライワクルーツキー夫妻は妊娠中の医療費が夫の勤務先で加入している保険でまかなえると考えていた。しかし後になって保険会社は、妊娠については全額カバーしていないとして、診察料の半額、一万五千ドルもの額を請求した。クライワクルーツキーの友人も同様の請求を受けた経験がある。

近年、生殖コンサルタントの中には、ＡＣＡ（医療費負担適正化法）の適用下にある保険に加入するよう勧めているところもある。ＡＣＡでは、代理出産の妊娠をカバーしないとは明記されていない。ただ、その制度もこれから変更になる可能性はある。

訪問後、ジィァン夫妻は不妊治療を開始した。二〇一〇年四月、精子回収や着床といった一連の治療を受けるため、彼らはサンタモニカを訪れた。そして四月中旬にはクライワクルーツキーの妊娠が明らかとなった。その二週間後、単胎妊娠であることがジィァン夫妻に告げられた。

それを聞いて、わずかではあるが夫婦は落胆せざるをえなかったという。「双子を望んでいました。もう一度同じことをするのは嫌でしたからね」

さらに二週間後、また同じように残念な報告がもたらされた。検査の結果、女児と判明したのだ。ジィァンの父親は一家の名を継がせるための男児を希望していた。このとき「もう一度トライしなければならないのだ、と自分に言い聞かせましたね」と彼は言った。

多忙な三人の関係はいくつもの大陸を超えて、妊娠の経過とともに深まっていった。アイスランドの火山が噴火した春には、ジェニファーは仕事先のスイスで何週間も足止めされ、孤立して憂鬱な気分の中で代理母の妊娠の知らせを待った。

クライワクルーツキーが妊娠初期に追突事故に遭ったこともあった。「事故のメールを受けとったとき、手のひらにじっとり汗をかきました。仲介業者に電話して、アマンダにもう車に乗らないように言ってもらおうとさえ思いましたが、それはばかげていると思いとどまりました。アメリカでは公共交通機関などめったに使いません。主婦の彼女に運転を禁じることなどできないでしょう?」ジィァンは言った。彼はアマンダを信じるべきだと思った。

秋には、彼らの計画に問題が起きた。カリフォルニア州が大幅な予算削減を開始し、クライワクルーツキーの夫が職を失ったのだ。二か月間の出張でフランスにいたジィァンはクライワクルーツキーを安心させるため、サンフランシスコに飛んだ。

保険を失った彼女のため、ジィァンはコブラ（ＣＯＢＲＡ）という法律を頼りに保険料を肩代わりした。コブラとは、保険料負担は高額になるが、直近に解雇された雇用者が個人で保険料を支払い続ければ、加入していた団体保険を継続できる権利を保障する法律である。その費用は毎月六〇〇ドルを超えた。このときクライワクルーツキーは妊娠五か月だった。

二〇一〇年一二月、一週間降り続いた雨が上がってようやく陽の射した日、待望の子供が生まれた。普通分娩で短時間の安産だったが、分娩中ずっとジェニファーはクライワクルーツキーの手を握っていた。「息んだのは三回だったと思います」。クライワクルーツキーは言った。

ジィァン夫妻、クライワクルーツキー、彼女の母親、誰もが泣いていた。「看護師さんまで目に涙を溜めていました」とクライワクルーツキーは言った。

一年後、ジィァン夫妻は次の子供を考え始めた。「中国の一人っ子家庭を見たらわかります。一人っ子は分け合うことも学べず、いつも退屈そうで、祖父母に甘やかされています」とジィァン。夫妻には凍結保存された胚がまだいくつかあった。そして、再びクライワクルーツキーに依頼をし、承諾されたのだ。

しかしこのときは、前回とは状況が違った。代理母である彼女自身の息子が、もう大きくなっていて、母親の大きなお腹のことを質問した。「息子に言いました。ママのお腹にいるのは、よその人のための赤ちゃんよ、と」

胎児は双子であることがわかった。そして、予定日より一か月早く未熟児として誕生する。しかし、ジィアンの保険で補償される期間よりも早かったため、双子が集中治療室に入っているあいだ、医療費は保険適用外となり毎日約一万ドルが請求された。最終的に病院から請求された費用は二八万ドルという驚くべき金額だったが、ジィアンが即金払いの条件で交渉した結果、支払額は二二万ドルとなった。

現在、ジィアンは双子を望む顧客にたいして、未熟児まで保証される保険に加入するようアドバイスしている。保険料は約五万ドルと高額だが、その価値はあると彼は言う。

代理出産の費用はたしかに高額だが、アメリカの生殖医療コンサルタントによれば、中国人顧客の場合にはかなり一般的な額だという。「アメリカや他の国の方と違い、中国のお客様と金額交渉が長引いたことはありません」[22]。『プロが教える卵子提供』の共著者で、自身も卵子提供の代理店を経営しているウェンディ・ウィルソン・ミラーもこう認める。

ジィアンとクライワクルーツキー一家は、今でも週に一度メールやスカイプで連絡をとっている。「あちらの家庭に果たした私の役割はとても大きかったのでしょう。遠く離れて暮らしている妹のように接してくれます」。クライワクルーツキーは言う。

二〇一二年後半、ジィアンはＤｉＹｉ設立のため会社を辞めた。「以前の仕事では五二週間のうち三二週間は出張に出ていました。三人の子供たちのために、仕事と生活のバランスをうまくとる必要が出てきたのです」

ジィアンのＤｉＹｉでは、顧客を四つのカテゴリーに分けている。不妊に悩む人、独身で子供をもつために第三者の助けを必要とする人、ゲイの人（さほど稀ではない。私はゲイという理由で差別を受けている人々が中国にも五〇〇〇万から六〇〇〇〇万人いると考えている）、そして（廃止される最近までは）一人っ子政策の回避策を模索している人の四つである。

最後のカテゴリーには、政府の役人や国有企業の重役など、仕事上一人以上の子供を作ることにリスクをともなう人々も含まれている。「四つ目のカテゴリーに属する人は少なく、一〇パーセント未満といったところです。私が会った方のほとんどは不妊で、顧客全体の七五パーセントを占めています」

最近、ジィアンのもとに数人の顧客が訪れた。その中に子供を欲しがっている政府高官がいたが、秘密が漏れることを非常に恐れているのがわかったという。最終的に、高官夫妻は彼を介して子供をもつことをあきらめた。

「私のもとを訪れる人の目的は家族をもつことです。彼らは心から子供を欲しがっている、それが彼らの偽らざる思いなのです。本当に子供が欲しくてたまらないのです」

知能、身長、容姿、血液型、二重まぶた

子供をもつためにアメリカを訪れる人々の中でもジィァンの顧客は大きな割合を占めるようになった。子供を求める流れはアメリカ人が中国を訪れて始まったことを思えば、驚くべき逆流である。

その流れがいかに大きなものかを証明するたしかなデータはないが、近年そうした人々の数が急増していることは間違いない。ワシントンDCを拠点とする移民研究センターは、出産目的で入国する「出産旅行（バースツーリズム）」の人々を四万人と推定しているが、国ごとの人数までは分析していない。

一部報道では、二〇一二年にアメリカで生まれた中国人の「アンカー・ベビー」〔米国生まれの赤ん坊に国籍を与える制度を利用して、後日、家族が米移住する際の足掛かりとなる赤ん坊〕は一万人としている。この数は、アメリカで出産する中国人女性向け産後ケア施設を監視・評価するほぼ無名のサイト「母体管理組織」の推定によるものだ。

中国人向けの産後ケア施設は「坐月子中心《ズゥオユエズーヂョンシン》」と呼ばれ、中国の伝統に従って産後一か月の産褥《さんじょく》期、いわゆる「坐月子（じっと座る月）」をゆっくり静養するための場所である。「坐月子」は母子の将来の健康と幸福に不可欠な期間とされている。

このような施設の数は、アメリカで出産する中国人に対応すべく、近年カリフォルニア州南部で急増している。六週間の滞在で総額三万ドル以上というのが一般的な料金だ。しかし、ア

メリカで生まれた、または帰化したすべての人に市民権を与えるという憲法修正第一四条の撤廃を求める過激派の声が高まるにつれ、このような施設は移民反対派の格好の攻撃対象ともなっている。

産後ケア施設にたいする強制捜査の数も二〇一〇年以降増加しており、二〇一三年には連邦捜査員が投入されて大規模な捜査が行なわれた。これは「成長いちじるしいアンカー・ベビー業界にたいする連邦政府の捜査としては最大の事件だろう」と『ウォール・ストリート・ジャーナル』紙は伝えた。[23]

結果として、「坐月子」ビジネスは地下に潜るか撲滅されることになるだろう。そして、次なる取り締まりのターゲットは中国人を相手にした生殖サービスだ。

なにしろ一二万ドルから一五万ドルの費用を難なく払う高級市場だ。中には、不妊症ではないのに、望みどおりの子供を得るために生殖技術を使って妊娠する人もいる。その望みとはおおむね、男女産み分けや多胎児、遺伝病の排除だ。卵子の提供を受け、その遺伝子情報が受け継がれる場合には、知能や身長、容姿、血液型、二重まぶたに至るまで中国人の親たちは選択しようとする。

「誰もが優秀な子供が欲しいと言ってやってきますが、口先で何と言おうが、結局はどの国の人も優秀な子より、可愛い子を選びます」とウィルソン・ミラーは言う。「しかし中国人は身長にもこだわり、五・五フィート（一六七・六センチ）以上を希望します。それから、まぶたについても聞いてきますね。卵子ドナーが二重まぶたにする整形手術を受けていないか、子供時代の写真で確認したがります」[24]

東アジア系の卵子ドナーは多くないため、その料金はもともとプレミアがついて高額だった。しかし、中国人顧客がこの数年で急増したため、需要がさらに高まったと仲介業者は言う。一般に卵子ドナーの報酬は約六〇〇〇ドルだが、東アジア系ドナーはその二倍か三倍の額を得ることができる。「私のところでは、一人の中国人ドナーにつき、一〇サイクル〔カウンセリング、医療検診、投薬、排卵、生理開始が一サイクル、時に数か月を要する〕まで契約できます」とウィルソン・ミラーは言う（健康上のリスクを避けるため、ドナーは六サイクル以上の提供をすべきではないというのが専門家の意見だ）。

ウィルソン・ミラーが契約している東アジア系卵子ドナーのほとんどは、学生ビザでアメリカの大学に在籍している学生だ。それでも需要をまかないきれず、中国や台湾から卵子ドナーがわざわざ渡米して、やがて中国へ連れ帰られる予定の子供を作る手助けをするという、奇妙な堂々めぐりが増えている。

私がジィアンと話をしたとき、彼はちょうど台湾人ドナーとの契約を成立させようとしているところだった。台湾人ドナーは、ビザなしでアメリカに入国ができるため重宝されてきたが、最近中国人にたいするアメリカ入国ビザが緩和されたため、状況は変わりつつある。「何とか需要を満たす道を見つけなければなりません」。ウィルソン・ミラーは言う。「中国人ドナーはとにかく不足しているのです」

いわゆるデザイナーベビー技術を利用しようとするのは、中国人だけというわけではない。しかし他のどの国の人よりも熱心なのは中国人で、その数の多さや経済力はまだ成長過程にあることの市場を大きく成長させることだろう。

中国人と優生学の親和性

一人っ子政策によって中国人は、子作りとはよりよい社会の形成と社会的地位向上のための手段であるという考え方が身についてしまった。そして出産において辛い選択をすることが習慣化してしまった。そして今や、子供の数や性別を操作することにすっかり慣れてしまい、中には他人の卵子を使って、知性や身長、容姿までをも選ぼうとする人まで現れた。

ここまでくるともう、デザイナーベビーまでのハードルは高くない。二〇一二年、中国南西部の長沙市《チャンシャ》（湖南省）で行なわれた調査で、約四〇〇人の回答者にどのような遺伝子検査を望むかを尋ねた。[25]その結果、五〇パーセント以上の回答者が健康面の情報についての検査を希望すると答えたが、二三パーセントは「優生学」、つまり子供の知能についての検査をしてほしいと答えた。

本当に遺伝子検査によって知能が選べるようになったらどうなるのだろうか。この分野に関する研究はすでに始まっている。二〇一三年、世界最大のゲノム研究機関、「ＢＧＩ深圳」の研究者は、人間の知能に関わる遺伝学的根拠について研究するプロジェクトを開始した。

そのようなことが可能なのかどうかは、まだまったくわからない。多くの科学者が、知能は複雑すぎて、単一の遺伝要素に分離するのは不可能だと指摘している。「ＢＧＩ深圳」は莫大な資金を投入し、行動遺伝学者ロバート・プロミンやミシガン大学の物理学者スティーブ・スウなど世界トップクラスの人材を招聘した。

その中でも、おそらくもっとも注目すべきは、プロジェクトの統括者である趙柏聞《チャオバイウェン》だろう。一五歳にして高校を中退しキュウリの遺伝子配列解析に関する論文を共同執筆した神童だ。「人間は子供のIQを自在に操れるようになるでしょう。選んだとおりにできるのです」[26]と趙は自信を示している。

BGIのプロジェクトチームは、知能についてより優れた遺伝子マーカーをもつ胚を選択して人工授精を行なうことは、今の世代が生きているうちに可能になると予測[27]している。これによって、親は子のIQを出生前に最大二〇ポイント上昇させることができるという。

このシナリオはまだ推論の域を出ないものの、その内容は不安を煽るものだ。一人っ子政策によって中国ではすでに貧富の格差が増大している。金持ちは罪にも問われず数多くの子をもつことができる。その子供たちが、より聡明で、病気になりにくく、身長も高くなるとしたらどうなるだろうか。

そのようなことになれば、中国はオルダス・ハクスリーのSF小説『すばらしい新世界』で描かれているようなディストピアへと変わっていくだろう。人間は研究室で作られ、階級に分けられる。アルファ階級は支配者として、そして働き蜂に分類されるエプシロン階級は認知機能を抑制され、上の階級を望まないようプログラムされる世界だ。

一九九五年、中国は「重篤な遺伝病」をもつカップルが子を作ることを禁じる「母嬰保健法」[28]を施行した。対象となる疾患の一覧には、知的障害、精神障害、てんかんも含まれていた。こうしたカップルは結婚前に強制的に健康診断を受けさせられた。これにたいして、中国は優生学を実践しているという国際的な批判が再燃し、大きな議論を呼んだ。

じつを言えば、この「母嬰保健法」はまだ手ぬるいほうだ。地方レベルではもっと露骨な規制を設けた省もある。一九八八年、甘粛省は「頭の悪い者、愚か者、ばか者の生殖」を禁じる地方条例[29]を可決した。ただしこの条例は二〇〇二年に廃止された。同様に、「母嬰保健法」も二〇〇三年に結婚前の健康診断がひそかに廃止されたことによって無力化された。

「合理主義」の行き着く先

世界最大の人口を有する国家が子供不足になったらどうなるのだろうか。

過去二〇年間、中国の出生率は人口置換水準を下回っている。そのうえ、高齢者人口は膨れ上がり労働人口は不足、さらには女性まで不足という問題があり、それにたいする最善の改善策は出生率の上昇なのだが、その傾向は見えないし、今後も望めそうにない。

三〇年以上にわたり継続させた一人っ子政策をついに廃止することに決めたものの、すでに中流階級の多くが一人を超える子供を望んでいないという事実に、共産党は驚きを隠せない。

前述のとおり、中国は二〇一三年、「単独二子政策（夫婦どちらか一方が一人っ子の場合第二子の出産を認める政策）」を導入し、一人っ子政策を緩和した。

ところが、結果として申請を行なったカップルの数は、もっとも悲観的な予想をはるかに凌ぐ低さとなった。二人目の許可を申請したのは適格者の一〇分の一に過ぎなかったのだ[30]。世論調査では、多くのカップルが子供を二人もちたいと望んでいたのだが、その希望がいざ叶うとなったとき、経済的な負担や、精神面でのストレス、またはキャリアへの影響を考えて二の足を踏んだのだった。

そして多くの人が、子供の数は社会的地位の上昇を左右すると考えている。つまり、子供が一人であれば、その子に、より多くの資産を集中させることができ、より成功する子供を育てられるというわけだ。「実際、子供を二人もつことは、身勝手で、親としての義務をちゃんと果たしていないとまで見なされる」と人口統計学者の馬小紅《マーシャオホン》は『ワシントン・ポスト』紙に語っている[31]。

中国の人々の考え方を変え、結果的にみずから一人っ子を選ぶ国民が増えたのだから、一人っ子政策は大成功だったといえる。私の若い友人はこう語った。

「政府は何年ものあいだ、計画的な出産こそが最高の家族のあり方だと国民を教育してきました。それによって豊かで、幸せで、人のあふれない社会が実現できる、と。このプロパガンダは大きな成功を収めたと思います。事実、一人っ子政策によって多くの家族の生活水準が向上しました。一人っ子家族で育った私にとって、自分の子供も一人でいいというのが自然なことに思えます」

一人っ子政策は国民のあいだで、すでに過去のものとなっている。それこそが、この政策が有効であったことを示す何よりの証拠だ。人口統計学者の馬小紅が、中国人夫婦が一人っ子を選んだ理由を調査したところ、六〇パーセントがその決断は一人っ子政策とは関係ないと答えている。[32]

ハーバード大学教授のスーザン・グリーンハルは、中国における急激な出生率の低下は、役人による強制的な手段によるものではなく、むしろ出生を抑制することが社会的地位の向上につながるという中国社会の考え方によるところ大だと指摘する。子作りに関して「中国人は極端な経済的合理主義を体現している」[33]とグリーンハルは記している。

ハクスリーの『すばらしい新世界』の中で、世界統制官ムスタファ・モンドは、子供は研究所で作ったほうが世界はうまく回ると唱えた。

「この安定した世界では、誰もが幸福だ。欲しいものは手に入り、手に入らないものは欲しがらない。みんな豊かで、安全で、病気もない。死の恐怖もない。激しい感情も知らなければ老いも知らないとは、何と幸せなことか。母親や父親に煩《わずら》わされることもないのだ」

これにたいして主人公のサヴェジは、人間がもつ不合理さを称え、こう反論する。「欲しいのは快適さじゃない。欲しいのは神だ。欲しいのは詩だ。本物の危険、自由、美徳、そして罪悪なのだ」

人口の減少という中国の問題はやがて、東アジアの主要国すべてが抱える問題となるだろう。先進国ならどこでも直面している問題でもある。人口増加抑制主義から人口増加促進政策に切り替えた国々は、目下、出生という蛇口を開けることのほうが、閉めることよりはるかに難しいことをつくづく思い知らされている。

二〇二五年までにインドが中国を抜いて世界最大の人口を有する国となる。これまでトップに君臨してきた中国にとっては、このうえなく喜ばしいことだ。二〇二〇年から二〇三〇年までの一〇年間で、中国の人口はピークを迎え、その後減少を始める。陳友華《チェンヨウファ》教授（南京大学）の予測によれば、二一〇〇年には一九五〇年レベルの五億人にまで減少するという。

おそらく中国共産党ならこの流れを変えることができるはずだ。何しろ彼らは、一人っ子政策という近代史上最大の成功を収めた人口政策を打ち出したのだから。

ただそれは、不可能ではないにしても、かなりの困難をともなうのではないかと私は思っている。というのは子供を産むかどうかの問題を、打算的に合理主義的に扱うという習性が、すでに中国人の精神に深く染み込んでしまったからだ。

結局のところ、一人っ子政策がもたらした最大の害悪は、親になるということを合理的に考えるようにさせたこと、行き過ぎた合理主義を強いたことだ。

親になるとは本来、未知の世界に飛び込んで、そこで新たな発見を繰り返しながら人間として成長していくことだ。子供をもつことで、生きること、愛することについての理解が日々変化し、深まっていくのだ。

エピローグ

中国での体外受精はうまくいかなかった。私は妊娠しなかった。

体外受精とは要するに、最良の卵子と最良の精子を実験室の中で結合させることだ。理論的には、これで受精は簡単に完了、徒競走の選手に自転車を与えて競争させるほど簡単なことだ。だがその次の段階、受精卵を子宮に移植し、無事健康な妊娠に漕ぎ着けるかどうかは、科学ではまだコントロールできない領域なのだ。

受精卵は着床することもあれば、しないこともある。私の場合は「着床」しなかった。火がつかなかった、火花が出なかったということだ。なぜ着床しなかったのかは、私にとってはもちろん、担当医にとっても謎だった。

そのため、私は仕事を辞めて中国を離れるという思いきった決断をした。仕事を続けながら同時に母親にもなりたかったが、その望みは叶わなかった。そうとは認めたくはなかったが、締め切りに追われる生活と北京の大気汚染の中での暮らしが災いしたという思いが心の奥底にあったと思う。とにかくいったん動くことをやめ、立ち止まるすべを学ぶべきだと思った。

二〇〇九年の後半、私は中国内陸の首都、北京を離れ、カリフォルニア州ロサンゼルス郊外のベニスビーチに移った。これ以上いちじるしい対照はないだろう。北京のスモッグに代わって、ベニスビーチには太平洋の海霧がたなびいていた。通勤ラッシュの中国人の黒髪の波に代わって、ブロンドのラスタファリアン〔菜食主義、大麻の神聖視などで知られる。ジャマイカ起源〕が、カリフォルニアの太陽の下、海の匂いをかぎながらのんびり散歩していた。

私は北京が恋しかった。そこにはたくさんの不便や不都合があるが、途方もない刺激に満ちあふれ、ときおりふいに、驚くほど静かな場所を見つけることもあった。紫禁城のまわりの堀端を自転車でめぐりながら、枝垂れ柳の木陰でかいがいしく働く露天の床屋をながめたいと心から思った。

北京に住むとすれば、当たり前のことを当たり前と思ってはいけない。晴れわたった青空は、それだけで尊い天の恵みだった。青空は元気を与えてくれるだけでなく、感覚も研ぎ澄ませてくれた。それに比べて今の私の生活は真綿にくるまれたようなものだった。

北京の生活の癖はなかなか抜けなかった。横断歩道を渡ろうとして、歩行者のために車が本当に停まると、びっくりして思わず固まってしまった。健康診断で肺に異音があるから煙草をやめるようにと医者に言われた（私は煙草を吸わない。一度も吸ったことがない）。

水道水が飲める生活に戻り、長年ペットボトルの水を飲んで黄色くなった歯が、水道水に添加されたフッ化物のおかげで白くなった。

マタニティヨガのクラスに通い始めると、クラスの女性たちはみな自宅での水中出産を望み、はしかの予防接種に否定的な考えをもっていた。そんな「母親と子供」グループで、私が薬を使って、「しかもたくさんの薬」を使って出産する計画であることを話すと、グループの女性たちはヨガの優美なポーズで心を静めながら、気の毒そうな目で私を見た。

私はニュースを反射的にチェックすることをやめ、意志の力で仏陀のような平穏な心に近づこうと努力した。そして体外受精を再開した。出産に関して冷静に計算して選択するという立場から私は距離を置いたが、それでよかったと思っている。遺伝病の出生前診断、男女産み分け、多胎児の選抜といった選択は、私を不安な気持ちにさせた。実際、私はそういった選択を一度もしなかった。

不妊治療には辛い時間を費やしたが、出産をサラダバーみたいにあれこれ選びとろうという気持ちになったことはついぞなかった。だから、私は双子が欲しいとも、男の子がいいとも言ったことはないのだが、結果は双子で男の子だった。

二〇一〇年、私は双子の男の子を生んだ。一人目が可愛いエターナル・バーチュー〔永遠の徳〕、二人目が一分遅れて生まれたステッドファスト・バーチュー〔不動の徳〕だ。

ドラマチックにも、ステッドファストは外科医にとりあげられたとき、小さな腕を高く上げて、バレリーナがつま先でくるりと回るときの優雅なポーズをした。完璧なシャッターチャンスだった。二人は羽根をむしられたニワトリみたいで、そして、美しかった。

私は中国のしきたり「坐月子」を守って、一か月の産褥期をゆったりと過ごしたが、入浴も散歩もして、赤ん坊との熱々の生活を大いに楽しんだ。ステッドファストとエターナルがぷくぷくと大きくなり、丸々した太ももが成長するのをながめた。太ももをぎゅっとするのが私は大好きだった。

長い夏の午後、天井扇の回る下で、隣りに眠る二人の子供と過ごした時間は、生涯でいちばん穏やかな時間の一つとして私の心にずっと残ることだろう。

人生ががらりと変わった今となっては、過去の自分を思い出すのが難しいほどだ。もはや紛争地域に突撃取材に行くこともなければ、次から次へと起こる事件にハラハラドキドキすることもない。今は動かずしっかり根を下ろして、育児にわが身を捧げ、すべてを忘れて母親業に没頭しなければならない。

自分の子供ができるまで、親族で小さい子供といえば姪や甥たちだった。私は一族の中で面白いおばさんで通っていた。エキゾチックな外国に行って珍しいおみやげを買ってきてくれ、石油流出現場でスキューバダイビングをしてみたり、行ってはいけない場所にも人を上手く言いくるめて入っていくおばさんだった。

姪の一人にある日、「メイおばさんは子供を生まないでね。退屈な人になっちゃうから」と言われた。そう、私は子供を生み、そして今たしかに退屈な人になった。

アメリカの風刺作家P・J・オロークがたしかこんなことを言っていた。「ジャン＝ポール・ベルモントみたいになろうという夢を見るな。子供二人とマンションを一つというふつうの生活を目指せ」

寝る前に、私は子供たちに物語を話して聞かせる。天にある九つのお日さまを射落とした弓の名手「羿《げい》」や、その妻である月の女神「嫦娥《じょうが》」の話など中国の民話もあれば、お決まりのグリム童話やアンデルセン童話もある。

エターナルとステッドファストがいちばん喜ぶのは、たいていはもっとも残虐な話だ。「そして、男はその男を殺しました」と私が言うと、たとえその意味がよくわからなくても、子供たちの想像力は大きく膨らむ。物語の世界には、母親の脱出劇があり、継母が出てきたり、子供が捨てられたり、いつも腹をすかせた狼が登場したりする。

いつの日か子供たちに、ある国の物語を話して聞かせたいと思う。その国は昔とても貧しくて、皇帝はその民に向かって、一家族につき子供は一人しかもってはいけないと命じた。その国がどんな大きな悲しみに見舞われたか。民はどのようにして子供を手放し、また、どのようにして他人の子供を盗んだか。あるいは、唯一の大切なわが子が誰よりも強く賢い子供として生まれるために、どんなふうに魔法使いの手を借りたのか。そして、その国で生まれる子供がどんどん減ってきて、やがては老人の国になっていったか。その物語を話してあげようと思う。

この物語の結末を、私は知らない。

子供たちが眠ってしまったら、私はそのまま二人と並んで横になり、世界でいちばん穏やかな音、二人の規則正しい寝息に耳を傾ける。二人への責任を身震いするほど強く感じながら。

著者による注記

中国人名の表記は、通常は姓・名の順にしている。ただし私自身の名前のように例外もある。読者もお気づきのように、人名を「月蓮（Moon Lotus）」のように英語に訳して表記している場合と、そうでない場合がある。英語表記にしたのは、中国人の名前の発音をピンインで表すと、ほとんどの名前が同じように聞こえてしまうため、英語表記にすることで読者が識別しやすくなると考えたからだ。過去に行なった取材の中には、その時点で取材相手の正確な英名（漢字名）が得られなかったこともあるが、その場合はあえて類推することは避けた。

最後に統計について補足がある。新華社や中国国家統計局などによる中国側の統計情報を指標として採用したが、これを絶対的に正しいものと考えるべきではない（報道によれば、李克強首相ですら中国のＧＤＰは「人為的な」数字だと述べたという）。賢明な読者ならご推察のことと思うが、死亡者数や環境汚染指標など、中国の威信を傷つけることになるような数字は小さめに、ＧＤＰ成長率など、水増ししたほうが当局の利益になりそうな数字は大きめに公表されていると考えられる。

謝辞

本書は、アジアでの二〇年にわたる取材の集大成であり、一人の中国人の娘としての半生の記録でもある。シンガポールという小さな国で記者活動をスタートさせたころ、シンガポールの人々は取材源として名前を出されるのを非常に嫌い、大いに苦労した。人口わずか五〇〇万人の島国で、かつ厳しい名誉棄損法があるとすれば、何かを話して誰かを怒らせることを恐れるのは当然だった。だから、私が真っ先に感謝したいのは、取材に応じてくれた多くの人々だ。彼らの率直で寛大な心がなければこの本を書くことは不可能だった。

執筆にあたっては、人口学からホスピスケアに至るまで、さまざまなテーマについての勉強が必要だった。それらの専門知識を授けてくれた次のみなさんに、大きな感謝を捧げたい。王豊、蔡泳、ダン・グッドカインド、ニコラス・エバースタット、ビル・レイヴァリー、ウー・ヨウシュイ、リィアン・ジョンタン、ジャン・アーリ、ジョシュア・カーツィッグ、ジャオ・イャオフゥイ、リーナ・エドランド、リサ・キャメロン、バネッサ・フォン、アーサー・クローバー、ジョウン・カウフマン、マシュー・コネリー、チェン・ホン、ジェニファー・リー、チャンフ・チャン、ジェミー・メッツル、テックス・コックス、ハリー・ウー、スティーブ・モシャー、クレイトン・デューブ。また、中国の人口政策史の研究については、スーザン・グリーンハル、トーマス・シャーピング両氏の著作に負うところが大きい。

草稿の段階で貴重な意見をくれた以下の友人、同僚の記者、ライターのみなさんにもたいへんお世話になった。イヴリン・イリタニ、アンドリュー・バトソン、マット・リチャーズ、セバスチャン・トン、ピーター・ヘアフォード、リィゥ・シュゥアン、ロン・オーロル、キャスリーン・マクローリン、ルーシー・ホーンビィ、キャシィ・チェン、ジオフ・ファウラー、ケヴィン・ヴォイト、ダグ・ヤング、アマンダ・ウィットフォート、アリソン・デソーザ、カーラ・サップスフォード、イアン・ジョンソン、スコット・トング、ロブ・シュミッツ、イーヴァ・ウー、ジョイ・チェン、アイザック・ストーン・フィッシュ、ゲアリー・オキヒロ、マリーナ・ヘンリケ、キャロル・クィン、ヘッシー・ヌイエン、バリー・ニューマン。取材の旅先で温かくもてなしてくれた次の多くの友人たちにも感謝したい。マーシャ・クック、グー・チィアオ、ロビン・ルイスとジャズミン・

ルイス夫妻、スー・ウォード。

貴重な助言や紹介、洞察を与えてくれた以下のみなさんにも感謝する。ウィル・シュワルビー、マシュー・パング、ピーター・フォード、エヴァン・オスノス、マーティン・ロースィン、ティフ・ロバーツ、デブ・ファロウズ、ジム・ファロウズ、ジェス・ランドラップ・ニールセン、マラ・ヴィスタンダール、チン・チン・ニィエ、洪理达、アンソニー・クーン、ペ・シン・フェイ、リー・ユェン、ジョナサン・カウフマン、ハオ・ウー、エミリー・ラハーラ、ダンカン・クラーク、リチャード・バーガー、ジェロウム・コーエン、パトリック・ラデン・キーフ、ピーター・コーン、サラ・ドロウ、パティ・マイヤー、パティ・スミス、ジナ・マーティンバーグ、ディディ・キアスタン・タトロー、そしてミッチェル・ズックオフ、FBグループのAPA Media Mavens、アジア太平洋島嶼女性作家協会。

一《いち》マレーシア人には望外の栄誉であるピューリッツァー賞への道を開いてくれた、元上司のレベッカ・ブルーメンスタインに心から感謝する。香港・中国支局の同僚たち全員にも拍手喝采を送る。あまりにも素晴らしいドリームチームで、今後、これほどのメンバーと仕事をする機会はおそらくないだろう。中国の外国人記者団にも感謝する。みなさんが有意義な仕事を続けられるよう、中国政府のビザ発給制限の緩和を強く望む。

支局のスタッフのみなさんが取材に同行し、有益な情報を与えてくれなければ、本書の誕生はなかった。キアスタン・ザン、エレン・ズー、スー・フォン、ガオ・セン、ヘレナ・ユー、イェン・シュアン、フー・ファン、ヴァイオレット・ティェン、エコー・シェ、ブランドン・ユー、ジャネット・ランドブラッド、フー・タオ、シャコ・リィゥ、シシリア・シェ。しばしば不愉快で時には危険でもある私の取材旅行に、文句も言わずに同行してくれた彼らに特別な感謝を送りたい。

駆け出しのころに、以下の教師、編集者、指導者のみなさんから、運命的ともいえる励ましをいただかなければ、私はクアラルンプールのさえないピアノ教師で終わっていたかもしれない。コンスタンス・スィンガム、イープ・ガイククーン、ローラ・エイブラハム、ジュニー・シモン、リー・チン・ペイ、チャーリー・レッツ、ゴパール・バラサム、タン・ワン・ジュ、8Daysのマイケル・チアン、ラフール・パタック、シンガポール国立大のロビー・ゴーとスーザン・アング、コロンビアのビル・バークリー、デイヴ・フォンドラーに感謝する。また、シンガポール・プレス・ホールディングスとリー財団の奨学金制度にも感謝したい。

教師のみなさんだけではなく生徒たち、特に南カリフォルニア大学（USC）アネンバーグ校や汕頭大学の学生たちには、多くのことを教えてもらい、感謝に堪えない。また、『ウォール・ストリート・ジャーナル』紙のキャシー・パナゴライアスとローリー・ヘイズは、私のはじめての原稿を新聞に掲載してくれ、右も左もわからない私に記者としての自信を与えてくれた。

出版エージェントのジョンとマックス・ブロックマン、編集者ベン・ハイマン、校訂者バーバラ・ウッドのおかげで、本書は当初私が想像もしなかったほど素晴らしい出来上がりになった。また、支援を与え、知的な交流を促してくれたニュー・アメリカ・ファウンデーションにも大きな感謝を捧げる。こういった交流がなければ、書くという仕事はもっと孤独なものになっていただろう。

最後に、本書は結局のところ家族についての物語である。私自身も家族にたいして日々感謝している。母と姉妹たちは、女性であることの強さを大切にすることを教えてくれた。義理の両親ジューンとマーシャルは、原稿を読んで英文についてのアドバイスをくれ、私が執筆活動の嵐にはまっているあいだ、子供たちの食事の世話をしてくれた。私の子供たちは、その存在そのものが、いちばん大切なものは何かということを私に教えてくれる。そしてこの謝辞のページで名前を挙げなければ離婚ものと言ってもいいほど、夫アンドリューには本当に心から感謝している。数えきれないほどさまざまなかたちで私を守り、支えてくれた。

家族が重荷になると言う人もいる。だが、気球のバラストのように昇降を調節してくれる家族がいるからこそ、人は飛ぶことができるのだ。

訳者あとがき

世界に類を見ない過激な政策、中国の一人っ子政策を深く掘り下げ、その隠された真相を暴いた渾身のレポート。この「過激な実験」がいかにして生まれ、どのように適用され、国民にどんな影響を与えたのか、そして将来にどんな爪痕を残したのか。

著者はこの政策が人々に与えた真の影響を探るべく、長期にわたって中国全土を縦横に駆けまわり、農民、官僚、知識人、反体制派など多様な人々を取材した。本書の圧巻は、この政策がどれほど広範囲に影響を与えたか、その恐るべき実態が豊富なストーリーを通して面白く生き生きと描かれている点だ。著者は二〇年にわたる取材の集大成だと述べている。

現地取材にもとづく個々人のストーリーを各章にちりばめ、ストーリーを通して持論を展開していく。この手法によって読者はディストピア小説を読んでいるかのように物語に引き込まれ、著者の見解に共感し、説得させられる。

政策の起源に関する話には驚かされる。人口抑制という大問題を、専門家ではないロケット科学者が担当し、たんに出生数を制限するだけの愚かな政策が安易に作り出された経緯は衝撃的だ。急速な経済成長による国威発揚しか頭になかった指導部の「短期集中ダイエット志向」がよく見てとれる。

次に解明されるのは政策が適用された過酷な実情だ。独裁国家は政策を徹底させるために「国家人口計画出産委員会」という名の「人口警察」を社会全体に組み込んだ。中央の官僚から小さな村の監視員にまで至る巨大なネットワークである。

村レベルの監視員や地方の担当職員への取材を通して、著者は違反者に科せられる重い罰金や強制中絶の凄絶すぎる実態を暴き出す。これらは加害者と被害者の証言を引用しながら生々しく描写されている。

暗然とさせられるのは、次々に明らかにされる一人っ子政策の悪影響だ。影響を受けた人々の物語は大半が暗く悲しいものであるが、中国人のしたたかさを窺わせるものもある。

政策に違反して生まれた第二子は戸籍が許可されず、実在しないのと同じだ。そうした「闇っ子」と呼ばれる人々は一三〇〇万人にも上るという。

一人っ子世代は親から過大な期待を寄せられ、親の老後の面倒を一人で背負わされる。中国の伝統的な「孝」の概念のため、親を優先しなければならず、そのため自分の夢を追う自由がなく、視野の狭い世界で親の期待どおりに生きなければならない。陳翰濱《チェンハンビン》の言葉がとても印象的だ。

「中国という国全体が一つの鳥かごと言えるでしょう。中国では誰もが同じ道を目指し、住んでいる家の値段と学歴で人を評価し、親の期待に沿った生き方をしている」

結婚できない独身男性で満ちあふれた村。結婚詐欺に遭って全財産を失った息子と家族たちの物語は、この国の独身男性の前に広がる寒々とした未来を暗示している。どんどん跳ね上がる結納金、婚活力を高めるためのマンション購入によって生活困窮に陥る「房奴」、親たちの「婚活マーケット」の盛況ぶり、どれもこれも大幅な男性過剰のせいだ。

一人っ子なら男児を、と望む人が多く、女児の間引きや強制中絶などが行なわれた結果である。

いびつな男女比はアジアからの嫁の誘拐、女性の商品化（ラブドールの製造販売）すらもたらしている。

高齢化の暗澹たる実態も興味深く描かれている。とりわけ一人っ子を亡くした「失独」夫婦の老後は悲惨なものだ。隣人から疎まれ、介護施設にも入れず墓地を買うこともできない。

さらに驚きの事実は、腐敗した海外養子縁組マーケット、盛況を極める生殖産業、バースツーリズム（出産旅行）など、海外にまで広がった影響だ。その凄まじいパワーには、ただただ圧倒される。

そしてもっとも印象的なのは、この政策によって、出産の問題を打算的に考えるという習性が中国人の心に深く浸透したという指摘だ。子供は愛の対象というより社会的地位の上昇の手段になったという。「この政策がもたらした最大の害悪は、親になるということを合理的に考えるようにさせたこと、行き過ぎた合理主義を強いたことだ」

一人っ子政策の数々の副作用が、その実施期間だけでなく将来にも長期にわたって大きな影響をもたらすことを著者はおおいに憂えている。一人っ子世代はリスク回避の世代を作るのだろうか。四人に一人が六五歳以上の社会で中国はみずからをサポートできるのか、一人っ子政策がどれほど中国の成長を阻害することになるのだろうか。

こうした点を考えれば、「一人っ子政策は終わったのだから、もう過去の話だ」という捉え方は妥当ではない。政策の廃止とほぼ同時に発行された本書は、じつにタイムリーだったといえよう。

一人っ子政策を論じた書であるが、読者は数々の物語の中に中国社会のゆがんだ部分や中国人の特質、古い封建的な伝統、男尊女卑の考え方、人種偏見、打算的な思考など、中国社会や中国人のさまざまな側面を垣間見ることができて興味深い。競争に勝ち抜くために親子ともども耐え抜かねばならない受験地獄や政府の優生思想などもその例だ。また、一人っ子政策の規制をかいくぐる中国人のしたたかさには唖然とするばかりである。

本書のもう一つの特徴は、著者自身の個人的な物語――妊娠・流産・不妊治療・そして出産の経緯――が挿入されていることだ。第1章で妊娠が発覚し、第2章で流産、第9章で不妊治療、そしてエピローグで幸せな出産という構成になっている。

一人っ子政策の敷かれる中国で著者が目にした状況を、著者はキアロスクロという、絵画の明暗法に喩えている。出産を制限する過酷な政策と、子供をもちたいという人間の本能、その鮮明な対比を体験して、「親になるとはどういうことか」をみずから深く考えさせられたという。自分の妊娠・出産の話を織り込んだ意図は、この言葉の中に汲みとれるのではないだろうか。

本書は海外の多くのメディアで取り上げられ、高い評価を得ている。本書を書くのに三年を費やしたというが、それだけの価値のある良書に仕上がっている。

最後に、本書の翻訳にあたってさまざまなかたちでご協力いただいた多くのみなさんに大きな感謝を捧げたい。そして、この意義深い本を翻訳する機会を与えてくださった草思社の増田敦子氏、読みやすく編集してくださった碇高明氏には心からお礼を申し上げたい。

二〇一七年九月

小谷まさ代

child-why-many-say-they-wont/2014/01/10/2c9811de-73c5-11e3-8def-a33011492df2_story.html

32 Ma Xiaohong〔馬小紅〕,"Birth Policy's Enlightenment: Child-Bearing Trends in Different Districts," *Population and Development*, no. 6 (2011).

33 Susan Greenhalgh, "Fertility as Mobility: Sinic Transitions," *Population and Development Review* 14, no. 4(December 1988),pp.629–74. http://www.jstor.org/stable/1973627

http://www.envirotech-online.com/news/air-monitoring/6/breaking_news/study_to_assess_impact_of_air_pollution_on_fertility/26787/
13 同上。
14 Changfeng Chen, "Shanghai Sperm Bank Investigation Shows 2/3 Semen Unqualified," *Xinmin Web*〔人民網〕, November 6, 2013.
http://shanghai.xinmin.cn/xmsq/2013/11/06/22552119.html
15 Tom Phillips, "Pollution Pushes Shanghai Towards Semen Crisis," *The Telegraph,* November 7, 2013.
16 Weiguang Wang and Guoguang Zheng, *Green Book of Climate Change: Annual Report on Actions to Address Climate Change* (Beijing: Social Sciences Academic Press, 2013).
17 "Bare Branches, Redundant Males," *Economist,* April 16,2015.
http://www.economist.com/news/asia/21648715-distorted-sex-ratios-birth-generation-ago-are-changing-marriage-and-damaging-societies-asias
18 Alice Yang and Jeremy Blum, "Pollutants' Effect on Infertility Rates in China to Be Examined," *South China Morning Post*〔南華早報〕, September 4, 2013.
19 Shitong Nie, "Woman Accused Deputy of City Construction Bureau in Changde's Deshan Economic Development Zone," *Zhongyuan Web,* March 11, 2014.
http://zx.zynews.com/whzx/134537.html
20 Jianliang Huang and Xiangsheng Yue, "Former Vice Mayor of Chenzhou City Had Relationships with Nine Lovers," *Sina Web*〔新浪網〕, May 11, 2006.
http://news.sina.com.cn/c/l/2006-05-11/11219831007.shtml
21 著者によるインタビュー(2015年3月5日)。
22 著者によるウェンディ・ウィルソン・ミラーへのインタビュー(2015年3月6日)。
23 Miriam Jordan, "Federal Agents Raid Alleged 'Maternity Tourism' Businesses Catering to Chinese," *Wall Street Journal,* March 3, 2015.
http://www.wsj.com/articles/us-agents-raid-alleged-maternity-tourism-anchor-baby-businesses-catering-to-chinese-1425404456
24 著者によるウェンディ・ウィルソン・ミラーへのインタビュー(2015年3月6日)。
25 Niu Yujie, Yang Youmeng, Li Yajuan, Tang Qi, Zhang Yixi, Xu Linyong, and Zhang Helong, "A Study upon Knowledge and Awareness of Genetic Screening and Influencing Factors in Changsha,"*Practical Preventive Medicine* 22, no. 1 (January 2015).
26 Bregtje van der Haak, *DNA Dreams* (documentary), Netherlands, 2012.
http://www.nposales.com/dna-dreams/
27 John Bohannon, "Why Are Some People So Smart? The Answer Could Spawn a New Generation of Superbabies," *Wired,* July 16, 2013.
http://www.wired.com/2013/07/genetics-of-iq/
28 Sun-Wei Guo,"China: The Maternal and Infant Health Care Law," *eLS*, April 16, 2012.
http://onlinelibrary.wiley.com/doi/10.1002/9780470015902.a0005201.pub2/abstract
29 Wang Guisong,"Constitutionality Adjustment on China Eugenics Law," *Study in Law and Business,* no. 2 (2011).
30 政策が緩和された後、２人目の子供をもうけた夫婦は10分の１だけだった。
31 Lauren Sandler, "Chinese Parents Can Now Have More Than One Child. Why Many Say They Won't," *Washington Post,* January 10, 2014.
http://www.washingtonpost.com/opinions/chinese-parents-can-now-have-more-than-one-

19 Karin Evans, *The Lost Daughters of China: Adopted Girls, Their Journey to America, and the Search for a Missing Past* (New York: Tarcher, 2008).
20 Jeff Gammage, *China Ghosts:My Daughter's Journey to America, My Passage to Fatherhood* (New York: Harper Perennial, 2008).

第9章

1 "China's First Test Tube Baby to Celebrate 20th Birthday,"*Xinhua News*〔新華社通信〕, February 26, 2008.
http://www.china.org.cn/china/sci_tech/2008-02/26/content_10784222.htm
2 Jared Yee, "Rising Demand for IVF in China Causes Spread of Unlicensed Clinics," *BioEdge,* November 3, 2010.
http://www.bioedge.org/index.php/bioethics/bioethics_article/rising_demand_for_ivf_in_china_causes_spread_of_unlicensed_clinics
3 Qin Xu and Yanhui Wang, "Why Twins Birth Rate Increases," *Fenghuang Web*〔鳳凰網〕, January 30, 2013.
http://fashion.ifeng.com/baby/haoyun/detail_2013_01/30/21777648_1.shtml
4 Wei Huang, Xiaoyan Lei, and Yaohui Zhao, "One-Child Policy and the Rise of Man-Made Twins," Forschungsinstitut zur Zukunft der Arbeit, Institute for the Study of Labor, August 2014.
http://ftp.iza.org/dp8394.pdf
5 "700 Fake Twins Investigated in Yunnan," *People Web,* July 28, 2000.
http://www.people.com.cn/GB/channel1/13/20000728/163617.html
6 Shuang Lu and Yun Luo, "Drugs Lead to Increased Twins Rate," *Sina Web*〔新浪網〕, January 22, 2013.
http://baby.sina.com.cn/news/2013-01-22/084158010.shtml?oda_pick_aid=0&oda_pick_mid=0&oda_pick_pid=3411627&oda_pick_sid=0&oda_pick_st=1&pl=0&kid=0&ct=0
7 Alexa Olesen, " 'Octomom' in One-Child China Stuns Public," *USA Today,* December 30, 2011.
http://usatoday30.usatoday.com/news/health/wellness/story/2011-12-30/Octomom-in-one-child-China-stuns-public/52284636/1
8 "Strict Selection Before Surrogacy and 4 Abortions for Bearing a Boy," *Guangming Web*〔光明網〕, January 12, 2015.
http://life.gmw.cn/2015-01/12/content_14478195.htm
9 James Pomfret, "Forced Abortions Shake Up China Wombs-for-Rent Industry," Reuters, April 30, 2009.
http://www.reuters.com/article/2009/04/30/us-china-surrogacy-idUSTRE53T04D20090430
10 Olesen, " 'Octomom' in One-Child China Stuns Public."
11 Massoud Hayoun, "Understanding China's One-Child Policy," *The National Interest,* August 15, 2012.
http://nationalinterest.org/commentary/understanding-chinas-one-child-policy-7330
12 "Study to Assess Impact of Air Pollution on Fertility," *Environmental Technology,* September 10, 2013.

InterCountry Adoption Network (AICAN) and Peter Selman, Newcastle University.
http://www.aican.org/statistics.php?region=0&type=birth
2 InterCountry Adoption, Bureau of Consular Affairs, US Department of State.
http://travel.state.gov/content/dam/aa/pdfs/fy2014_annual_report.pdf
3 同上。
4 Scott Tong, "The Dark Side of Chinese Adoptions," *Marketplace,* May 5, 2010.
http://www.marketplace.org/topics/life/dark-side-chinese-adoptions
5 Barbara Demick, "Some Chinese Parents Say Their Babies Were Stolen for Adoption," *Los Angeles Times,* September 20, 2009.
http://articles.latimes.com/2009/sep/20/world/fg-china-adopt20
6 Pang Jiaoming, "The Lost Children of Shaoyang City," *Caixin*〔財新〕, May 10, 2011.
http://english.caixin.com/2011-05-10/100257699.html
7 "Chinese Baby Girls Sold for Adoption," UPI, July 2, 2009.
http://www.upi.com/Top_News/2009/07/02/Chinese-baby-girls-sold-for-adoption/UPI-52961246593352/?st_rec=63831376140810
8 "Doctor, Eight Others Arrested in Chinese Baby-Selling Scandal," UPI, August 10, 2013.
http://www.upi.com/Top_News/World-News/2013/08/10/Doctor-eight-others-arrested-in-Chinese-baby-selling-scandal/63831376140810/#ixzz3UEJALYoH
9 金額はHalftheSky.orgに掲載された財務記録によるもので、最高コミュニケーション責任者パトリシア・キングによって検証された。2014年7月17日。
10 David Smolin, "The Corrupting Influence of the United States on a Vulnerable Intercountry Adoption System: A Guide for Stakeholders, Hague and Non-Hague Nations, NGOs, and Concerned Parties," *Utah Law Review* no.4 (2013).
http://epubs.utah.edu/index.php/ulr/article/viewArticle/1166
11 Kay Ann Johnson, *Wanting a Daughter, Needing a Son: Abandonment, Adoption, and Orphanage Care in China* (St. Paul, MN: Yeong & Yeong Books, 2004).ジョンソンの近刊予定の次の著書も参照。*China's Hidden Children: Abandonment, Adoption, and the Human Costs of the One-Child Policy* (Chicago: University of Chicago Press, 2016).
12 Kate Blewett and Brian Woods, *The Dying Rooms,* Lauderdale Productions, 1995.
http://www.imdb.com/title/tt0112919/
13 "Death by Default: A Policy of Fatal Neglect in China's State Orphanages," Human Rights Watch report, January 1, 1996.
http://www.hrw.org/reports/1996/01/01/death-default
14 ブライアン・スタイのブログ、及び著者によるインタビュー。
http://research-china.blogspot.com/search?q=RED%20BIRTH%20NOTE&max-results=20&by-date=true
15 Brian H. Stuy, "Brian H. Stuy (with Foreword by David Smolin), Open Secret: Cash and Coercion in China's International Adoption Program," *Cumberland Law Review* 44, no. 3 (2014), pp.355–422.
http://works.bepress.com/david_smolin/15
16 ＦＣＣは現在"Families with Children from Asia（ＦＣＡ）"へと拡大している。
17 Grace Newton, *The Red Thread Is Broken* (blog).
https://redthreadbroken.wordpress.com/
18 著者によるインタビュー（2014年9月25日）。

5 Jackson, Nakashima, and Howe, *China's Long March to Retirement Reform.*
6 Atul Gawande, *Being Mortal: Medicine and What Matters in the End* (New York: Henry Holt and Company, 2014), p.79.
邦訳『死すべき定め――死にゆく人に何ができるか』アトゥール・ガワンデ著、原井宏明訳、みすず書房、2016年。
7 "Life After Loss," *China Daily*〔中国日報〕, December 17, 2013.
http://www.chinadaily.com.cn/html/feature/lifeafterloss/
8 National Health and Family Planning Commission of People's Republic of China, "2010 China Health Statistical Yearbook," National Health and Family Planning Commission of People's Republic of China website, August 8, 2010.
http://www.moh.gov.cn/htmlfiles/zwgkzt/ptjnj/year2010/index2010.html
9 Yao Zhang, Lixin Zhang, and Liying Ren, "The First Shidu Parents Received Reimbursement," *Xinhua Daily Telegraph*〔新華デイリーテレグラフ〕, July 12, 2012.
http://news.xinhuanet.com/mrdx/2012-07/12/c_131710347.htm
10 David Moye, "Chen Shoutian Under Fire for Making 100-Year-Old Mom Sleep with a Pig," *Huffington Post Weird News,* December 18, 2012.
http://www.huffingtonpost.com/2012/12/17/chen-shoutian-under-fire-_n_2317912.html
11 Associated Press, "Elderly Chinese Woman, 94, Sues Her Daughter for Care as Aging Population Presents New Problems for Governments," *New York Daily News,* October 12, 2013.
http://www.nydailynews.com/news/world/elderly-chinese-woman-sues-daughter-care-article-1.1483711
12 Yan Yunxiang, *Private Life Under Socialism: Love, Intimacy and Family Change in a Chinese Village, 1949–1999* (Stanford, CA: Stanford University Press, 2003).
13 Y. Zhao, Y. Hu, J. P. Smith, J. Strauss, and G. Yang, "Cohort Profile: The China Health and Retirement Longitudinal Study (CHARLS)," *International Journal of Epidemiology* 43, no. 1 (2014): pp.61–68.
http://dx.doi.org/10.1093/ije/dys203
14 Jackson, Nakashima, and Howe, *China's Long March to Retirement Reform,* pp.3–17.
15 Coco Liu, "China Death Taboo on Its Way Out," *Global Post,* November 15, 2010.
http://www.globalpost.com/dispatch/china/101108/hospice-care-health-aging-culture
16 Reuters, "China Bans Tomb-Sweepers' 'Vulgar' Burned Offerings," *China Daily*〔中国日報〕, April 25, 2006.
http://www.chinadaily.com.cn/china/2006-04/25/content_576881.htm
17 E. R. Dorsey, Radu Constantinescu, J. P. Thompson, Kevin Biglan, R. G. Holloway, and K. Kieburtz, "Projected Number of People with Parkinson Disease in the Most Populous Nations, 2005 Through 2030," *Neurology* 68, no. 5 (February 2007), pp.384–86.
http://www.researchgate.net/publication/6715222_Projected_number_of_people_with_Parkinson_disease_in_the_most_populous_nations_2005_through_2030._Neurology

第8章

1 1995年から2013年までの間に、122,661人が中国から養子縁組された。Australian

2015.
http://www.ft.com/cms/s/0/d91a8e6a-b1a8-11e4-a830-00144feab7de.html#axzz3eUJVhDq5
24 Leta Hong Fincher〔洪理达〕, *Leftover Women,* p.30.
25 Xiaomeng Hu, "China's Inevitable Choice: Raise the Quality of the Population, Control the Size of the Population," *People's Daily*〔人民日報〕(Beijing, China), December 20, 2000.
http://www.envir.gov.cn/info/2000/12/1220794.htm
26 Yu Zhu, "Population's Quality Becoming the Main Influencing Factors in China," *Xinhua* website〔新華網〕, January 11, 2007.
http://news.xinhuanet.com/politics/2007-01/11/content_5594195.htm
27 "Leader Regrets Giving Equal Rights to Women," *New Straits Times,* July 31, 1994.
28 Malcolm Moore, "China's First Lady Peng Liyuan〔彭麗媛〕: A Perfectly Scripted Life" *The Guardian,* April 3, 2013.
http://www.telegraph.co.uk/news/worldnews/asia/china/9969052/Chinas-first-lady-Peng-Liyuan-a-perfectly-scripted-life.html
29 Yang Ding, "About Women Morality Course: We Need More Than Just Negating It," *Tencent Web,* September 23, 2014.
30 "Accused of Violating Social Morality, Dongguan Women Morality Class Closed," Sohu website, September 26, 2014.
31 Vanessa Fong, *Only Hope,* p.135.
32 Steve Crabtree and Anita Pugliese, "China Outpaces India for Women in the Workforce," Gallup, November 2, 2012.
http://gallup.com/poll/158501/china-outpaces-india-women-workforce.aspx
33 US Department of State, "Trafficking in Persons Report 2007".
http://www.state.gov/j/tip/rls/tiprpt/2007/
34 Lee Tae-hoon, "Female North Korean Defectors Priced at $1500," *Korea Times Nation,* May 14, 2010.
35 Zhou Chi, Zhou Xu Dong, Wang Xiao Lei, Zheng Wei Jun, Li Lu, and Therese Hesketh, "Changing Gender Preference in China Today: Implications for the Sex Ratio," *India Journal of Gender Studies* 20, no. 1 (February 2013), pp.51–68.
http://ijg.sagepub.com/content/20/1/51.abstract

第7章

1 Richard Jackson, Keisuke Nakashima, and Neil Howe, *China's Long March to Retirement Reform: The Graying of the Middle Kingdom Revisited* (Washington, DC: Center for Strategic and International Studies, 2009).
http://csis.org/files/media/csis/pubs/090422_gai_chinareport_en.pdf
2 Dexter Roberts, "China's Brewing Pension Crisis," *Bloomberg News,* August 9, 2012.
http://www.businessweek.com/articles/2012-08-09/chinas-brewing-pension-crisis
3 同記事。
4 Ted Fishman, *Shock of Gray: The Aging of the World's Population and How It Pits Young Against Old, Child Against Parent, Worker Against Boss, Company Against Rival, and Nation Against Nation* (New York: Scribner, 2012).

http://bjp.rcpsych.org/content/189/5/465
7 Mei Fong, "It's Cold Cash, Not Cold Feet, Motivating Runaway Brides in China," *Wall Street Journal,* June 5, 2009.
8 Valerie Hudson and Andrea M. den Boer, *Bare Branches: The Security Implications of Asia's Surplus Male Population* (Cambridge, MA: MIT Press, 2004), p.208.
9 Yi Zhang, "10 Problems Caused by Gender Imbalance of Population," *Red Flag Manuscript,* no. 2 (2005), p.13.
10 "Could Asia Really Go to War over These?" *Economist,* September 20, 2012.
http://www.economist.com/node/21563316
11 Valerie Hudson and Andrea M.den Boer, "The Security Risks of China's Abnormal Demographics," *Washington Post,* April 30, 2014.
http://www.washingtonpost.com/blogs/monkey-cage/wp/2014/04/30/the-security-risks-of-chinas-abnormal-demographics/
12 Lena Edlund, Hongbin Li, Junjian Yi, and Junsen Zhang, "More Men, More Crime: Evidence from China's One-Child Policy," SSRN.
http://ssrn.com/abstract=1136376
13 X. Zhou, Z. Yan, and T. Hesketh, "Depression and Agression in Never-Married Men in China: A Growing Problem," *Social Psychiatry and Psychiatric Epidemiology* 48, no. 7 (July 2013), pp.1087–93.
http://www.ncbi.nlm.nih.gov/pubmed/23232692
14 Wei Shang-Jin and Zhang Xiaobo, "Sex Ratios, Entrepreneurship, and Economic Growth in the People's Republic of China," National Bureau of Economic Research Working Paper 16800, February 2011.
http://www.nber.org/papers/w16800
15 Wei Shang-Jin and Zhang Xiaobo "The Competitive Saving Motive: Evidence from Rising Sex Ratios and Saving Rates in China," *Journal of Political Economy* 119, no. 3 (June 2011), pp.511–64.
16 Golley and Tyers, "Gender 'Rebalancing' in China," p.143.
17 Siwan Anderson "Economics of Dowry and Brideprice," *Journal of Economic Perspectives* 21 (Fall 2007), pp.151–74.
18 Gwen Guiford, Ritchie King, and Herman Wong, "Forget Dowries : Chinese Men Have to Pay Up to $24,000 to Get a Bride," *Quartz,* June 9, 2013.
http://qz.com/92267/in-a-reversal-of-the-dowry-chinese-men-pay-a-steep-price-for-their-brides/
19 Qingyuan Du and Shang-Jin Wei, "A Sexually Unbalanced Model of Current Account Imbalances," National Bureau of Economic Research, May 2010.
http://www.nber.org/papers/w16000
20 Leta Hong Fincher〔洪理达〕, *Leftover Women: The Resurgence of Gender Inequality in China* (London: Zed Books, 2014).
21 Sun Peidong, *Who Will Marry My Daughter?* (Beijing: China Social Science Press, 2012).
孫沛東『誰来娶我的女児？』(北京：中国科学出版社、2012年)。
22 Simon Day, "Playing the Dating Game," *Southland Times*, February 6, 2013.
http://www.stuff.co.nz/southland-times/life-style/8749732/Playing-the-dating-game
23 Lucy Hornby, "Chinese Tech Groups Turn to Matchmaking," *Financial Times,* February 13,

http://blogs.wsj.com/chinarealtime/2014/12/03/communist-party-paper-warns-youth-on-dangers-of-self-deprecation/
16 "China's Losers," *Economist,* April 16, 2014.
http://www.economist.com/news/china/21601007-amid-spreading-prosperity-generation-self-styled-also-rans-emerges-chinas-losers
17 Josh Chin, "China's Communist Party Tells Kids Being a Loser Is Nothing to Be Proud Of."
18 Vanessa Fong, *Only Hope: Coming of Age Under China's One-Child Policy* (Stanford, CA: Stanford University Press, 2004), p.164.
19 Zhao Xinying, "School Tests Blamed for Suicides," *China Daily*〔中国日報〕, May 14, 2014.
http://usa.chinadaily.com.cn/china/2014-05/14/content_17505294.htm
20 Louisa Lim, " 'Lightning Divorces' Strike China's 'Me Generation,' " National Public Radio website, November 17, 2010.
http://www.npr.org/2010/11/09/131200166/china-s-me-generation-sends-divorce-rate-soaring
21 @KAKA不被找到, "12 Chinese Youths Sell Property to Travel the World," Tea Leaf Nation, May 31, 2012.
http://www.tealeafnation.com/2012/05/12-chinese-youths-sell-property-to-travel-the-world/
22 Du Benfeng, "Population Policy and One-Child Family Risk in China," *International Journal of Social Science and Humanities* 1, no. 1 (April 2012).
23 劉霆(Liu Ting)は2015年の春、複数回にわたり性転換手術を受けた。Margaux Schreurs, "Model Citizen Liu Ting Completes Gender Reassignment, Hailed by Media," *The Beijinger,* April 15, 2015.
http://www.thebeijinger.com/blog/2015/04/15/model-citizen-liu-ting-undergoes-gender-reassignment-procedures-hailed-chinese-media

第6章

1 Mara Hvistendahl, *Unnatural Selection* からの引用（p.109）。
2 Jane Golley and Rod Tyers, "Gender 'Rebalancing' in China," *Asian Population Studies* 10, no. 2 (2014).
http://www.tandfonline.com/doi/full/10.1080/17441730.2014.902159#abstract
3 世界銀行"Gender Statistics Highlights from 2012 World Development Report."
http://databank.worldbank.org/data/home.aspx
女児100人に対して男児119人という数字は中国社会科学院によって示された数字でもあり、ＢＢＣなど多くの報道で引用された。ＢＢＣによる報道は以下を参照。"China Faces Growing Gender Imbalance," BBC News, January11, 2010.
http://news.bbc.co.uk/2/hi/asia-pacific/8451289.stm
4 世界銀行 "Gender Gaps in China: Facts and Figures," October 2006.
http://siteresources.worldbank.org/INTEAPREGTOPGENDER/Resources/Gender-Gaps-Figures&Facts.pdf
5 Elisabeth Rosenthal, "Bitter Roots," *New York Times,* January 24, 1999.
6 Paul S. F. Yip and Ka Y. Liu, "The Ecological Fallacy and the Gender Ratio of Suicide in China," *British Journal of Psychiatry* 189, no. 5 (October 2006).

18 Robin Young and Jeremy Hudson, "How the Tiananmen Square Massacre Has Been Largely Forgotten," National Public Radio website, June 4, 2014.
http://hereandnow.wbur.org/2014/06/04/tiananmen-lousia-lim

第5章

1 "Single-Child Population Tops 100 Million in China, " *Xinhua* website〔新華網〕, July 7, 2008.
http://www.chinadaily.com.cn/china/2008-07/07/content_6825563.htm
2 Tania Branigan "China's Cultural Revolution: Son's Guilt over the Mother He Sent to Her Death, *The Guardian,* March 27, 2013.
http://www.theguardian.com/world/2013/mar/27/china-cultural-revolution-sons-guilt-zhang-hongping
3 Sun Yunxiao, "The Contest in Summer Camp," *Reader Magazine*〔読者〕, November 1993, Gansu People's Publishing House.
4 D. Y. Chen, ed., *The Only-Child Declaration* (Shanghai: Hainan Publishing Company, 1997).
邦訳『一人っ子たちのつぶやき』陳丹燕編、中由美子訳、てらいんく、1999年。
5 X. T. Feng and X. T. Zhang, "Discussion of the Special Environment of the Socialization of the Only-Child," *Quarterly Journal of Social Sciences* 5 (1992), pp.33–37.
6 D. L. Poston Jr. and T. Falbo, "Academic Performance and Personality Traits of Chinese Children: 'Onlies' Versus Others," *American Journal of Sociology* 96, no. 2 (September 1990), pp.433–51.
7 Hao Keming, *An Empirical Study of China's Only Child Population* (Hong Kong: Guangdong Education Press, 2010), p.207.
郝克明『中国独生子女群体実証研究』p.207 (香港：广东教育出版社　2010年)。
8 L. Cameron, N. Erkal, L. Gangadharan, and X. Meng, "Little Emperors: Behavioral Impacts of China's One-Child Policy," *Science,* February 22, 2013.
9 Mei Zhong, "The Only Child Declaration: A Content Analysis of Published Stories by China's Only Children," *Intercultural Communications Studies* 14, no. 1 (2005).
10 同書p.20。
11 同書p.21。
12 Lian Si, *Ant Tribe: A Record of College Graduates' Crowded Life* (Guangxi: Guangxi Normal University Press, 2010).
邦訳『蟻族』廉思著、関根謙訳、勉誠出版、2010年。
13 China Railway Construction Engineering Group, recruitment advertisement, February 3, 2015.
http://www.buildhr.com/company /bfo6j/
14 Jiang Xiaochun, "Employer Rejected Job Seekers from One-Child Family or Well-Off Family to Make Recruitment More Efficient," *Jinling Evening News* (Nanjing City), June 24, 2014, E06.
15 Josh Chin, "China's Communist Party Tells Kids Being a Loser Is Nothing to Be Proud Of," *Wall Street Journal,* December 3, 2014.

2014&utm_medium=email&utm_term=0_171f237867-1d33689d9e-29619965&mc_cid=1d33689d9e&mc_eid=a85f130e96

第４章

1 Scharping, *Birth Control in China, 1949–2000*, p.164.
2 Ma Shipeng,"Despite Two-Child Policy in Yicheng, Villagers Prefer to Have Second Child, Financially Better Off," *Dong Fang Zao Bao*〔東方早報／オリエンタル・モーニング・ポスト〕, November 12. 2013.
http://epaper.dfdaily.com/dfzb/html/2013-11/12/content_834806.htm
3 Betsy Hartmann, *Reproductive Rights and Wrongs: The Global Politics of Population Control* (Boston: South End Press, 1999), p.164.
4 *China Health Statistics Yearbook* (Beijing: Peking Union Medical College Press, 2010).
5 Scharping, *Birth Control in China, 1949–2000,* p.55.
6 Cheng Xiaowei and Zhao Yejiao, "Fine Determined by Personal Discretion, Said Wenzhou Family Planning Official," *China News*〔中国新聞社〕, April 8, 2010.
http://www.chinanews.com/sh/news/2010/04-08/2213437.shtml
7 Scharping, *Birth Control in China, 1949–2000,* p.72.
8 同書p.73。
9 同書p.176。
10 〈中国における強制中絶と不妊手術：内側からの視点〉米国下院第一〇五議会（1998年6月10日）、国際関係委員会の国際事業及び人権に関する小委員会での公聴会の証言から。
http://commdocs.house.gov/committees/intlrel/hfa49740.000/hfa49740_0f.htm
11 Daniel Kwan, "Birth Control Couple Accused of Swindles," *South China Morning Post*〔南華早報〕, July 1, 1998.
http://www.scmp.com/article/246563/birth-control-couple-accused-swindles
12 "Flap over 1-Child Policy Stirs," *Washington Times,* February 18, 2009.
http://www.washingtontimes.com/news/2009/feb/18/revival-of-us-aid-stirs-unease-on-beijing-one-chi/?page=all
13 "Enforcing with a Smile," *Economist,* January 10, 2015.
http://www.economist.com/news/china/21638131-enforcers-chinas-one-child-policy-are-trying-new-gentler-approach-enforcing-smile
14 Amnesty International, "China: Thousands at Risk of Forced Sterilization," April 20, 2010.
https://www.amnesty.org./en/documents/asa17/016/2010/en/
15 Pang Jiaoming, *The Orphans of Shao: A True Account of the Blood and Tears of the One-Child Policy in China* (New York: Women's Rights in China Organization Publishers, 2014),p.60.
16 Gao Haoliang, Wang Haiying, and Wu Shuguang, "Illegally Born Children Could Register Without Fine,"*Banyuetan Magazine*〔半月談〕, June 3, 2014.
http://www.banyuetan.org/chcntent/jrt/2014531/102874.html
17 Andrew Jacobs and Chris Buckley, "China Targeting Rights Lawyers in a Crackdown," *New York Times,* July 22, 2015.
http://www.nytimes.com/2015/07/23/world/asia/china-crackdown-human-rights-layers.html?_r=o

36 著者へのEメール（2015年6月29日）。
37 著者によるインタビュー（2014年8月4日）。
38 http://www.chinavitae.com/biography/Song_Jian/career
39 Song and Yu, *Population System Control,* p.2.
40 Gu Baochang〔顧宝昌〕and Wang Feng〔王豊〕, *An Experiment of Eight Million People* (Beijing: Social Sciences Academic Press, 2009).
顧宝昌、王豊『八百万人的実践——来自二孩子生育政策地区的調研報告』（北京：社会科学文献出版社、2009年）。
41 Gu Baochang〔顧宝昌〕, Song Jian, Liu Shuang, Wang Jinying, and Jiang Lihua, "Practice and Inspirations of Two Child Fertility Policy Areas," *Journal of Population Research* 32, no. 4 (July 2008).
42 著者によるインタビュー（2014年9月10日）。
43 著者によるインタビュー（2014年9月10日）。
44 Liang Jianzhang and Li Jiangxin, *Too Many People in China?* (Beijing: Social Science Academic Press, 2012).
梁建章、李建新『中国人太多了吗?』（北京：社会科学文献出版社、2012年）。
45 著者によるインタビュー（2013年8月20日）。
46 Hannah Beech, "China: Forced-Abortion Victim Promised $11,200, but Family Fears for Life," *Time,* July 13, 2012.
http://world.time.com/2012/07/13/china-forced-abortion-victim-awarded-11200-fears-for-life/
47 Malcolm Moore, "China 'Forced Abortion' Photograph Causes Outrage," *The Telegraph,* June 14, 2013.
http://www.telegraph.co.uk/news/worldnews/asia/china/9331232/China-forced-abortion-photograph-causes-outrage.html
48 Steven W. Mosher, *Broken Earth: The Rural Chinese* (New York: Free Press, 1984).
邦訳『中国農民が語る隠された過去——1979-1980年、中国広東省の農村で』スティーブン・W・モーシャー著、津藤清美訳、どうぶつ社、1994年。
49 Frank Langfitt, "After a Forced Abortion, a Roaring Debate in China," National Public Radio website, July 5, 2012.
http://www.npr.org/2012/07/05/156211106/after-a-forced-abortion-a-roaring-debate-in-china
50 Sui-Lee Wee, "Investors Look to Nappies, Pianos as China Drops One Child Policy," *Independent,* November 20, 2013.
http://www.independent.ie/business/world/investors-look-to-nappies-pianos-as-china-drops-one-child-policy-29768127.html
51 Danielle Demetriou, "Japanese Companies Relish China's One-Child Policy Reform," *The National,* January 14, 2014.
http://www.thenational.ae/business/industry-insights/economics/japanese-companies-relish-chinas-one-child-policy-reform
52 Shan Juan, "Fewer Couples Want Second Child," *China Daily*〔中国日報〕, October 30, 2014.
http://www.chinadaily.com.cn/china/2014-10/30/content_18825388.htm?utm_source=The+Sinocism+China+Newsletter&utm_campaign=1d33689d9e-Sinocism10_30_1410_30_

The Limits to Growth (New York: Signet Books, 1972).
邦訳『成長の限界』ドネラ・H・メドウズほか著、大来佐武郎監訳、ダイヤモンド社、1972年。

17 皮肉なことに、シンガポールは現在、世界でもっとも出生率の低い国の一つであり、人口増加を推進する政策や政府後援の縁組機関の設置により出生率を上げるべく奮闘している。その一つが、Social Development Unit（SDU）だったが、設立後まもなく「独り身（Single）、絶望（Desperate）、醜悪（Ugly）」の頭字語だと揶揄された。

18 Tyrene White, *China's Longest Campaign: Birth Planning in the People's Republic, 1949–2005* (Ithaca: Cornell University Press, 2006).

19 著者によるインタビュー（2014年8月4日）。

20 Evan Feigenbaum, *China's Techno-Warriors: National Security and Strategic Competition from the Nuclear to the Information Age* (Stanford, CA: Stanford University Press, 2003).

21 Mara Hvistendahl, *Unnatural Selection: Choosing Boys over Girls, and the Consequences for a World Full of Men* (New York: Public Affairs Press, 2011).
邦訳『女性のいない世界：性比不均衡がもたらす恐怖のシナリオ』マーラ・ヴィステンドール著、大田直子訳、講談社、2012年。

22 Greenhalgh, *Just One Child,*p.228.

23 馬寅初はこの一人っ子政策の父という栄誉を長くは享受できなかった。一人っ子政策開始から3年後に亡くなっている。

24 Greenhalgh, *Just One Child,* p.218.

25 梁中堂とのインタビュー及び梁中堂の著書集より。

26 Liang Zhongtang〔梁中堂〕,"My Autobiography," *Netease*〔網易〕(blog), August 23, 2009.
http://liangzhongtang.blog.163.com/blog/static/109426508 20097230340812/

27 同上。

28 Song Jian and Yu Jingyuan, *Population System Control* (New York: China Academic Publishers, Springer-Verlag, 1988), p.1.

29 Greenhalgh, *Just One Child,* p.159.

30 同上。

31 "The Most Surprising Demographic Crisis," *Economist,* May 5, 2011.
http://www.economist.com/node/18651512

32 Matthew Connelly, *Fatal Misconception: The Struggle to Control World Population* (Cambridge, MA: Harvard Belknap Press, 2010).

33 Margaret Besheer, "UN: Global Population Expected to Top 8 Billion by 2025," Voice of America, June 13, 2013.
http://www.voanews.com/content/un-africa-to-drive-rise-in-world-population-in-2050/1681300.html

34 Sarah Williams, "Experts Be Damned: World Population Will Continue to Rise," *Science,* September 18, 2014.
http://news.sciencemag.org/economics/2014/09/experts-be-damned-world-population-will-continue-rise

35 Floyd Norris, "Population Growth Forecast from the U.N. May Be Too High," *New York Times,* September 20, 2013.
http://www.nytimes.com/2013/09/21/business/uns-forecast-of-population-growth-may-be-too-high.html

http://edition.cnn.com/2009/WORLD/asiapcf/05/07/china.quake.deaths/index.html?NMW_TRANS=ext
16 Beibei Bao, "Shidu: When Chinese Parents Forced to Have One Child Lose That Child," *Atlantic,* May 9, 2013.
17 Yuanfei Niu, "Shidu Parents Facing Problems When Getting into Nursing Home," *Dazhong Web,* February 21, 2013.
http://paper.dzwww.com/dzrb/content/20130221/Article1, 1002MT.htm
Ke Ji and Qiong Wu, "Afraid of No Progeny to Pay Tribute at Tomb, Shidu Parents Refuse to Buy Burial Plot," *Mingzhu News,* May 23, 2012.
http://news.thmz.com/col89/2012/05/2012-05-231124828_2.html
18 Yuanfei Niu,"China Will Have 10 Million Shidu Families in Future," *Tencent Web,* April 10, 2013.
http://news.qq.com/a/20130410 /000084.htm

第3章

1 著者によるインタビュー(2013年8月)。
2 Greenhalgh, *Just One Child,* p.181.
3 同書p.182。
4 Thomas Scharping, *Birth Control in China, 1949–2000: Population Policy and Demographic Development,* (Oxford: Routledge, 2003), p.51.
5 同上。
6 Channing Pollockの言葉。
7 Mike Edwards, "Marco Polo, Part II: In China," *National Geographic,* June 2001.
http://ngm.nationalgeographic.com/print/features/world/asia/china/marco-polo-ii-text
8 Monty Python, "I Like Chinese", 1980.
9 Scharping, *Birth Control in China*, *1949–2000*, p.49.
10 世界銀行の統計より。
11 Ted Alcorn and Bao Beibei, "China's Fertility Policy Persists, Despite Debate," *The Lancet 378* (October 29, 2011).
http://www.thelancet.com/pdfs/journals/lancet/PIIS0140-6736%2811%2961661-9.pdf
12 Song Jian, "Natural Science and Social Science Scholar's Population Study First Predicts the Domestic Population Development in the Coming One Hundred Years," *Xinhua*〔新華社通信〕, February 13,1980.
13 同様の発言がSusan Greenhalgh の*Just One Child*(p.228)に掲載されている。
14 Malcolm Moore, "Thirty Years of China's One-Child Policy," *The Telegraph,* September 25, 2010.
http://www.telegraph.co.uk/news/worldnews/asia/china/8024862/Thirty-years-of-Chinas-one-child-policy.html
15 Paul R. Ehrlich, *The Population Bomb: Population Control or Race to Oblivion?* (Rivercity, MA: Rivercity Press, 1975).
邦訳『人口爆弾』ポール・R・エーリック著、宮川毅訳、河出書房新社、1974年。
16 Donella H. Meadows, Dennis L. Meadows, Jørgen Randers, and William W. Behrens III,

Urology.
https://www.cornellurology.com/clinical-conditions/no-scalpel-vasectomy /history/
2 Bing Xu and Jinbo Zhu, "An Analysis of Sichuan Province's Success in Promoting Male Sterilization Operation," *Chinese Journal of Family Planning*〔中国计划生育学杂志〕, no. 5 (1993).
3 Jeremy Blum,"Babies Do Not Come from Rubbish Dumps, Chinese Sex Education Video Says," *South China Morning Post*〔南華早報〕, November 7, 2013.
http://www.scmp.com/lifestyle/family-education/article/1350056/babies-do-not-come-rubbish-dumps-sex-education-video-says
4 Michael Bristow, "China Activist Huang Qi Sentenced to Three Years," BBC News, November 23, 2009.
http://news.bbc.co.uk/2/hi/asia-pacific/8373573.stm
5 Tania Branigan, "Chinese Teacher Sent to Labour Camp for Earthquake Photos," *The Guardian,* July 30, 2008.
http://www.theguardian.com/world/2008/jul/30/chinaearthquake.china
6 "Chinese Earthquake Activist Tan Zuoren Released After Five-Year Prison Term," *The Guardian,* March 27, 2014.
http://www.theguardian.com/world/2014/mar/27/chinese-activist-tan-zouren-released-five-year-prison-term
7 Mei Fong,"A Deformed Doughnut? No, China's TV Tower!," *Wall Street Journal,* November 7, 2007.
http://www.buro-os.com/a-deformed-doughnut-no-chinas-tv-tower/
8 Mei Fong, "CCTV Tower Mirrors Beijing's Rising Ambitions," *Wall Street Journal,* November 7, 2007.
http://www.wsj.com/articles/SB119438152241184281
9 Mei Fong, "Tired of Laughter, Beijing Gets Rid of Bad Translations," *Wall Street Journal,* February 5, 2007.
http://www.wsj.com/articles/SB117063961235897853
10 Haishan Zhang, "Lucky Dolls Become Witch Dolls, Olympic Mascot Blocked on Opening Ceremony," *Dajiyuan*〔大紀元〕website, August 10, 2008.
http://www.epochtimes.com/b5/8/8/11/n2224032.htm
11 Zheng Yu, "Beijing Uses High-Tech to Prevent Rain from Dampening Olympic Opening," *Xinhua* website〔新華網〕, July 28, 2008.
http://news.xinhuanet.com/english/2008-07/28/content_8787101.htm
12 Brook Larmer, *Operation Yao Ming: The Chinese Sports Empire, American Big Business and the Making of an NBA Superstar* (New York：Gotham Books, 2005).
13 Klaus Brinkbäumer and Bernhard Zand,"Basketball Great Yao Ming: 'Never Underestimate Strength of Character,' " *Spiegel Online,* January 23, 2014.
http://www.spiegel.de/international/world/spiegel-interview-with-former-chinese-basketball-star-yao-ming-a-944567.html
14 Peh Shing Huei, *When the Party Ends: China's Leaps and Stumbles After the Beijing Olympics* (Singapore: Straits Times Press,2013).
15 "China: 5,335 Students Killed or Missing After 2008 Quake," CNN website, May 10, 2009.

一人っ子政策は「たとえ誤っていたとしても、真面目な信念に突き動かされて行なわれた政策だった。その遂行は困難なものだっただろうが、一人っ子政策こそが人々を貧困から救う唯一の政策だった」と述べた（著者へのEメール。2015年8月13日）。

第1章

1 Susan Greenhalgh, *Just One Child: Science and Policy in Deng's China* (Oakland: University of California Press, 2008), p.202.

2 Jianmin Wen "Shifang, China's First City, Exercises Family Planning, Becoming an Aging Society in Advance with Reduced Population of 400,000 in 30 Years," *Sichuan Online,* January 6, 2014.
http://sichuan.scol.com.cn/dwzw/content/2014-01/06/content_6713125.htm

3 Bettina Wassener, "Vanity Plates a Perfect Match for Flashy Hong Kong," *New York Times,* September 24, 2012.
http://www.nytimes.com/2012/09/25/business/global/vanity-plates-a-perfect-match-for-flashy-hong-kong.html?_r=0

4 Avraham Ebenstein, "The Missing Girls of China and the Unintended Consequences of the One Child Policy," *Journal of Human Resources* 45, no. 1 (2010).
http://scholars.huji.ac.il/sites/default/files/avrahamebenstein/files/ebenstein_onechildpolicy_2010.pdf

5 Leslie T. Chang, "For Many in China, the One-Child Policy Is Already Irrelevant," *Chinafile,* March 19, 2013.
http://chinafile.com/many-china-one-child-policy-already-irrelevant

6 "China Pension Fund Gap to Top 80 Pct of 2011 GDP by 2050," Reuters, December 13, 2012.
http://www.reuters.com/article/2012/12/13/china-economy-pension-idUSL4N09N2QH20121213

7 Wang Feng〔王豊〕, Cai Yong〔蔡泳〕, and Gu Baochang〔顧宝昌〕,"Population, Policy and Politics: How Will History Judge the One-Child Policy?"

8 Martin King Whyte, Wang Feng〔王豊〕, and Cai Yong〔蔡泳〕, "Challenging Myths About China's One-Child Policy," *The China Journal* no. 74 (2015), 1324-9347/2015/7401-0009, Australian National University.

9 Stephanie Gordon, "China's Hidden Children," *The Diplomat,* March 12, 2015.
http://thediplomat.com/2015/03/chinas-hidden-children/

10 Zhang Qingzhou, *Revelations from the Tangshan Earthquake* (Shanghai: Shanghai People's Publishing House, 2006).
张庆洲『唐山警世录　七. 二八大地震漏报始末（四川大地震の新事実）』(上海：上海人民出版社、2006年)。

第2章

1 "History of No-Scalpel Vasectomy (NSV)," Weill Cornell Medical College, Department of

原注と参考資料

プロローグ

1 一人っ子政策の開始時期については諸説ある。1979年に試行的な施策がいくつか開始されていたからだ。しかし全国展開が開始されたのは1980年9月25日とする説が大方の見方である。
2 著者によるインタビュー(2014年6月13日)。
3 Xin Dingding "One in Four Chinese 'Aged Above 65 by 2050,' " *China Daily*〔中国日報〕, May 20, 2010.
http://www.chinadaily.com.cn/china/2010-05/20/content_9870078.htm
4 James Tulloch, "How China's Demographics Affect Its Workforce," *Open Knowledge,* Allianz.com, April 24, 2010.
http://knowledge.allianz.com/demography/population/?369/how-chinas-demographics-affect-its-workforce
5 中国国家統計局による数字。多数の出版物に引用あり。一例は"China's One-Child Policy Backfires as Labor Pool Shrinks Again," *Bloomberg Business,* January 20, 2015.
http://www.bloomberg.com/news/articles/2015-01-20/china-s-one-child-policy-backfire-deepens-as-labor-pool-shrinks
6 "Only 1/10th Chinese Couples Had 2nd Child After Policy Relaxed," *Press Trust of India,* March 10, 2015.
http://www.business-standard.com/article/pti-stories/only-1-10th-chinese-couples-had-2nd-child-after-policy-relaxed-115031001049_1.html
7 Anthony Kuhn, "One County Provides Preview of China's Looming Aging Crisis" National Public Radio website, January 14, 2015.
http://www.npr.org/blogs/parallels/2015/01/14/377190697/one-county-provides-preview-of-chinas-looming-aging-crisis
8 著者へのEメール(2015年6月29日)。
9 Wang Feng〔王豊〕, Cai Yong〔蔡泳〕, and Gu Baochang〔顧宝昌〕,"Population, Policy and Politics: How Will History Judge the One-Child Policy?," *"Population and Development Review"* 38, Issue Supplement s1 (February 2013), pp.115-29.
10 "The Deepest Cuts," *Economist,* September 20, 2014.
http://www.economist.com/news/briefing/21618680-our-guide-actions-have-done-most-slow-global-warming-deepest-cuts
11 United States Department of Energy, Carbon Dioxide Information Analysis Center, 2010 CO_2 Emission Data.
http://cdiac.ornl.gov/trends/emis/top2010.tot
12 Charles R. Clement,"Is the World Ready for a One-Child Policy?," *Science,* November 12, 2010.
13 Diane Francis, "The Real Inconvenient Truth," *Financial Post,* December 14, 2009.
http://www.financialpost.com/story.html?id=2314438
14 著者によるインタビュー(2013年11月5日)。ポッツ氏は後にその見解をさらに展開し、著者略歴――――
メイ・フォン（方凤美） Mei Fong
マレーシア生まれの中国系アメリカ人ジャーナリスト。ウォール・ストリート・ジャーナル中国支局の記者として中国・香港の取材を担当しピューリッツァー賞を受賞。中国の出稼ぎ労働者に関する記事でアムネスティ・インターナショナルと香港外国記者会からアジア人権報道賞も得ている。現在はワシントンDCのシンクタンクNew Americaの研究員を務めている。

訳者略歴――――
小谷まさ代 こたに まさよ
翻訳家。富山県生まれ。富山大学文理学部卒業。『中国共産党』『ならず者国家』『本当に「中国は一つ」なのか』『米国特派員が撮った日露戦争』『日本帝国の申し子』『アメリカがアジアになる日』（以上、草思社）他、訳書多数。

中国「絶望」家族
「一人っ子政策」は中国をどう変えたか

2017年9月13日　第1刷発行

著　者　メイ・フォン
訳　者　小谷まさ代
装幀者　Malpu Desigin（清水良洋）
本文デザイン　Malpu Desigin（佐野佳子）
発行者　藤田　博
発行所　株式会社草思社
〒160-0022　東京都新宿区新宿5-3-15
電話　営業 03(4580)7676　編集 03(4580)7680

本文組版　有限会社一企画
本文印刷　株式会社三陽社
付物印刷　株式会社暁印刷
製本所　加藤製本株式会社

ISBN978-4-7942-2297-8 Printed in Japan　検印省略